不動産投資専門税理士が太鼓判!

不動産投資の「収益計算」シミュレーション 実践編

1級FP技能士・不動産投資実務家 中川 理 著
税理士・コンサルタント 稲垣浩之 監

ソシム

■注意

(1) 本書は著者が独自に調査した結果を出版したものです。

(2) 本書の一部または全部について、個人で使用する他は、著作権上、著者およびソシム株式会社の承諾を得ずに無断で複写／複製することは禁じられております。

(3) 本書の内容の運用によって、いかなる障害が生じても、ソシム株式会社、著者のいずれも責任を負いかねますのであらかじめご了承ください。

(4) 本書に掲載されている画面イメージなとは、特定の設定に基づいた環境にて再現される一例です。また、サービスのリニューアル等により、操作方法や画面が記載内容と異なる場合があります。

(5) 商標
本書に記載されている会社名、商品名などは一般に各社の商標または登録商標です。

はじめに

　本書は、Excelによる「不動産投資のシミュレーション実践力」を身に着けるための指南書です。「不動産投資をこれから始める方」だけでなく、「不動産投資の方向性に迷っている方」「税金負担が重く、法人化を検討したい人」も読者に想定し、シミュレーションに必要となる幅広い知識・スキルを、余すことなく、そしてなるべく平易な表現でお伝えすることを念頭に執筆しました。

　本書を読み終えたときには、不動産投資の実務・税務の基礎知識、シミュレーションの作り方・使い方はもちろんのこと、個人・法人での節税対策までの一連全てが、"実践的な知識・スキル"として身についているはずです。

　誤解を恐れずにいえば、不動産投資は「枯れた投資」です。「購入する（取得）→賃貸する（回収）→売却する（利益確定）」という運用サイクルは、ずっと昔から変わらずシンプルで、既に様々な書籍やセミナーでも、各場面における儲けの仕組みは、そのほとんどが語り尽くされています。

　先人の知恵により、不動産投資の儲けの仕組みが解明済であれば、理屈上は誰でも精度の高いシミュレーションを作ることができ、その試算結果に基づく合理的な投資判断をしている限り、本来は不動産投資は失敗しにくい（ここでは「失敗」を「期待値よりも大幅に下回る運用成果で終了せざるを得ないケース」と定義します）投資手法といえるはずです。

　しかし、現実に目を向ければ、不動産投資に失敗する方は後を絶ちません。私のところに相談に来られる方でも、「資金ショート寸前の方」「給料から赤字補填を続けている方」は決して少なくありませんし、過去に私と収益物件の売買取引をした売主のなかには、「買ってくれてありがとう」「高い授業料だった」と不動産投資に取り組んだこと自体を後悔している方さえいらっしゃいました。

　では、なぜ不動産投資で失敗する方が後を絶たないのでしょうか。不動産投資で成功する（＝失敗しない）ためには、投資家が乗り越えるべき2つの壁があると、私は考えています。

　1つ目の壁は、「必要な知識の習得」です。いかに、情報が公開・周知されていても、不動産投資に必要な知識は非常に広範で、不動産業界ならではの法令や商慣習のほか、関連する税務・会計の知識まで、しっかり理解しておく必要があります。

　2つ目の壁は、投資判断という実務に対して、「使い勝手の良いシミュレーション書式を常備し、投資判断の評価軸を持つこと」です。1つ目の壁をクリアした方であっても、収益物件の購入検討時に、「満額家賃収入から運営費を引いて…」「そこから空室率を考慮して…」「たしか今年の所得税率は…」などといちいち計算していたのでは、あまりに非効率ですし、パラメータを変更しての比較分析には大変な労力がかかってしまいます。

本書では、不動産投資のシミュレーションを『知識を、"国語"から"算数"に効率的に変換し、合理的な投資判断をサポートするツール』と定義していますが、習得した膨大な知識は、簡単にアウトプットできてこそ、実務ではその真価を発揮します。使い勝手の良いシミュレーション書式の常備は、作業効率の観点からも、比較分析の質の観点からも、極めて重要となるのです。

　また、シミュレーションの試算結果そのものは、ただの数字・値の羅列に過ぎません。それぞれの意味を正しく理解したうえで、投資判断にあたっての分析・比較の評価軸を、予め整理しておくことが、シミュレーションの要となることは言うまでもないでしょう。

　本書は、この2つの壁を確実に乗り越えていただくことを企図して、三部構成としました。

　第一部では、不動産投資の基礎知識をおさらいします。シミュレーションに必要な知識を、基礎からじっくりご説明しますので、「しっかりと体系的に理解している」状態にあることを確認してください。

　第二部では、本書のテーマである「不動産投資のシミュレーション実践力」を身に着けていただくべく、Excelによるシミュレーション書式の作り方・使い方を、具体的に解説します。また、「借入」「減価償却費」といった重要パラメータについては、モデルケースを用いて、分析・比較の評価軸のポイントをじっくりご説明していきます。

　そして、第三部は応用編として、シミュレーション書式のカスタマイズ事例の説明のほか、不動産投資の儲けを最大化するための節税対策や法人化について、詳しくご説明します。

　本書を順番に読み進めていただくことで、必ずや、不動産投資のシミュレーションに必要な、"実践的な知識・スキル"を無理なく習得いただけるはずです。

　不動産投資はブームになって久しく、参入プレイヤーの増加や先日来の融資引き締めを受けて、いよいよ曲がり角にあることは間違いありません。これまで王道・常識とされてきた不動産投資の手法や、ここ数年流行っていた手法が通用しなくなる日も、そう遠くないのかもしれません。

　その点、本書のテーマである「不動産投資のシミュレーション実践力」は、投資手法の流行り廃りによらない、客観的で普遍的な基盤です。分かりやすく夢を語るような内容ではありませんが、必ずや皆さんの不動産投資成功を支える土台になるはずです。

　是非、本書の無料特典である3つのシミュレーション書式もフル活用していただき、盤石な不動産投資を実現する一助にしていただければと思います。

はじめに

━━━━ 監修者より ━━━━

　不動産投資は、「近未来の姿が比較的容易に予測可能」な投資といえます。そこには、偏った主観が入り込む余地がありません。入居者が住み家賃が発生していれば、毎月決まった額の現金が振り込まれ、その中から毎月決まった借入金の返済額を支払い、経費を支払い、利益に対する税金を支払った後の現金という資産を着々と増やしていく投資です。

　本書に満載されている不動産投資シミュレーションは、物件購入後に毎年いくらお金が残るのか、物件を売却したらいくらお金が残るのかを、物件購入前に予測できる強力なツールです。

　一見儲かりそうな物件であっても、実際にシミュレーションをしてみたら「あれ？これでは儲けがでるどころか、出費がかさむばかりだ！」と驚くケースが少なくありません。これは、物件の取得価格によって、金融機関に対する借入条件によって、自己資金の拠出額によって、シミュレーション結果が異なることが原因です。

　本書は、物件の違いや、物件を購入する個々の投資家による購入条件の違いを考慮し、カスタマイズしてシミュレーションできるようになっています。

　収入の源となる投資物件は、どれを選ぶのか？
　借入額はいくらにするのか？
　毎月いくらの返済額を支払わなければならないのか？

　これらはいずれも、不動産投資を開始する前に決められます。本書に載っているシミュレーションを駆使し、じっくり数字を詰めていけば、不動産投資を始める前の段階で、その投資が成功するのか、失敗するのか、ある程度予想がつくようになるでしょう。

　なお、本書では第10章のみ、私、稲垣浩之が直接執筆させていただきました。第10章のテーマである不動産投資の「法人化」は、税理士の立場・目線でこそ、お伝えできることがあると考えたからです。実際、これまでに多くの投資家さんの法人化をお手伝いさせていただきましたが、投資家さんの「悩むポイント」「注意すべきポイント」には共通するものが多いです。また、例えば税務署対策などは、日ごろから税務署とやり取りをしていないと分からない部分が多いのではないでしょうか。

　本書で、「転ばぬ先の杖」としてのツールとしての「不動産投資のシミュレーション実践力」を携え、確実に不動産投資の成功を手にして頂けたら望外の喜びです。

5

目　次

はじめに ································· 3

監修者より ···························· 5

無料特典「収益計算シミュレーション（雛形書式）」の
ダウンロードについて ································· 10

第一部　収益計算シミュレーションに必要な基礎知識

第1章　不動産投資の収益構造

1-1 不動産投資の収益構造の概要 ························· 16

1-2 全額自己資金購入での不動産投資の収益構造 ·············· 25

1-3 借入を活用した不動産投資の収益構造 ················· 40

第2章　不動産投資における取引実務の基礎知識

2-1 購入時の取引実務に関する基礎知識 ················· 50

2-2 賃貸時の取引実務に関する基礎知識 ················· 58

2-3 売却時の取引実務に関する基礎知識 ················· 75

第3章 不動産投資における税金計算の基礎知識

3-1 個人（個人事業主）としての賃貸時税金 ……………………… 80

3-2 個人（個人事業主）としての売却時税金 ……………………… 92

第二部 収益計算シミュレーションの実践

第4章 収益計算シミュレーションの作り方

4-1 収益計算シミュレーション作成の基本方針 ……………… 100

4-2 収益計算シミュレーションの書式の作成 ……………… 104

第5章 「借入」の影響を収益計算シミュレーションで数値化する

5-1 不動産投資における「借入」とは ……………………… 124

5-2 「借入なし」でのモデルケース分析 ……………………… 132

5-3 「借入あり（金額：大、期間：長、金利：高）」の
モデルケース分析 ……………………………………… 147

5-4 「借入あり（金額：小、期間：短、金利：低）」の
モデルケース分析 ……………………………………… 156

第6章 収益計算シミュレーションの比較分析（減価償却費）

6-1 不動産投資における「減価償却費」とは ································· 168

6-2 「償却金額：大、償却期間：長、償却率：低」の
モデルケース分析 ··· 176

6-3 「償却金額：大、償却期間：短、償却率：高」の
モデルケース分析 ··· 185

第三部 収益計算シミュレーションの応用

第7章 【簡易版】収益計算シミュレーション

7-1 【簡易版】収益計算シミュレーション書式とは ················ 198

7-2 【簡易版】収益計算シミュレーションの書式の使い方 ······ 202

第8章 【法人税対応版】収益計算シミュレーション

8-1 【法人税対応版】収益計算シミュレーション書式とは ······ 210

8-2 【法人税対応版】収益計算シミュレーションの
書式の使い方 ··· 215

目　次

第9章　収益計算での「本当の儲け」を最大化する

- 9-1 「本当の儲け」を最大化するための"節税" ……… 224
- 9-2 売上をより少なくする ……… 231
- 9-3 費用をより多くする ……… 234
- 9-4 所得控除をより多くする ……… 244
- 9-5 課税総所得をより少なく、税率をより低くする ……… 250
- 9-6 節税の抜本的な対策は法人化 ……… 253

第10章　「本当の儲け」を増やすための不動産投資法人化

- 10-1 法人化のメリット・デメリット ……… 262
- 10-2 資産保有法人と資産管理会社 ……… 267
- 10-3 いよいよ法人設立！
  合同会社と株式会社のどちらが良いのか ……… 273
- 10-4 法人を設立するにあたって、
  決めなければならないこと ……… 278
- 10-5 個人物件を合同会社名義に変更するには？ ……… 282
- 10-6 合同会社名義で、物件を購入〜
  賃貸するまでの注意点 ……… 288
- 10-7 合同会社が個人から借入、
  または個人が合同会社から借入 ……… 294
- 10-8 最低限知っておきたい「合同会社の節税」の注意点 ……… 302

巻末資料（第5章〜第8章「試算結果シート」全体画面）……… 309

◎無料特典「収益計算シミュレーション書式」の ダウンロードについて

　本書購入者限定の無料特典として、本章の第二部で登場する『雛形書式』および、第三部で登場する『簡易版書式』『法人税版書式』の、3つの収益計算シミュレーション用Excelファイルをご用意いたしました。本書を読み進める際のツールとして、また収益物件の購入・売却等の参考ツールとして、是非ご活用ください。

収益計算シミュレーション書式の特徴（3つの書式共通）

・単年ではなく、複数年での中長期シミュレーションが可能
・購入・賃貸時・売却までの一連の流れをトータルしたシミュレーションが可能
・単純な差し引き収支だけでなく、税金を差し引いた「本当の儲け」のシミュレーションが可能
（特に、サラリーマン大家さん向けに給与との合算計算が可能）
・Excelを使用し、簡単にシミュレーション条件の見直しが可能
（初級者レベルのPCスキル・Excelスキルは必要）

⇒例えば、「全額現金購入」と「全額借入」との比較、「購入後3年目売却」と「購入後30年目売却」との比較などを簡単に行うことができます！

◆『雛形書式』とは

　本書における、収益計算シミュレーションの基本形です。
　個人での収益物件購入を前提に、収益物件を購入する際の投資判断に耐えられるよう、様々なパラメータを自由に設定できる、自由度の高い仕様としています。

◆『簡易版書式』とは

　『雛形書式』をベースに、入力項目を大幅に簡略化した書式です。

初心者（これから不動産投資を始める方・始めたばかりの方）の方や、経験者の方の本格検討の前段階（検討物件の篩い分けなど）での活用を想定しています。

　パラメータ設定の自由度や、シミュレーションの精度は、『雛形書式』よりも落ちますが、不動産業者の作成したシミュレーションや、利回り計算などの代替ツール（または比較ツール）として、ご活用いただければと思います。

◆『法人税版書式』とは

　『雛形書式』をベースに、資産保有方式での法人化を想定して、法人税による収益計算をシミュレーションできる書式です。

【ダウンロード手順】

（1）以下URLにアクセスしてください。

> https://keiriya-simulation.com/

（2）「ファイルダウンロード」をクリックし、以下ユーザーIDとパスワードを入力してください。ダウンロード画面に遷移します。

ID	nakagawa0109
パスワード	inagaki10

※ダウンロードできるのは、本書購入特典の3つのファイルのみです。前著の購入特典ファイルは、このユーザー名・パスワードではダウンロードできません。

【注意事項】

・本書特典の3つのシミュレーション書式（以下、「特典書式」）は、事前告知なしに変更・公開中止となることがあります。

・特典書式の内容には万全の注意を払って作成していますが、正確性・完全性・信頼性・使用可能性・有用性および適時性等を保証するものではありません。

・特典書式は、使用者自身の責任と判断のもと、使用するものとします。本書および特典書式の使用により生じた、あらゆる損害・紛争等に出版社ならびに著者・監修者は一切関与しません。

・特典書式の使用は、個人使用に限定します。無断の商用利用・転載・引用等は厳禁です。

・その他、特典書式の使用に関する注意事項はダウンロードページに記載しています。特典書式の使用にあたっては、これら全ての注意事項に同意したものとします。

第一部

収益計算シミュレーションに
必要な基礎知識

第1章
不動産投資の収益構造

　第一部は、不動産投資の収益計算シミュレーション実践力を習得するための「基礎知識編」です。収益計算シミュレーション自体は、数値や計算式の羅列に過ぎず、それを理解して使いこなすためには、前提となるさまざまな不動産投資の基礎知識が不可欠です。

　第1章では、収益計算シミュレーションの土台となる収益構造をご説明します。2つの最重要ポイントである、「時系列の相関関係」「税金を引いた本当の儲け」を押さえ、まずは収益計算の根幹をしっかり理解していきましょう。

1-1 不動産投資の収益構造の概要

■「購入→賃貸→売却」の時系列には相関関係がある

即転売狙いの短期売買を除けば、一般に不動産投資は、数年〜数十年という年月をかけて資産拡大を図る運用手法です。そのため、収益計算シミュレーションの土台となる収益構造を整理するうえでも、購入時点や売却時点のようなスナップショットではなく、複数年度に跨る時系列を前提に計算する必要があります。

不動産投資での時系列は、一連の運用サイクルを考えるとイメージしやすくなります。投資対象物件（以下、「物件」といいます）を自己資金または借入等により「購入」し、それを「賃貸」して投下自己資金の回収・運用成果（利益）の積み上げを行い、最終的には「売却」によって利益確定する…基本的には、不動産投資はこの3つの工程から成り立っているはずです（購入や売却に代えて、相続や贈与による羨ましいケースもあるのでしょうが）。

そして、この3つの工程はそれぞれが独立しているわけではなく、図1-1-1のように、相互に繋がっています。詳しくは後ほどご説明しますが、例えば購入時に投下する自己資金の大小によって、賃貸時の自己資金回収期間や積み上がる運用成果（利益）は変わりますし、賃貸中の減価償却費によって売却時の税金は増減します。

不動産投資の収益構造における1つ目のポイントは、この時系列（≒3つの工程）の相関関係を理解することといえます。

図1-1-1 不動産投資の時系列と相関関係のイメージ

■利回り計算は、時系列の相関関係を全く反映していない

　このように書くと、当たり前すぎて「なにを今さら…」と思った読者の方もいるかもしれません。しかし現実の不動産取引では、この基本から外れたシミュレーションが、ごくごく一般的に飛び交っています。

　例えば、既に不動産投資に取り組まれている方であれば、「表面利回り（グロス利回り）」「実質利回り（ネット利回り）」といった指標をシミュレーションと称して、不動産業者から見せられた経験のある方は多いはずです。私自身も、「利回り〇〇％くらいですけど、興味ありますか？」という電話をよく受けますし、不動産投資の世界では、当たり前に用いられている指標かと思います。

　これら指標は、物件価格と、購入時点での賃貸時の表面的な収入、あるいは運営経費を除いた実質的な収入の関係に着目したもので、おそらくシミュレーションと称されるもののなかでは、最もシンプルで分かりやすいものです。

・表面利回り（グロス利回り）
　〇〇％　＝年間満室時家賃÷物件価格×100
・実質利回り（ネット利回り）
　〇〇％　＝（年間満室時家賃－年間運営経費）÷物件価格×100

しかし、おそらく多くの不動産投資家の共通認識のとおり、利回り単体では、物件購入時の投資判断にはまったく役不足で、実務では検討物件のフィルタリング程度が精々です。

理由はいくつかあるのですが、最たる理由の1つが、前述した時系列の相関関係を全く反映できない点です。3つの工程のうち、売却はそもそも蚊帳の外ですし、購入・賃貸についても特定時点のスナップショットにすぎません。

本書では、不動産投資の収益計算シミュレーションを、『物件購入時に、知識を、"国語"から"算数"に効率的に変換し、合理的な投資判断をサポートするツール』と定義しています。その土台となる収益構造を考えるうえで、時系列の相関関係は絶対に外せないポイントであることは、最初に強調してお伝えしておきたいと思います。

■税金を引いた「本当の儲け」を計算する

もう1点、不動産投資の収益構造を考えるうえで絶対に外せないポイントがあります。それは、税金（所得税・住民税）と「本当の儲け」の関係です。

NISAなど政策的に非課税とされる場合を除けば、ほぼどんな投資であれ利益に対して税金はかかるものですが、不動産投資も例外ではありません。そして、実は不動産投資の利益にかかる税率は、賃貸時も売却時も、容赦のない高税率なのです。

図1-1-2は、資産運用の代表格である株式投資との税率比較です。いくつかの前提を置いた参考比較ではありますが、それでも不動産投資の税率の高さはご理解いただけるかと思います。

1-1　不動産投資の収益構造の概要

図1-1-2 株式投資と不動産投資の税率比較（所得税・住民税）

【株式投資】

利益の種類	税率	備考
インカムゲイン（株式配当）	20.315%	上場株式の分離課税制度の税率
キャピタルゲイン（売却時利益）	20.315%	同上

【不動産投資】

利益の種類	税率	備考
インカムゲイン（賃貸時利益）	最大55.95%	他所得と合算した総合課税制度の税率
キャピタルゲイン（売却時利益）	20.315%または39.63%	物件の所有期間により税率が決定

　不動産投資は扱う金額も大きいため、税率が高くなれば、支払う税金も莫大な金額になりかねません。

　そのため、本書の収益計算シミュレーションで算出すべき「本当の儲け」とは、所得税・住民税を支払った後の、税引き後の最終的な手残り金額とする必要があるのです。

> **本書における「本当の儲け」とは？**
> ⇒税金（所得税・住民税）を支払った後の、税引き後の最終的な手残り金額

　ここまでの整理としては、本書の定義する収益計算シミュレーションの目的達成には、「時系列の相関関係」「税金を引いた本当の儲け」の2つの要素が不可欠ということです。

　これは本書での最重要ポイントになりますので、是非、本当に腹落ちいただいたうえで、本書を読み進めるようにしてください（先ほど説明した利回り計算では、この最重要ポイントが2つとも欠落していますので、シミュレーションとしてはいかに危うい指標であるかがお分かりいただけるかと思います）。

第1章　不動産投資の収益構造　19

> ### 収益計算シミュレーションでの2つの最重要ポイント
> ・時系列の相関関係が反映できていること
> ・税金を引いた、「本当の儲け」が計算できること
> 　⇒物件購入時に合理的な投資判断をするには、この2つの要素が
> 　　不可欠！

■税金の計算根拠は、帳簿上の利益と損失

　ここからは、「本当の儲け」の計算について少し詳しくご説明します。

　「本当の儲け」とは、『税金（所得税・住民税）を支払った後の、税引き後の最終的な手残り金額』ですが、支払う税金は不動産投資によって生じた「利益」によって決まります。

　そして、ここでの「利益」とは、賃貸時であれ売却時であれ、実際に手元にある税引き前の現金（以下、「現金収支」といいます）ではありません。あくまでも税務ルールにより仕分けされた帳簿上の利益・損失（以下、「損益」といいます）が、税金を計算する根拠となるのです。

　では、現金収支と損益は、なにが違うのでしょうか？

　両者の関係を端的に表現すると次のようになります。

> ・現金収支＝収入－支出
> ・損益　　　＝売上－費用

　「収入」とは単純に入ってきたお金、「支出」とは単純に出て行ったお金です。一時的にお金を預かっただけでも「収入」ですし、借りたお金を返しただけでも「支出」です。

　一方、「売上」とは貰ったお金、「費用」とは売上を貰うためにかかったお金です。一時的にお金を預かっただけでは「売上」にはなりませんし、借りたお金を返しただけでは「費用」にはなりません（売上のため

1-1　不動産投資の収益構造の概要

に借りたお金であれば、利子は「費用」になります）。また「費用」には、減価償却費のように、実際の現金授受が発生しない帳簿上のバーチャルなお金を含みます。

　この本の読者の方には、不動産投資での具体事例を挙げた方が分かりやすいかもしれません。図1-1-3をご覧ください。「収入＝売上」「支出＝費用」となるものもあれば、どちらかのみに該当するものもあります。

図1-1-3　「収入・売上」と「費用・支出」の差分事例

	収入	売上	補足
家賃	○	○	
敷金	○	×	一時的にお金を預かっただけです
礼金	○	○	

	支出	費用	補足
管理費・修繕積立金	○	○	
仲介手数料（賃貸時）	○	○	
固定資産税・都市計画税（賃貸時）	○	○	
借入金返済（元本分）	○	×	借りたお金を返しているだけです
借入金返済（利子分）	○	○	
原状回復費	○	○	資本的支出を除く
（減価償却費）	×	○	売上のためのバーチャルなお金です

　これらの差分を踏まえて計算すると、不動産投資では、現金収支と損益の金額は殆どの場合において一致せず、それどころか金額差分が大きくなることも珍しくありません。また、「現金収支＞損益」となるのか、「現金収支＜損益」となるのかでさえ、それぞれを計算して比較しないと分からないのです。

　そのため、「本当の儲け」を計算するためには、現金収支と損益を求める2つの計算をそれぞれ別個に行う必要があることを、まずはご理解ください。

第1章　不動産投資の収益構造　21

本書では、現金収支を求める計算を「キャッシュフロー計算（CF計算）」、損益を求める計算を「損益計算」と呼び、この2つの計算を通じて「本当の儲け」を計算するためのプロセスを、「収益計算（または収益計算シミュレーション）」と呼ぶこととします。

> **収益計算とは、不動産投資の「本当の儲け」を計算するプロセス**
> 以下2つの計算を別個に行う必要がある！
> ・現金収支を求める、「キャッシュフロー計算（CF計算）」
> ・損益を求める、「損益計算」

■購入・賃貸時の「本当の儲け」を出すまでの流れ

　では、購入・賃貸時の「本当の儲け」を算出するには、具体的にどんな計算が必要となるのかを確認していきましょう。
　図1-1-4を見てください。

図1-1-4 収益計算の流れ（購入・賃貸時）

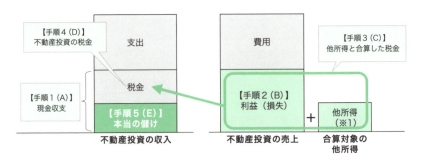

【手順1】　CF計算 / 現金収支（A）　　　　　＝ 収入 － 支出
【手順2】　損益計算 / 利益（損失）（B）　　 ＝ 売上 － 費用
【手順3】　他所得と合算した税金（C）　　　＝（B ＋ 他所得）× 所定税率
【手順4】　不動産投資の税金（D）　　　　　 ＝ C － 他所得分の税金（※2）
【手順5】　本当の儲け　　　　　　　　　　　　 ＝ A － D

（※1）給与所得など、不動産所得と合算して税金計算するもの
（※2）不動産投資の利益（損失）がなかった場合の他所得にかかる税金

これが、購入・賃貸時の「本当の儲け」を算出する収益計算の流れです。CF計算と損益計算を行ったり来たりしながら、不動産投資以外の収入（給与所得等）を合算するなど、いかにも面倒で手間のかかる計算を繰り返さなければならないことが分かります。

実務的な計算式や税率などは、第3章にて改めてご説明しますので、ここでは計算手順・流れの全体像をしっかり確認してください。

■売却時の「本当の儲け」を出すまでの流れ

続いて、売却時の「本当の儲け」を算出する収益計算を確認しましょう。図1-1-5を見てください。

図1-1-5　収益計算の流れ（売却時）

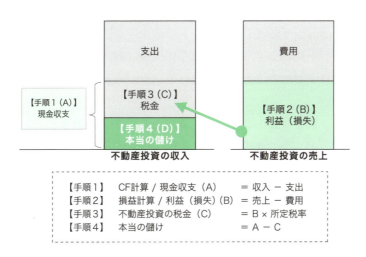

購入・賃貸時の収益計算とは異なり、売却時には不動産投資以外の収入を合算する必要はなく、一見シンプルな構造にも思えます。

しかし、計算式をもう少し詳しく見ていくと、売却時にも注意すべき点が潜んでいることが分かります。

収益計算における、売却時の計算式

・**CF計算**（借入金がない場合）

　現金収支＝売却価格－売却時の諸支出

・**損益計算**

　損益　　＝売却価額（※）－取得費（売却時の簿価）－譲渡費用

※物件売却代金＋固都税精算金等の合計額

　この計算式でのポイントは、損益計算に登場する「売却時の簿価」の扱いです。

　CF計算では、借入金がない場合、単純に売却価格から売却時の諸経費を引けば現金収支が計算できるため、一般にイメージする売却時の利益と同じなのですが、損益計算では、さらに売却時の簿価も引いて計算する必要があります。これは、物件の価値（正確には、土地を除く建物や建物付属設備等の価値）は経年劣化するという考えに基づく会計処理で、詳しくは減価償却費の説明パートで改めてご説明します。

　ここでは、一見シンプルに見える売却時の収益計算であっても、簿価に関する注意点があることだけ認識していただければOKです。

　以上が、不動産投資の収益構造の概要となります。前述した2つの最重要ポイントと、それを支える2つの収益計算は、ここから先の本書を読み進めていただくうえでの大前提になります。しっかりと確認しておきましょう。

収益計算シミュレーションでの、2つの最重要ポイント

・時系列の相関関係が反映できていること
・税金を引いた、「本当の儲け」が計算できること

「本当の儲け」を計算するための、2つの収益計算

・現金収支を求める、「キャッシュフロー計算（CF計算）」
・損益を求める、「損益計算」

1-2 全額自己資金購入での不動産投資の収益構造

■運用成果は投下自己資金の回収後に積み上がる

　本書のテーマである、Excelによる不動産投資の収益計算シミュレーションの作成・活用には、これまでにご説明した収益構造の知識が大前提となるわけですが、実際の投資案件をシミュレーションに落とし込むためには、もう少し踏み込んだ事前準備が必要です。

　そこで、ここからはシミュレーションに必要となる収益構造の知識・理解を、不動産投資の実務目線で、もう一歩深めていただくための説明に入ります。

　まずは、収益構造が比較的シンプルな「全額自己資金購入」を事例にご説明しますので、図1-2-1を見てください。

図1-2-1　購入・賃貸時のCF計算（現金収支）イメージ

購入金額	5,000万円
現金収支（〜3年目）	700万円
同上（4年目〜）	600万円
同上（7年目〜）	500万円
同上（10年目〜）	400万円

この図は、購入金額5,000万円の物件を全額自己資金で取得し、一定条件のもと10年間賃貸した場合の購入・賃貸時のCF計算（現金収支）のイメージです（ここでは、「現金収支≒年間手取り家賃」とシンプルに考えると分かりやすいと思います）。

投資1年目を見ると、現金収支は700万円のプラスとなっています。「税引き前の現金収支ベースでは、さっそく運用成果があった！」と考えたくなるところですが、そうではありません。実際には、購入時に投下した自己資金5,000万円のうち、未回収残高4,300万円（5,000万円－700万円）が残っており、この時点では、まだ700万円分を分割回収したに過ぎないからです。

図1-2-1での運用成果が発生するのは、少なくとも投下自己資金の回収が終わる、投資9年目以降まで待たねばなりません（「少なくとも」と付けた理由は後述します）。

図1-1-1の時系列「賃貸」のなかに、「投下自己資金回収」「運用成果の積み上げ」の2つのボックスが並んでいるのは、この点を図示していたわけです。

■年間手取り家賃は逓減する前提で計算

もう一度、図1-2-1を見てください。次なるポイントは、現金収支の棒グラフについた減少角度です。

毎年の現金収支がずっと同じであれば、投下自己資金の回収期間は、投下自己資金を年間の現金収支で割り戻すことで、簡単に計算できるはずです（表面利回りや実質利回りは、まさにこの考え方に基づく指標で、例えば、利回り10％＝「10年で投下自己資金が回収できる」という意味です）

しかし、不動産投資の実務では、その考え方はいささか楽観的で、現金収支は一定割合で逓減すると考えるべきです。物件周辺に再開発など

の特殊事情がない限り、物件自体の老朽化や新しい競合物件の出現に伴う家賃収入の低下（空室増加を含む）は避けられないからです。

従って、CF計算シミュレーションでは、現金収支は逓減する前提を置いたうえで、投下自己資金の回収時期や、その後の運用成果の積み上げ予測を立てることが求められることになります。

■税金を計算するには損益計算

先ほど、図1-2-1での運用成果は「少なくとも投下自己資金の回収が終わる、投資9年目以降」と書きました。この「少なくとも」という言葉の意味は、図1-2-1の現金収支がそのまま手元に残るわけではなく、ここから税金が引かれてしまうことで、実際には運用成果の開始時期はさらに遅れる可能性があることを意図しています。

つまり、より現実的な運用成果の開始時期（＝投下自己資金の回収時期）を予測するには、現金収支から税金を引いた「本当の儲け」ベースで数字を計算し直さなければならないということです。

そこで、この事例における税金を計算する必要が生じてきます。税金の根拠となるのは、CF計算による現金収支ではなく、損益計算による損益（帳簿上の利益・損失）であったことを思い出してください。

- **現金収支（手元にある税引き前の現金）を求めるのが、CF計算**
  現金収支＝収入－支出
- **損益（帳簿上の利益・損失）を求めるのが、損益計算**
  損益　　＝売上－費用

では、CF計算を損益計算に変換していきますが、この2つの収益計算の主要差分は、先ほど図1-1-3にて説明したとおり、「敷金」「借入金（元本分）」「減価償却費」の3つでした。

図1-2-2	「収入・売上」と「費用・支出」の差分事例（再掲）		

	収入	売上	補足
家賃	○	○	
敷金	○	×	一時的にお金を預かっただけです
礼金	○	○	

	支出	費用	補足
管理費・修繕積立金	○	○	
仲介手数料（賃貸時）	○	○	
固定資産税・都市計画税（賃貸時）	○	○	
借入金返済（元本分）	○	×	借りたお金を返しているだけです
借入金返済（利子分）	○	○	
原状回復費	○	○	資本的支出を除く
（減価償却費）	×	○	売上のためのバーチャルなお金です

　このうち、敷金は金額も小さく、退去時に返金（または原状回復費用と相殺）するお金ですから、ここでは説明を省きます（計算上の影響はごく軽微です）。

　また、図1-2-1の事例は、全額自己資金購入（＝借入なし）のため、借入金の説明は後ほどに回すとして、まずは減価償却費に絞ってご説明します。

■減価償却費による節税効果とは

　まずは、減価償却費を正しく理解するところから始めましょう。

　減価償却自体は、不動産投資にかぎらず簿記や会計に共通するルールで、一般に次のように定義されています。

・減価償却とは
高額かつ長期間使用する資産取得に要した支出について、一括では費用計上せず、償却期間に按分して費用計上する手続きのこと。

　不動産投資のハウツー本やセミナーでは、よく減価償却費は節税に繋がる経費として紹介されています。なぜ、減価償却の手続きが節税に繋がるのでしょうか？

　話をシンプルにするため、耐用年数10年の設備機械を500万円で全額自己資金購入したケースを例にご説明します。

　この場合、購入から10年間は、減価償却費を毎年50万円ずつ費用計上することができます（正確には、1円を備忘価格として残した金額まで費用計上します）。

　仮に、ある年度のこの事業の収入・売上がいずれも200万円、支出と減価償却費を除く費用がいずれも100万円とすれば、図1-2-2のとおり、税金の根拠となる利益は50万円です。その他条件に違いがなければ、毎年100万円に税率を乗じるよりも、50万円に税率を乗じた方が税金は低くなるはずで、これがよく言われている「減価償却費による節税効果」です。

図1-2-3　減価償却費による節税効果の事例

CF計算	収入	200万円
	支出	100万円
	現金収支	100万円
損益計算	売上	200万円
	費用（減価償却費除く）	100万円
	費用（減価償却費）	50万円
	損益	50万円

手元には100万円の儲けがあるが、税金は50万円に対して課税される
⇒50万円分には税金がかからず、節税になる！？

■減価償却費と簿価の関係

　こうした節税効果は、特に資金繰りの苦しい時期や、規模拡大に多く

の現金が必要な時期には効果てきめんで、使い方によっては大変なメリットであることは間違いありませんが、短期的な節税ばかりに目が行ってしまうと危険でもあります。

　減価償却費の本質は、その言葉どおり、償却資産の価値減少分を費用計上しているに過ぎません。言い換えれば、当該償却資産の簿価は、減価償却費を計上した分だけ、毎年減耗しているのです。
　図1-2-4をご覧ください。購入時点で500万円だった設備機械の簿価は、10年間の減価償却費計上後には、備忘価格の1円になっています。この関係性を忘れないでください。

図1-2-4　減価償却費と簿価の関係

(年度末/円)

	1年目	2年目	3年目	…	9年目	10年目
減価償却費	500,000	500,000	500,000	…	500,000	499,999
簿価	4,500,000	4,000,000	3,500,000	…	500,000	1

　簿価の減耗は、直接的には売却時の税金に影響します。例えば、3年目の決算直後に、この設備機械を450万円で売却するとどうなるでしょうか？
　収益計算における、売却時の計算式を思い出してください。
　損益を計算する取得費には「売却時の簿価」とありますね。これは不動産投資でも、設備機械でも考え方は同じです。

収益計算における、売却時の計算式

・**CF計算**
　現金収支 ＝ 売却価格 － 売却時の諸支出
・**損益計算**
　損益　　 ＝ 売却価額 － 取得費（売却時の簿価）－ 譲渡費用

　話をシンプルにするため、売却時の諸経費（諸支出・譲渡費用）を0

円と仮定すると、この場合の損益は、100万円（売却価格450万円－簿価350万円）となります。仮に、簿価の減耗がなかったとすれば、損益は－50万円（売却価格450万円－購入時点の簿価500万円）だったわけですから、その差額は＋150万円です。

図1-2-5のとおり、この差額は3年間で積み上げた減価償却費による利益圧縮効果と同じ数字になり、売却まで含むトータルで考えれば、利益の合計額は同じになることがハッキリします。

図1-2-5　減価償却費による節税効果の比較

つまり、毎年の節税効果（正確には、利益圧縮効果）は、売却時に取り戻されてしまいますので、減価償却費の正体は「利益の繰り延べ（先送り）」と理解するのが妥当です。

実際のところ、会計に詳しい方のなかには、減価償却費の仕組みを逆手に取ったさまざまな節税対策を取る方もいますが、それは他の償却資産との組み合わせや、所得間での税率格差、あるいは償却期間・方法の工夫など、様々な知識・スキルの組み合わせの賜物です。

減価償却は学びがいのある奥の深いテーマではありますが、本書のテーマである収益計算シミュレーションに必要な基礎知識としては、以下を再認識していただければと思います。

> **減価償却費の注意点**
> ・償却期間中は、現金支出のない費用を計上できるため、利益圧縮
>   →節税に繋がる
> ・しかし、同じペースで当該償却資産の簿価も減耗している
>   ∴売却時を含む利益の合計額は変わらず、課税の繰り延べ（先送り）との理解が妥当！

■不動産投資における減価償却費

では、ここまでに整理した減価償却費の知識を不動産投資に当てはめてみましょう。

おそらく殆どのケースにおいて、不動産投資での償却資産の代表格は、購入した物件そのものになるはずです。

先ほどの設備機械の事例では、購入代金500万円を単純に償却年数で割りましたが、不動産投資の場合は、まずは物件を「建物」と「土地」に分割するところから始まります。図1-2-6のとおり、物件のうち償却できる資産は「建物」だけで、「土地」は償却できないルールがあるからです。

図1-2-6　減価償却の対象資産は「建物」のみ

10年経ったら、30年経ったら・・・
老朽化する

建物は時の経過によってのみ価値が減少するもの

土地

10年経っても、30年経っても・・・
老朽化しない

土地は時の経過によって価値が減少しないもの

32

このルールの建付けは、「建物は経年劣化して価値が減少するが、土地は経年劣化しないため価値の減少もない」という理屈のようです（もっとも、多くの土地付き建物の不動産取引においては、建物・土地は事実上一体となって、その商品価値（＝売買価格）が評価されているので、あまり納得感のある理屈ではありませんが…）。

さて、ルールへの納得感はさておき、収益計算シミュレーションにおける減価償却費の影響は前述のとおり大きいものですから、購入物件の簿価を、適切に「建物」と「土地」に分割し、さらに「建物」については耐用年数を計算しなければなりません。

ここでは、図1-2-1の設定にある購入金額5,000万円の物件の内訳は、「建物3,000万円（耐用年数10年）、土地2,000万円」の計算結果であったと仮定して話を進めます（分割や耐用年数の計算には、いくつかの前提条件やルールの理解が必要となるため、第2章で改めてご説明します）。

この場合、土地は減価償却できないルールですから、建物金額3,000万円のみが償却資産となり、購入後10年間に渡って毎年300万円を費用計上することになります。簿価との関係は図1-2-7のとおりで、これが不動産投資における、基本的な減価償却費と簿価の関係となります。

図1-2-7 減価償却費と簿価の関係

（期末時点/円）

		1年目	2年目	3年目	4年目	…	9年目	10年目
建物	減価償却費	3,000,000	3,000,000	3,000,000	3,000,000	…	3,000,000	2,999,999
	簿価	27,000,000	24,000,000	21,000,000	18,000,000	…	3,000,000	1
土地	減価償却費	0	0	0	0	…	0	0
	簿価	20,000,000	20,000,000	20,000,000	20,000,000	…	20,000,000	20,000,000
合計	減価償却費	3,000,000	3,000,000	3,000,000	3,000,000	…	3,000,000	2,999,999
	簿価	47,000,000	44,000,000	41,000,000	38,000,000	…	23,000,000	20,000,001

なお、この建物と土地の償却ルールに着目して、売主に依頼して売買契約書に建物割合が大きい内訳を書いてもらうなど、購入物件から少しでも大きく減価償却費を取るスキームが流行った時期がありました。

　もちろん、適法かつしっかりした節税戦略あっての選択であればよいのですが、なかには、不動産業者が投資家に十分な説明をしないまま、購入後の手残りを多く見せるための営業手段として、不自然に建物割合を大きくした取引を持ち掛けるケースもあったようです（減価償却費を大きくすれば、目先の利益は増えて見えるため、営業をかけやすかったのでしょう）。
　繰り返しになりますが、売却まで含めたトータルでは利益の総額は変わりませんので、安易にこうした手口に乗らないよう、ご注意ください。

■減価償却費と購入・賃貸時の「本当の儲け」の関係

　では、いよいよ図1-2-1の事例に税金を合算して、「本当の儲け」を計算しましょう。
　話をシンプルにするため、CF計算と損益計算の差分は減価償却費の有無だけと仮定すると、「本当の儲け」は図1-2-8のようになります（損益から税金を求める計算方法は第3章で詳しくご説明しますが、ここでは他所得や各種控除を考慮せず、本書80頁、図3-1-1の速算法の税率を単純に乗じた金額としています）。

　繰り返しの説明にはなりますが、本書における「本当の儲け」とは、『現金収支から税金を支払った後の最終的な手残り金額』です。
　それを念頭に、図1-2-8の税金の推移を見てください。投資1年目の78万円から数年ごとに減少し、投資10年目には15万円まで減っています。これは、物件の経年劣化による収入・売上の減少により、相対的に減価償却費の割合が高まったことと、超過累進課税制度を採用する個人の所得税率差によるものです（税率については、第3章で詳しくご説明します）。

34

図1-2-8 全額現金購入時の事例における「本当の儲け」

（期末時点/万円）

	1年目	2年目	3年目	4年目	5年目	6年目	7年目	8年目	9年目	10年目	11年目
現金収支①	700	700	700	600	600	600	500	500	500	400	400
減価償却費	300	300	300	300	300	300	300	300	300	300	0
損益（利益）	400	400	400	300	300	300	200	200	200	100	400
税金②	78	78	78	51	51	51	30	30	30	15	78
本当の儲け（①－②）	622	622	622	549	549	549	470	470	470	385	322
自己資金の未回収残高	4,378	3,755	3,133	2,584	2,034	1,485	1,015	546	76	-309	-631
簿価	4,700	4,400	4,100	3,800	3,500	3,200	2,900	2,600	2,300	2,000	2,000

　一見すると、売上の減少に合わせて税金が下がっているだけの単純な構造に見えますが、投資11年目には減価償却費の計上が終わったことで損益（利益）が急増し、税金が15万円→78万円に急増している点に注目してください。

　これは、売上が相応に減少している投資11年目に、売上が最大であった投資1年目と同じ金額の税金を支払うことになってしまう状況を予測しています。この事例では、投資11年目でも税金を支払えるだけの現金収支がありそうですが、不動産投資の収益構造上、減価償却費の計上が終わった翌年度以降、急速に「本当の儲け」が悪化する仕組みとなっていることは、予め十分に理解しておくべきでしょう。

■CF計算での現金収支と「本当の儲け」の比較

　では、図1-2-8の数字を使用して、「本当の儲け」イメージを図1-2-9にしてみました。並べて図1-2-1を投資11年目まで伸ばしたイメージも再掲するので、CF計算（現金収支）と比較してみましょう。

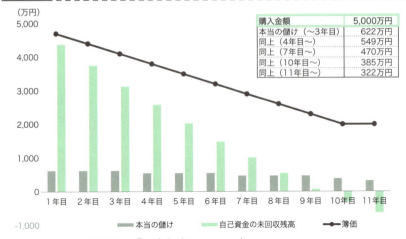

図1-2-9 購入・賃貸時の「本当の儲け」イメージ

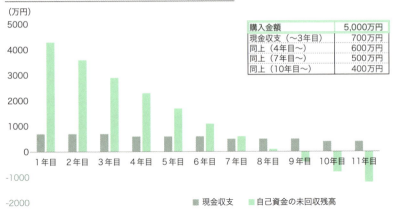

（参考）購入・賃貸時の「現金収支」イメージ

　図1-2-9での「本当の儲け」は、図1-2-1での「現金収支」より税金の支払い分ずつ、毎年金額が小さくなり、自己資金の回収期間が9年→10年に1年間伸びたことが分かります。

　とはいえ、全体傾向に顕著な差分はなく、これだけ見れば、わざわざ収益計算シミュレーション、つまりCF計算と損益計算の2つを計算する手間に見合わないのではと感じるかもしれません。
　実際のところ、全額自己資金購入の事例では、CF計算と損益計算の

差分のうち借入金（元本）を考慮する必要がないため、物件価格の内訳がよほど建物に偏っていなければ、購入・賃貸時の収益計算への影響は限定的となることも珍しくありません。

しかし、これからご説明する売却を含めた不動産投資の一連の時系列で考えれば、収益計算への影響は決して小さくはなく、その重要性を再認識いただけるはずです。

■減価償却費と売却時の「本当の儲け」の関係

では、ここからは物件売却に関して、同じ事例を使ってご説明します。売却時の収益計算の式は、次のとおりでしたね。

収益計算における、売却時の計算式

・**CF計算**

　現金収支＝売却価格－売却時の諸支出

・**損益計算**

　損益　　＝売却価額－取得費（売却時の簿価）－譲渡費用

仮に、購入5年目期初に4,500万円で売却、売却時の諸経費は話をシンプルにするため、先ほどと同様に0円とします。

この場合、現金収支は、そのまま4,500万円（4,500万円－0円）ですが、購入価格が5,000万円でしたので、単純な差し引きでは－500万円（4,500万円－5,000万円）ですね。

その一方、図1-2-7より、売却直前の投資4年目期末時点での簿価は、3,800万円に減耗していますので、損益は700万円（売却金額4,500万円－売却時の簿価3,800万円）とプラスになります。

税金の根拠はあくまで損益計算ですから、たとえ購入金額と現金収支との差し引きがマイナスであろうとも、税金は700万円の利益がある前提で計算されてしまうわけです。

は、同じ条件で売却した場合の各年度の差し引き（現金収支金額を引いた金額）と損益を一覧化した表です。

〜が長いほど簿価の減耗が進み、購入金額と売却時現金収支との差し引き金額は増えていないのに、損益だけが増える構図にあることがご理解いただけると思います。

収 = 5000 − 4500(万円)
500万円の損益

図1-2-10 4,500万円で物件売却した場合の比較

(期末時点/円)

	1年目	2年目	3年目	4年目	5年目	6年目	7年目	8年目	9年目	10年目
売却価格 (a)	4,500	4,500	4,500	4,500	4,500	4,500	4,500	4,500	4,500	4,500
購入価格 (b)	5,000	5,000	5,000	5,000	5,000	5,000	5,000	5,000	5,000	5,000
簿価 (c)	4,700	4,400	4,100	3,800	3,500	3,200	2,900	2,600	2,300	2,000
差し引き a−b	−500	−500	−500	−500	−500	−500	−500	−500	−500	−500
損益 a−c	−200	100	400	700	1,000	1,300	1,600	1,900	2,200	2,500

このように、全額現金購入の不動産投資であっても、売却まで含めた不動産投資の時系列全体で考えれば、現金収支と損益、そして「本当の儲け」には、それぞれ密接な関わりがあり、購入時に収益計算シミュレーションを行うことの重要性がご理解いただけるかと思います。

購入後しばらくは、減価償却費による節税効果のおかげで順調に思えても、減価償却費の計上が終わった後や売却を見据えて、しっかり対策を取っておかないと、後から手痛いしっぺ返しをくらうことになりかねないのです。

よく、不動産投資は、「最初は上手くいくので、初心者が成功したと勘違いしやすい」「出口を終えるまで成果が分からない」などと評されますが、こうした収益構造を鑑みれば、あながち誤った指摘でもないのかもしれません。

■収益計算シミュレーションにおける、最終的な「本当の儲け」

　さて、ここまで一気に説明してきましたが、ここまでくればゴールまでもう一息です。

　不動産投資の実務において、物件購入時に収益計算シミュレーションを行い、合理的な投資判断を行ううえでは、購入・賃貸時の「本当の儲け」と、売却時の「本当の儲け」の両方をチェックしなければなりません。

　この2つの「本当の儲け」のチェック方法は、次のとおりです。

収益計算シミュレーションにおける、最終的な「本当の儲け」

・**購入・賃貸時の「本当の儲け」**

　本当の儲け＝現金収支－税金

・**売却時の「本当の儲け」**

　本当の儲け＝現金収支－税金

・**収益計算全体の「本当の儲け」**

　本当の儲け＝購入・賃貸時の「本当の儲け」の売却時点までの累計＋売却時の「本当の儲け」

　購入即転売のような場合を除き、購入・賃貸時の「本当の儲け」は、プラスであれマイナスであれ、売却時点まで毎年積み上げているはずですから、合算する際には累計金額を使用するというわけですね。

　以上で、全額現金購入時の収益構造の説明を終わります。「理屈としては分かったけど、これをExcelに落とし込むのは大変そうだ…」と思われた方も少なくないかもしれませんが、それは第二部でじっくりとご説明しますので安心してください。

　次の1-3では、借入を活用した不動産投資における収益構造についてご説明します。全額自己資金購入時との差分に注目して、読み進めてください。

1-3 借入を活用した不動産投資の収益構造

■借入活用によるレバレッジ効果

　不動産投資の実務では、金融機関等からの借入を活用した購入が、むしろ一般的かもしれません。ここからは、借入による収益計算シミュレーションへの影響として、追加で理解しておくべきポイントを整理していきます。

　図1-3-1を見てください。図1-2-1と同じ物件を、4,500万円（返済期間15年/年利3％）の借入を活用して購入した場合の現金収支イメージです。

図1-3-1　購入・賃貸時のCF計算（現金収支）イメージ（4,500万円/15年/3％）

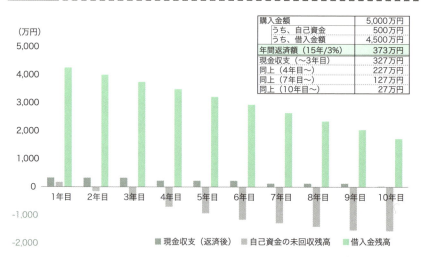

　CF計算における、借入活用時の現金収支は、先ほどご説明した現金収支（≒手取り家賃収入）から、借入金返済額（元本＋利子）を引いた

数字で考えます。

　借入活用といえば、多くの不動産投資家が真っ先に思いつく言葉は、おそらくレバレッジ効果でしょう。テコの原理になぞらえた、「少ない自己資金で大きなリターンを可能とする方法」のことですが、この事例では、購入時より現金収支がプラスで推移しており、全額自己資金購入時には9年かかっていた自己資金の回収が、僅か2年に短縮されています。まさにレバレッジ効果により、自己資金が効率的に活用されたといえるでしょう。

　レバレッジ効果の源泉は、「手取り家賃収入＞借入金返済額」の差額です。現金収支がプラスを維持できている間は、借入金返済と投下自己資金の回収（または運用成果の積み上げ）が同時並行で実行できるわけですから、効率よく資産運用（資産拡大）を狙える方法に違いありません。

　しかし言い換えれば、なんらかの要因で、「手取り家賃収入＜借入金返済額」に逆転した途端、レバレッジ効果は失われ、いわゆる逆レバレッジ効果のかかった危険な状態に陥る可能性があるということでもあります。

■レバレッジ効果にかかる不等式逆転のバイアス

　では、逆レバレッジのリスク要因としては、どんなものが考えられるでしょうか？

　一般には、借入金利の上昇が筆頭リスクと説明されます。日本政策金融公庫からの借入のように全期間固定金利を基本とする例外もありますが、多くの不動産投資家は、金融機関から最も金利の低い変動金利（あるいは固定金利特約期間付きの変動金利）で借入をしており、かつ現在の金利がほぼ底値水準で、今後は維持または上昇の二択であろうとの見方が強いからです。

　では、この事例で、仮に借入金利が年利3％→年利9％（バブル期並み）まで上昇した場合、どうなるでしょうか？

　次ページの図1-3-2をご覧ください。

図1-3-2　購入・賃貸時のCF計算（現金収支）イメージ（4,500万円/15年/9％）

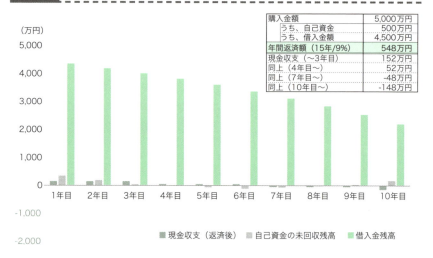

　購入当初こそ、現金収支は僅かにプラスではありますが、経年による家賃収入の減少によって、7年目からはマイナスとなってしまいました。

　このマイナス補填に自己資金を追加投入する場合、10年目には、せっかく積み上げた利益を食い潰し、自己資金の未回収残高が発生する状況に逆戻りしています。現金収支のマイナスも単年148万円まで拡大し、返済完了する15年目まで状況は変わらない（または更に悪化する）ことが予測されるわけですから、自己資金の少ない方や、物件購入後に自己資金を他用途に使用した方などにとっては、返済不能に陥りかねない危険な状況といえましょう（もっとも、借入金利9％の時代が再来するかは誰にも分かりませんし、ましてや物件購入の翌日から一気に金利が9％に高騰する状況は、さすがにリスクシナリオとしても乱暴かもしれませんが）。

　ここでお伝えしたいことは、借入によるレバレッジ効果は、「手取り家賃収入＞借入金返済額」の不等式が前提でありながら、昨今の歴史的低金利を客観視すれば、いかにも不安定な土台の上に成り立っているということです。

不動産投資は、ただでさえ、前述した経年劣化による現金収支の悪化リスクを内包しています。レバレッジ効果には、不等式逆転のバイアスが常にかかり続けていることを正しく認識したうえで、上手な付き合い方を探る必要があるというわけです。

■収益計算のポイントは、減価償却費と借入金返済（元本分）

ここからは、図1-3-1のCF計算（現金収支）に税金の要素を追加するため、借入活用時の損益計算について、ポイントを絞ってご説明していきます。

損益計算で注意すべきは、「減価償却費」と「借入金返済（元本分）」です。このうち、減価償却費については、先ほど全額現金購入時の事例でご説明済のため、借入金返済に絞ってご説明します。

まず、借入金を収益計算シミュレーションに計上するにあたり、次の2点を知っておく必要があります。

> ・借入金返済額のうち、「元本」は支出であるが、費用計上できない（「利子」は支出であり、費用計上できる）
> ・元利均等返済は、返済が進むほどに「元本」の返済額が増える商品設計

1点目の借入金元本は費用計上できない点は、先ほど図1-1-3でご説明しました。

2点目の返済方式についてですが、借入返済の方法には、大きく「元利均等返済」と「元金均等返済」の2つがあります。

図1-3-3と図1-3-4を見てください。図1-3-1と同じ物件を、同じ借入条件（4,500万円/返済期間15年/年利3％）で購入したと仮定し、返済方式の違いによる返済金額の内訳を比較しています。

第1章　不動産投資の収益構造　43

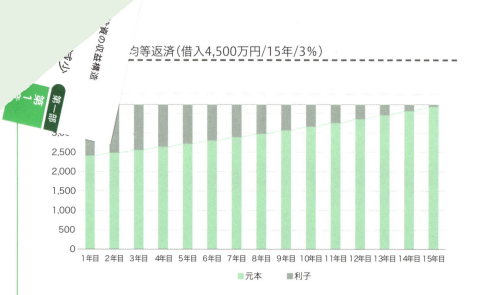

均等返済(借入4,500万円/15年/3%)

図1-3-4 元金均等返済(借入4,500万円/15年/3%)

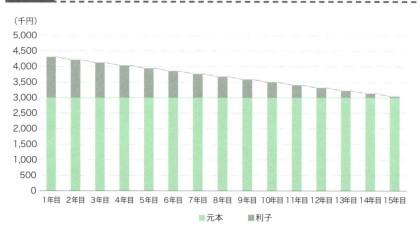

　元利均等返済とは、元本と利子の返済合計額を固定する借入方式です。図1-3-3のとおり、利子の割合を調整することで、返済合計額を変えない設計になっています。元金均等返済のように購入当初の返済合計額が高くなることはないため、「手取り家賃収入＞借入金返済額」の不等式によるレバレッジ効果を出しやすくなります。

　しかし、返済を進めるほどに、支出でありながら費用計上できない「元

本」の返済額が増えていく点には要注意です。損益計算上の利益が増えることで、現金収支は変わらないのに税金だけが増えてしまい、「本当の儲け」の縮小が加速することになりかねないからです。

一方、元金均等返済とは、元本のみを固定する返済方式で、図1-3-4のとおり、固定額の元本に利子を乗せ、返済が進むほどに返済合計額が減少する設計になっています。購入後しばらくは元利均等返済よりも返済合計額は大きくなり、当面はレバレッジ効果を出しづらい一面はあります。

しかし、元利均等返済と異なり、返済を進めても「元本」の返済額は変わらないため、現金収支は変わらないのに税金だけが増えることにはなりません（「利子」の返済額が減ることで、損益計算で計上する費用は減少しますが、同じ金額だけ現金収支も改善します）。

■デッドクロスの発生を予測する

さて、元利均等にしろ元金均等にしろ、支出でありながら費用計上できない借入金元本がある以上、借入を活用した不動産投資では、程度の差こそあれ「CF計算上の現金収支＜損益計算上の利益」の不等式が成立してしまうのではと、不安に思われた方もいるかもしれません。

結論からいえば「NO」ですので、ご安心ください。

図1-1-3をもう一度ご覧いただきたいのですが、借入金元本とは逆に、支出はないのに費用計上できる減価償却費があるからです。

借入を活用した物件購入の場合、「減価償却費＞借入金元本」の不等式が成立している間は利益圧縮効果が勝り、その他条件が同一であれば、現金収支よりも利益が大きくなることはありません。

しかし、逆に言えば、元利均等返済で元本返済額が一定ラインを越えた場合や、減価償却費の償却期間よりも借入返済期間が長い場合などには、「減価償却費＜借入金元本」に不等式が逆転し、現金収支よりも利

第1章 不動産投資の収益構造 45

くなり、手元の現金以上を根拠にした高額な税金が課せられるります（この関係性は、収益計算シミュレーションにおいて非 な要素のため、改めて第6章で深く分析していきます）。

　この状態は、いわゆる「勘定合って銭足らず」で、黒字倒産の要因にも繋がりかねない危険な状況です。一般に不動産投資では、減価償却費と借入金元本の不等式が逆転する分岐点を、「デッドクロス」と呼んでいます（現金収支がマイナスの場合に限って「デッドクロス」と呼ぶこともありますが、本書では広義での「デッドクロス」を採用しています）。

　では、図1-3-3の元利均等返済の事例に、図1-2-6と同じ条件「建物3,000万円（耐用年数10年）、土地2,000万円」で計算した減価償却費を被せてみましょう。

　1年目〜10年目まで各300万円（3,000万円÷10年）が減価償却費となりますから、図1-3-5のようになります。

図1-3-5　元利均等返済（4,500万円/15年/3%/減価償却費込）

　借入金元本と減価償却費の分岐点からデッドクロスの発生時期を、分岐点以降の借入金元本と減価償却費の金額差分から、その影響度合いを予測することができます。

今回の事例では、8年目付近にデッドクロスが発生し、減価償却費の費用計上が終わる11年目以降にその影響が顕著となる（CF計算と損益計算の差分は年間300万円超になる）ことが予測できました。

　もっとも、先人の知恵は偉大で、いまやデッドクロス対策は豊富に情報公開されています。デッドクロスの発生時期やその影響規模が分かれば、それに向けた対策が取れることも多いため、収益計算シミュレーションでしっかりと発生予測をしておきましょう（本書の第三部の内容も、デッドクロス対策のヒントになるはずです）。

　以上で、第1章の説明を終わります。
　不動産投資の「基礎知識編」とはいえ、相当な数のキーワードが登場しました。これら知識の具体的な収益計算シミュレーションへの反映方法は、第一部で全ての基礎知識の確認が終わった後に、第二部でじっくりご説明します。

第2章
不動産投資における取引実務の基礎知識

　第2章では、第一部「基礎知識編」の続きとして、不動産投資の取引実務における主要な収入・支出、売上・費用の各項目について、それぞれの時系列（購入・賃貸・売却）ごとにご説明していきます。

　実務で発生する取引項目は多岐に渡りますが、ここを疎かにすると、シミュレーションの精度にも影響が出てしまいます。それぞれの項目が、収益計算のなかでどのように影響するのか。第1章でご説明した収益構造と紐づけながら、理解を深めていきましょう。

購入時の取引実務に関する基礎知識

■収益計算シミュレーションに必要な取引実務の基礎知識とは

繰り返しにはなりますが、本書では、不動産投資の収益計算シミュレーションを『物件購入時に、知識を、"国語"から"算数"に効率的に変換し、合理的な投資判断をサポートするツール』と定義しています。

第1章では、収益シミュレーションの土台となる収益構造の基礎知識についてご説明しましたが、実際にExcelのシミュレーションに落とし込むには、実務目線でのより具体的な知識が必要です。そこで、ここからは不動産取引の実務に即した、収入・売上項目と支出・費用項目について、より具体的にご説明していきます。

なお、念のため先に補足しておきますが、本章の内容は「物件を割安に購入する裏技」「物件の入居率を高めるテクニック」などではなく、本書が収益計算シミュレーションを作成・活用するために必要と考える基礎知識、言い換えれば「知識を国語から算数に変換するために必要なパーツ」です。

第1章の流れを汲み、「購入」「賃貸」「売却」の時系列ごとに整理していきますので、それぞれの項目が収益計算のなかでどのように影響するのか、意識しながら読み進めてください。

■購入時に発生する主な税金

物件購入時、必ず発生する税金として、「登録免許税」「印紙税」「不

2-1 購入時の取引実務に関する基礎知識

動産取得税」があります。それなりに大きな金額になりますので、シミュレーション対象にしておきたい項目の1つです。

収益計算シミュレーションにおけるこれら税金の扱いは、図2-1-1のとおりです。全て支出であり、費用としても計上します。

図2-1-1 収益計算における取得時税金の計上

	支出	費用	補足
登録免許税	○	○	所有権移転（保存）、抵当権設定の登記等
印紙税	○	○	売買契約書、金銭消費貸借契約書等
不動産取得税	○	○	購入後半年～1年後に納税

■登録免許税とは

登録免許税とは、不動産登記に対して課される国税の1つです。不動産取引では、一般に、物件取得時に行う所有権移転（保存）登記と抵当権設定登記に対して課税されます。

所有権移転登記とは、売主から買主にその物件の所有権が移転したことを証明する登記です。所有権保存登記とは、所有権の登記のない不動産を取得した際（新築物件の購入等）、その物件の所有者となったことを証明する登記のことです。本来は「登記を受けるもの＝不動産取引の売主・買主の双方」が連帯して納税義務を負っているのですが、不動産取引の実務では買主全額負担のケースが大半で、特別な取り決めがなければシミュレーションでは全額計上しておくのが無難です。

抵当権設定登記とは、物件購入にあたり借入を活用する際、借入先の金融機関等が当該物件に担保設定したことを証明する登記のことです。不動産取引の実務では、「融資実行≒抵当権設定」と考えてほぼ支障ありませんので、借入を活用した物件購入であれば、シミュレーションで

第2章 不動産投資における取引実務の基礎知識 51

も計上しておくのが無難です（特例として、日本政策金融公庫からの借入に対しては、ほとんどの場合、抵当権設定に伴う登録免許税はかかりません）。

登録免許税の額は、次の式で計算します。

登録免許税の額（所有権移転登記時）
土地：固定資産税評価額（土地分）×2％
建物：固定資産税評価額（建物分）×2％

登録免許税の額（所有権保存登記時）
土地：固定資産税評価額（土地分）×0.4％
建物：固定資産税評価額（建物分）×0.4％

登録免許税の額（抵当権設定登記時）
抵当権設定額（借入額）×0.4％

固定資産税評価額は、固定資産税の根拠として各市区町村が計算した評価額です。マイソク等の販売資料に記載されていることもありますが、記載がなければ、売主や仲介不動産業者に確認します。また、抵当権設定時には、固定資産税評価額ではなく抵当権設定額が課税根拠となりますが、特別な事情がなければ、抵当権設定額は借入金額と同額と仮定して計算して支障ありません。

なお、登録免許税には、条件付きの軽減特例がいくつかあります。高額な物件検討時には、国税庁のホームページ等で最新情報を参照し、軽減特例の適用可否を確認してみましょう（不動産取引の実務では、登録免許税を直接納税することは稀で、後述する司法書士報酬と合わせて、司法書士に纏めて支払うことが一般的です。シミュレーションでは、後述する司法書士報酬との重複計上にご注意ください）。

2-1　購入時の取引実務に関する基礎知識

■印紙税とは

　印紙税とは、印紙税法に定められる一定の文書に対して課される国税の1つです。不動産取引では、一般に物件取得時に取り交わす売買契約書や金融機関等との金銭消費貸借契約書に対して課税されます。また、建物の建築請負契約書や土地賃貸借契約書も課税対象文書とされていますので、物件取得方法がそれに該当する方は合わせて確認しておきましょう。

　図2-1-2は、不動産投資でよく使用される印紙税率の本則を抜粋した一覧です。但し、2020年7月時点では印紙税の軽減税率が延長されたため、当面のシミュレーションでは軽減税率を用いるのもよいでしょう。印紙税の軽減措置については、国税庁のホームページ等で最新情報を参照してください。

図2-1-2　印紙税額の一覧（抜粋）

契約書記載の物件価格 または借入金額	印紙税額	
	不動産売買 契約書	金銭消費賃 借契約書
50万円超100万円以下	1,000円	1,000円
100万円超500万円以下	2,000円	2,000円
500万円超1,000万円以下	10,000円	10,000円
1,000万円超5,000万円以下	20,000円	20,000円
5,000万円超1億円以下	60,000円	60,000円
1億円超5億円以下	100,000円	100,000円
5億円超10億円以下	200,000円	200,000円

■不動産取得税とは

　不動産取得税とは、不動産の取得に対して課される地方税の1つです。

第2章　不動産投資における取引実務の基礎知識　53

不動産取得税にも軽減の特例がいくつかあるのですが、取得する不動産が宅地または住宅であれば、2021年3月31日までは、下記の軽減特例を受けることができます。

不動産取得税（本則）
土地：固定資産税評価額（土地分）×4%
建物：固定資産税評価額（建物分）×4%

不動産取得税（宅地・住宅取得時の軽減特例）
土地：固定資産税評価額（土地分）×1/2×3%
建物：固定資産税評価額（建物分）×3%

　高額な物件検討時には、関連ホームページ等で最新情報を参照し、他の軽減特例の適用可否も確認しておきましょう。

　なお、物件取得時に納税する登録免許税や印紙税と異なり、不動産取得税の納税時期は不動産取得後半年〜1年後となることが一般的です。厳密には、取得時に発生する税金ではありませんが、シミュレーションでは本質的に同じと考えてほぼ支障ありません。

■購入時に発生する諸経費

　物件購入時、税金以外に発生する諸経費として、一般に、「仲介手数料（売買時）」「固定資産税・都市計画税の購入時精算金（以下、「固都税精算金（購入時）」と書きます）」「司法書士報酬」「金融機関手数料」などがあります。取引によっては発生しない項目もありますので、検討物件の情報を集めるなかで、シミュレーションに計上する項目を精査していくことになります。

　収益計算シミュレーションにおける、これら諸経費の扱いは、図2-1-3のとおりです。ここで説明する4つの項目は全て支出であり、費

用となりますが、「仲介手数料（売買時）」「固都税精算金（購入時）」は、物件購入の取得価額に合算し、後述する建物相当分のみを、減価償却費の扱いで費用計上するルールとなっています（図2-1-3で「△」としているのは、金額の全てを一括で費用計上するわけではないながらも、一部は減価償却費としては費用計上することを表しています）。

図2-1-3 収益計算における取得時諸経費の計上

	支出	費用	補足
仲介手数料（売買時）	○	△	取得価額に合算して、一部は減価償却費として費用計上
固都税精算金（購入時）	○	△	同上
司法書士報酬	○	○	自ら登記を行えば発生しない
金融機関手数料	○	○	借入がある場合のみ発生

■仲介手数料（売買時）とは

　売買時の仲介手数料とは、不動産売買の成功報酬として仲介不動産業者に支払う手数料のことです（後ほど、賃貸募集の成功報酬としての仲介手数料も登場します）。

　不動産売買の取引態様が「媒介（仲介）」の場合、仲介する不動産業者に対して、以下の金額を上限とする仲介手数料を支払うことになります（取引態様の欄に、「一般」「専任」「専属専任」とある場合も同様です）。

仲介手数料の上限額

・**売買金額が400万円超の場合**

　（売買金額×3％＋6万円）＋消費税

・**売買金額が400万円以下の場合**

　200万円以下の部分：（売買金額×5％）＋消費税

　200万円超400万円以下の部分：（売買金額×4％）＋消費税

第2章　不動産投資における取引実務の基礎知識　　55

仲介手数料の上限額は宅建業法に定められており、実際の手数料額は上限範囲内で個別に決定するのが原則ですが、不動産取引の実務では上限額一杯の請求が一般的となっています。特別な事情がなければ、シミュレーションでは上限額を計上しておくのが無難です。

なお、取引態様が「売主」の物件で、売主不動産業者と直接取引する場合には、仲介手数料は発生しません。また、取引態様が「代理」の場合は、売主側にのみ手数料が発生するケースが一般的です（「代理」の場合、買主に手数料が発生することもあるため、事前に不動産業者に確認ください）。

図2-1-3の補足欄記載の取得価額への合算については、減価償却費の項目で纏めてご説明します。

■固都税精算金（購入時）とは

固都税精算金とは、年度途中で不動産売買をした際、売主が1年分支払い済（または支払い予定）の固定資産税と都市計画税（以下、「固都税」と書きます）に対する日割り精算金のことです。固都税は、年度途中で所有者が変わっても、1月1日時点の不動産所有者が納税するルールとなっているために発生した商慣習です（後ほど、売却時の固都税精算金も登場します）。

固都税精算金（購入時）

固都税清算金（購入時）＝売買年度の固定資産税×買主の所有日数÷（売主の所有日数＋買主の所有日数）

仲介手数料（売買時）と同様、取得価額への合算については、減価償却費の項目で纏めてご説明します。

■司法書士報酬とは

　司法書士報酬とは、不動産売買や金融機関等からの借入に伴う各種登記手続きに対する対価として、司法書士に支払う報酬額のことです。登記は自分で行うこともできますが、売主や金融機関から司法書士への依頼を売買条件に指定されることもありますので、特別な事情がなければ、シミュレーションでも計上しておくのが無難です。

　司法書士への報酬額は、病院の自由診療と同じように司法書士次第で、決まった相場がありません。実務では、具体的な報酬額は売買取引終盤まで不明なことも多く、シミュレーションでは概算を計上しておくことになります（できれば、馴染みの司法書士を作り、予め司法書士報酬を確認しておくのがよいでしょう）。

　なお、司法書士の見積書（請求書）には、立替分の登録免許税の税額も合算して記載されていることも多く、過去実績を参考にする場合には、登録免許税との二重計上にご注意ください。

■融資手数料とは

　融資手数料とは、不動産売買時に金融機関等から借入をする際に、当該金融機関等に支払う手数料のことです。「金融機関手数料」「事務手続き費用」など名称は様々で、手数料の有無や金額相場も、借入先の金融機関次第でバラバラです。事前に不動産業者や金融機関等の担当者に確認しておきましょう。

　なお、不動産業者から金融機関の紹介を受けた場合や、その不動産業者との提携ローンを利用する場合、「融資代行手数料」「金融機関紹介手数料」などの名目で、不動産業者にも追加で手数料を支払うことになる場合もあります。収益計算シミュレーションでは、借入に際して発生する一切の諸経費を計上したいわけですから、名目や支払先によらず、発生する総額を把握するようにしましょう。

2-2 賃貸時の取引実務に関する基礎知識

■賃貸時に発生する収入・売上

　ここからは、賃貸時に毎年発生する収入・売上と支出・費用について、収益計算シミュレーションに必要な基礎知識をおさらいします。

　まずは、収入・売上面です。図2-2-1に、賃貸時の主要な収入・売上項目を纏めました。第1章でもご説明しましたが、敷金は収入ではありながら、売上に計上しない点にご注意ください。

図2-2-1　収益計算における賃貸時収入（売上）の計上

	収入	売上	補足
家賃（賃料）	○	○	共益費・管理費含む
礼金	○	○	
更新料（再契約料）	○	○	
敷金	○	×	預り金のため売上計上せず

■家賃（賃料）

　不動産投資の根幹となる収入・売上ですね。賃貸借契約における、大家（貸主）と入居者（借主）の主たる合意事項でもあります。家賃と共益費・管理費等が分かれている場合もありますが、ほとんどの場合は内訳に意味はなく、入居者募集時の見せ方の工夫でしかありませんので、シミュレーションでは全て合算した金額を家賃として計算します。

但し、後述する礼金や更新料の計算にあたっては、家賃のみ（共益費・管理費等を含まない）を計算根拠とするケースが多いため、そこだけは注意しておきましょう。

賃貸借契約の形態は、大きく「普通借家契約」「定期借家契約」の2つがあります。契約数としては前者が圧倒的に多く、一般に契約期間を2年間として、入居者の必要に応じて更新を繰り返します。後者は予め決めた期間を契約期間として、原則として更新は行いません（双方の合意により契約期間を伸ばす場合、一般には再契約の扱いとなります）。

契約期間と更新有無はシミュレーション影響の大きいパラメータのため、特に、検討物件が定期借家契約の場合、契約内容をしっかり確認しておきましょう。

■礼金・更新料

礼金とは、借主が新たに入居する際、大家へのお礼の意味でいただくお金です。通常は、「家賃のNヵ月分」として入居者募集時の条件として指定します。しかし、大家としては残念なことに、礼金の商慣習は競争力の高い一部エリアを除き、急速に失われつつあります。

次に、更新料とは、賃貸借契約（普通借家契約）の契約期間を更新する際、入居者からいただくお金です。通常は、「家賃のNヵ月分」として賃貸借契約に定めておきますが、更新料の商慣習も、徐々に失われつつあるようです。また前述のとおり、定期借家契約の場合には更新料は発生しません（但し、契約期間を伸ばす場合には「再契約料」をいただくことが一般的ですので、再契約料が見込める場合には更新料と同じように扱って構いません）。

なお、更新料の支払いをめぐっては、大家と入居者間の紛争や裁判事例を目にした読者の方も多いと思います。また、普通借家契約であっても、法定更新された場合には、期間の定めのない契約とみなされ、以降

の更新料をいただけなくなる場合もあります。

　更新料をシミュレーションに織り込むかは、不動産投資家でも意見の分かれる部分です。エリアによって商慣習の異なる項目でもありますので、予め投資エリアの商慣習や最新の判例等を調べ、ご自身のスタンスを決めておきましょう。

　なお前述したように、礼金・更新料は純粋な月額家賃（共益費・管理費等を除く）に対して、「Nヵ月分」とすることが多い点にご注意ください。

■敷金とは

　敷金とは、入居者の退去時の原状回復工事用に預かるお金のことです。あくまでも預り金のため、収入ではありますが、売上には計上しません。「敷引き」「クリーニング費用」などの名目を使うこともありますが、広義での保証金という意味ではほぼ同じものです。

　近年では、退去時の原状回復工事について、通常使用による汚損・破損等は大家負担とするケースが増え、敷金を預かる意味が薄れています。そのため、入居者募集の競争力を優先し、敷金ゼロ（またはハウスクリーニング相当額程度の預り金）に留めるケースが目立つようになってきました。

　敷金は、契約によるバリエーションが特に多く、「滞納時には家賃に充当する」「預かった金額のうちNヵ月分は償却する（返金しない）」などの特例を付けるケースも少なくありません。地域による商慣習の差も大きく、検討物件のエリア事情を事前に確認しておくのがよいでしょう。

■その他の収入・売上

　不動産投資に伴う、その他収入としては、「駐車場代」「敷地内自動販売機やコインランドリーの稼働代金」「建物設置看板の広告料」などが

考えられます。継続安定的な収入・売上であればシミュレーションに含めたいところですから、こうした収入がある場合は、過去実績や契約条件などをしっかり確認しておきましょう。

なお、私の経験上、マイソク等の販売資料にはこれらの付帯収入（売上）も併記されていることが多いものの、金額の誤記載・記載漏れや家賃との二重計上となっていたケースも少なくありません（駐車場込の家賃設定なのに、駐車場代が家賃とは別に記載されているなど）。

収入・売上に関する項目は、重要性に対してそれほど種類は多くありませんので、できればマイソクだけでなく、明細資料なども合わせてチェックしておきたいところです。

■賃貸時に発生する税金

物件賃貸時に発生する税金は、2種類あります。

1つは、建物管理費や集金代行手数料などと同様に、年間の諸経費に入れて会計処理する税金で、代表例は固定資産税・都市計画税（以下、「固都税」と書きます）です。固都税は支出であり、費用にも計上もできます。

もう1つは、第1章で重点的にご説明した所得税・住民税などの損益計算上の利益に対して課される税金です（一定規模以上の場合は、所得税・住民税に加えて個人事業税が、法人であればこれらの代わりに法人税が課されることになります）。

所得税・住民税や法人税は支出ではありますが、費用計上はできません。そもそも、全ての売上と費用を差し引きした利益に対して課される税金ですから、毛色の違う税金と考えた方がしっくりきます。そして、個人事業税は、所得税・住民税や法人税と同様に、損益計算上の利益に対して課される税金でありながら、費用にも出来るというややこしい会計処理をすることになります。

なお、税額算定の仕組み上、固都税以外は翌年度に支出することになります。収益計算における、これら賃貸時税金の扱いは図2-2-2のとおりです。

第2章　不動産投資における取引実務の基礎知識　　61

図2-2-2 収益計算における賃貸時税金の計上

	支出	費用	補足
固都税	○	○	1月1日時点の所有者に課税される
所得税・住民税	○	×	第3章にて別途説明
個人事業税	○	○	納税した年度に費用計上
法人税	○	×	同上

■固都税とは

　固都税精算金の項目でも触れましたが、固都税とは、毎年1月1日時点の不動産所有者に対して課される地方税の1つです。

　固都税精算金は、損益計算では取得価額に合算して、一部は減価償却費として費用計上するルールでしたが、毎年支払う固都税は、毎年その全額を費用計上します。

　なお、所得税・住民税については第3章にて、法人税については第8章で改めてご説明しますので、ここではいったん割愛します。

■賃貸時に発生する諸経費

　次は、賃貸時に発生する主な諸経費をご説明します。

　大きく分けて、「原則として毎年支出・費用計上する項目」と「発生都度に支出・費用計上する項目」がありますが、前者では「建物管理費」「修繕積立金」「集金代行手数料」「保険料」「減価償却費」などが、後者では「仲介手数料（賃貸時）・広告料」「原状回復費」「修繕費」などが代表例です。

　収益計算における、これら賃貸時諸経費の扱いは図2-2-3のとおりです。

2-2 賃貸時の取引実務に関する基礎知識

図2-2-3 収益計算における賃貸時諸経費の計上

	支出	費用	補足
建物管理費	○	○	原則として、毎年支出・費用計上
修繕積立金	○	○	同上
集金代行手数料	○	○	同上
保険料	○	○	同上
借入金返済（元本分）	○	×	原則として、毎年支出計上
借入金返済（利子分）	○	○	原則として、毎年支出・費用計上
仲介手数料（賃貸時）・広告料	○	○	発生都度に支出・費用計上
原状回復費	○	○	同上
修繕費	○	○	同上
減価償却費	×	△	別途、詳細説明

■建物管理費とは

　建物管理費とは、一棟建物全体を管理する経費のことです。BM（Building Management）費用と呼ぶ場合もあります。

　物件の日常清掃、設備の管理・点検等を中心に、大型建物では巡回見回りや警備業務を行うこともあります。一棟投資の場合、大家が自主管理で代行することもできますが、区分投資の場合は殆どの場合、専門の管理会社が付いており、毎月決まった金額を支払うことになります（管理組合等が自主管理をしていることもありますが、その場合であっても管理組合等に固定額の支払いがあることが一般的です）。

■修繕積立金とは

　修繕積立金とは、将来の大規模修繕に備えて修繕金を積み立てておく経費のことです。建物管理費同様、一般に区分投資の場合は、毎月決まっ

第2章　不動産投資における取引実務の基礎知識　63

た金額を支払うことになります。

　なお、一棟投資の場合であっても、金融機関からの融資条件として、その金融機関への積立を求められることがありますが、この場合はあくまで自己使用を前提とした積立行為ですから、原則として支出にも費用にも計上しません。

■集金代行手数料とは

　集金代行手数料とは、入居者募集や賃料回収を中心に、滞納やトラブル時の対応、退去立ち合い等、一部屋単位の管理に要する経費のことです。BM費用と並べてPM（Property Management）費用と呼ぶこともあり、純粋な集金代行以外にも、入居者管理に関連する一連の業務を一括して外注することが一般的です。一棟投資、区分投資いずれの場合も、自主管理として経費をかけないこともできます。

■保険料とは

　保険料とは、大家である貸主が加入する火災保険や地震保険の経費です（入居者が加入する火災保険は、入居者の家財や損害賠償義務に対する保険で、ここでの保険料とは別物として扱います）。

　保険加入自体は任意ですが、実態として、殆どの大家は建物全体に対する火災保険に加入しており、近年では地震保険への加入率も高まっているようです。また、金融機関から、融資条件として返済期間中の火災保険加入を指定されることもありますので、シミュレーションでも概算金額を計上しておくのが無難です。

　なお、ご存じの方も多いと思いますが、2015年に火災保険の長期契約に制限が設けられ、最長36年間→10年間の契約までしかできなくなりました。長期契約による割引率が低下したことに加え、保険料自体も、昨今の自然災害の影響で上昇傾向ですので、必要に応じて保険会社に概

算見積りを取ってもよいでしょう（地震保険の長期契約は、従来通り最長5年間です）。

■借入金返済とは

借入金返済とは、金融機関等へ借入金の返済を行うお金です。第1章で詳しくご説明しているので、ここでは割愛します。

なお、借入金返済（元本分）は、支出ではありますが費用計上はできない点には、くれぐれもご注意ください。

■仲介手数料（賃貸時）・広告料とは

仲介手数料（賃貸時）とは、空室物件に入居者を募集してもらう際の成功報酬として、仲介不動産業者に支払う手数料のことです（先ほどご説明した、購入時の成功報酬としての仲介手数料とは別物として扱います）。

宅建業法で、上限額は貸主・借主双方からの受領額を合計して家賃の1ヵ月分までとされていますが、やはり上限額一杯での横並び状態が実態です。但し、地域によっては、借主が仲介手数料を全額負担する商慣習が残っていることもあり、その場合の大家負担は0円です。事前に、検討物件の所在するエリアの商慣習を確認しておきましょう。

仲介手数料の大家負担の考え方

・入居者が仲介手数料を負担しない場合、大家負担は家賃の1ヵ月分
・入居者が仲介手数料を半分負担する場合、大家負担は家賃の0.5ヵ月分
・入居者が仲介手数料を全額半分負担する場合、大家負担はなし

次に広告料ですが、元々は仲介不動産業者の通常の営業活動を超えた特別な広告（大手新聞への広告等）に対して支払う手数料のことでしたが、近年では実際に特別な広告を打つことは稀で、専ら不動産業者への

追加報酬の意味合いで使われています。先ほどの説明のとおり、仲介手数料は宅建業法で上限が決まっており、仲介手数料の積み増しができないためです。

一部競争力の高いエリアを除き、近年では広告料自体はもはや常態化（必須化）しており、そのうえで広告料をどれだけ出すか（家賃Ｎヵ月分の単位で取り決めます）が、入居率維持の要になっているエリアもあります。

なお、広告料はAD（advertisement）と表記することもあり、広告料に代えて（あるいは加えて）バックマージン（Bと表記します）の支払いが必要なケースもあるようです。

大家のかかる経費としては、最大で「仲介手数料1ヵ月分＋広告料Ｎヵ月分」となり、ここを見誤るとシミュレーション結果にも大きな影響が出ます。エリアによる商慣習の差が大きいため、しっかり物件周辺の地域事情を確認しておきましょう。

■原状回復費とは

原状回復費とは、入居者の退去時に、現入居者の入居前時点相当に部屋を回復する費用のことです。一般には、ハウスクリーニングやクロス・フローリング等の補修・交換、汚破損している設備の交換・修理等を指します。

原状回復費の費用負担は、往々にして入居者と揉めがちですが、2020年の民法改正により、「通常使用による損耗や経年劣化などについては借主負担ではない」ことが明確になりました（これまでも、東京ルールなどでは同様の解釈がされていました）。

契約書中に明記したハウスクリーニング代や、入居者の故意過失による設備の汚破損等以外は、原則は大家負担の前提でシミュレーションするのが無難でしょう（実務としては、敷金を預かっている場合、借主負

2-2 賃貸時の取引実務に関する基礎知識

担分は敷金から充当（不足があれば追加請求）することになります）。

なお、注意すべきは、原状回復費はあくまでも機能や商品価値を「回復」させるための経費であるということです。例えば、ハウスクリーニングと合わせて、バリアフリー工事を合わせて行った場合、固定資産の価値が増加したとみなされて、バリアフリー工事費分は資本的支出として会計処理する必要がある場合もあります（資本的支出の詳細は、修繕費の欄でご説明します）。

■修繕費とは

修繕費とは、エアコンや給湯器、システムキッチン等の設備の修理・交換にかかる経費、あるいは一棟アパートや一棟マンション投資における共用部分の補修等のことです。

修繕費で最も注意すべきは、修繕によって当該設備の使用可能期間が延長される、あるいはその価値が増加する場合、修繕費ではなく「資本的支出」として扱われる点です。

資本的支出の扱いとなった場合、収益計算シミュレーションに大きな影響が生じます。修繕費は支出年度に費用を一括計上できる一方、資本的支出は新たな固定資産を取得したものとして、減価償却費を毎年費用計上するルールだからです。

修繕費と資本的支出の違い

・**修繕費**
　支出年度に費用を一括計上する
・**資本的支出**
　新たな固定資産を取得したものとして、減価償却費を毎年費用計上する

図2-2-4は、100万円の設備交換（耐用年数10年）を行った場合の事

第 2 章　不動産投資における取引実務の基礎知識　67

例で、CF計算では支出はそのまま100万円です。

　その一方、損益計算では、この設備交換が修繕費であれば費用100万円を計上しますが、資本的支出の扱いになれば、当該年度に費用10万円しか計上できず、現金収支と損益に大きな差分が生じることになります。

図2-2-4　100万円の設備交換（耐用年数10年）を行った場合の収益計算事例

【CF計算】

会計処理	1年目	2年目	3年目	4年目	5年目	6年目	7年目	8年目	9年目	10年目
支出	100万円	-	-	-	-	-	-	-	-	-

100万円支出しても、1年目に経費計上できるのは10万円のみ！

【損益計算】

会計処理	1年目	2年目	3年目	4年目	5年目	6年目	7年目	8年目	9年目	10年目
修繕費	100万円	-	-	-	-	-	-	-	-	-
資本的支出	10万円	10万円	10万円	10万円	10万円	10万円	10万円	10万円	10万円	10万円

　修繕費は、他の諸経費と比べても高額になりやすく、納税額への影響も大きいため、この会計処理は慎重な扱いが必要です。

　では、どのように「修繕費」と「資本的支出」を判定するのでしょうか？
国税庁のホームページには、次のように記載されています。

修繕費の判定基準　※国税庁のホームページより抜粋

…（前略）…修繕費になるかどうかの判定は修繕費、改良費などの名目によって判断するのではなく、その実質によって判定します。
…（中略）…ただし、一つの修理や改良などの金額が20万円未満の場合又はおおむね3年以内の期間を周期として行われる修理、改良などである場合は、その支出した金額を修繕費とすることができます。

　国税庁のホームページには、その他細かなルールの記載がありますが、私を含め、税の専門家でない一般の大家が判定するのは些か難しいものです。安全を取るならば、20万円超の修繕を計画する場合には、予め税理士や税務署に確認しておく方が無難といえます。

68

■減価償却費とは

第1章で詳しくご説明しましたが、減価償却費そのものは不動産投資にかぎらず、簿記や会計に共通する基本ルールです。

> ・減価償却とは
> 高額かつ長期間使用する資産取得に要した支出について、一括では費用計上せず、償却期間に按分して費用計上する手続きのこと。

第2章では、不動産投資での具体的な減価償却費の計算方法についてご説明します。

■賃貸時における減価償却費の計算①（建物の取得価額を計算）

ここからは、減価償却費の具体的な計算方法についてです。第1章では説明を割愛した部分ですが、極めて重要な計算式なので、しっかり理解するようにしてください。

まずは、固定資産の金額（以下、「取得価額」といいます）を計算します。第1章でご説明したとおり、ほとんどの場合、減価償却費を計算する上での不動産投資における最大の固定資産は、購入物件のうち土地を除いた「建物」です。では、建物の価格はどのように求めればよいでしょうか？

一棟アパート・マンション、あるいは区分マンション等の不動産取引では、土地と建物を同時に売買していながら、売買契約書に内訳が明記されていないことも珍しくありません。先に土地だけを購入して、後から建物を建築するようなケースであれば建物の金額は分かりやすいのでしょうが、そうでない場合は、何らかの合理的な方法で、土地と建物の金額を分解することが必要になります。

その分解の計算式は、「売買契約書に記載された消費税からの逆算」が原則です。不動産売買では、土地には消費税は課税されず、建物には課税されるという決まり事を逆手に取った方法で、次の計算式で建物金額を逆算します（税込の建物金額を計算する式です）。

消費税から建物金額を逆算する計算式

建物金額＝消費税額÷10%×110%

また、売買契約書に消費税の記載がない場合や、事情があって上記計算方法を使えない場合は、別の合理的な方法を用いる必要があります。

その場合、実務上は、「固定資産税評価額からの按分」が一般的です。

固定資産税評価額から建物金額を按分する計算式

建物金額＝物件価格×固定資産評価額（建物）÷固定資産税評価額（土地＋建物）

その他、公示価格や不動産鑑定価格等から建物価格を按分する方法も有名ですが、客観的にどこまでが「合理的」と評価してもらえるのかは難しいところで、消費税または固定資産税評価額以外の計算を用いる場合は、事前に税理士や税務署に相談した方が無難かもしれません。

余談ですが、損益計算で減価償却費を大きく費用計上するため、売主に交渉して、売買契約書に不自然に大きな建物金額（割合）を明記してもらうスキームが流行した時期がありました。しかし、第1章でもご説明したとおり、売却まで含めたトータルでの利益圧縮金額は変わりませんので、少なくとも万人にとって、建物割合が大きければ良いわけではありません（そもそも、売主が課税事業者の場合、建物割合を大きくすれば売主の消費税納付額が上がってしまうわけですから、条件交渉のカードとして優先度が高いかどうか、冷静に考える必要があるでしょう）。

■賃貸時における減価償却費の計算②（取得価額への合算）

　さて、実務では建物価格のほか、少なくとも2つの脇役を取得価額に合算する必要があります。

　図2-1-3の「仲介手数料（売買時）」「固都税精算金」の補足欄に、「取得価額に合算して、一部は減価償却費として費用計上」とあったことを思い出してください。

図2-2-5　収益計算における取得時諸経費の計上（再掲）

	支出	費用	補足
仲介手数料（売買時）	○	△	取得価額に合算して、一部は減価償却費として費用計上
固都税精算金（購入時）	○	△	同上
司法書士報酬	○	○	自ら登記を行えば発生しない
金融機関手数料	○	○	借入がある場合のみ発生

　この計算で注意すべきは、いずれも取得価額に合算して、減価償却費として費用計上するのは「建物相当分のみ」という点です。具体的な計算事例を見てみましょう。

建物相当分の取得価額の計算事例

＜設定＞
・購入価格：8,000万円（うち、消費税320万円）
・仲介手数料：300万円
・固都税精算金：100万円

＜計算式＞
・建物の金額　　＝320万円÷10％×110％
　　　　　　　　＝3,520万円
・仲介手数料（建物分）
　　　　　　　　＝300万円×（3,520万円÷8,000万円）

$$= 132万円$$

・固都税精算金（建物分）

$$= 100万円 × (3,520万円 ÷ 8,000万円)$$

$$= 44万円$$

∴建物相当分の取得価額

$$= 3,520万円 + 132万円 + 44万円$$

$$= 3,696万円$$

　手順が多く計算は面倒ですが、第二部でご説明する収益計算シミュレーションの書式では、Excelで自動化する計算式を使用しますのでご安心ください。

　ここでは、考え方をしっかり確認しておいてくださいね。

■賃貸時における減価償却費の計算③（償却期間の計算）

　さて、建物相当分の取得価額は計算できましたので、次はそれを何年で分割して費用計上するのか、即ち、償却期間の計算方法をご説明していきます。

　償却期間は、建物の耐用年数に準じることが原則です。そして、建物の耐用年数は、「建物の構造・用途」ごとに、法定耐用年数として細かく決められています。

　図2-2-5は、不動産投資でよく使用する法定耐用年数の抜粋です。構造が強固になるにつれて、または汚破損や消耗の少ないであろう用途ほど、法定耐用年数は長く設定されていますね。

2-2 賃貸時の取引実務に関する基礎知識

図2-2-6 法定耐用年数（抜粋）

		構造		
		鉄筋コンクリート	鉄骨（※）	木造
用途	事務所用	50年	38年〜22年	24年
	住宅	47年	34年〜19年	22年
	飲食店用	41年	31年〜19年	20年

（※）骨材の厚みによって異なる

　新築物件の耐用年数は、原則として法定耐用年数そのまま、中古物件の耐用年数は、法定耐用年数を基準に、簡便法による補正をかけて計算するのが原則です（耐用年数の決め方は他にもいくつかありますので、関心のある方は調べてみてもよいでしょう）。

　簡便法による、耐用年数補正の計算式は次のとおりです。

簡便法による、中古物件の耐用年数の計算式

- **「経過年数＞法定耐用年数」の場合**

  耐用年数＝法定耐用年数×20％

- **「経過年数＜法定耐用年数」の場合**

  耐用年数＝（法定耐用年数－経過年数）＋経過年数×20％

  ※計算結果のうち、1年未満の端数は切り捨て

  ※計算結果が2年未満となった場合、2年とする

　例えば、法定耐用年数47年の鉄筋コンクリート造の住宅で経過年数10年の時点で購入した場合、簡便法による建物の耐用年数は39年（「47年－10年＋10年×20％」）です。

　ところで、耐用年数が5年や10年であれば、取得価額は毎年2割ずつ、あるいは1割ずつといった数字に割り算すればよいものの、先ほどのような耐用年数42年では割り切れず、端数処理をどうするのかという問題が生じます。

第2章　不動産投資における取引実務の基礎知識　73

そのため、実務では、次ページの図2-2-7のような償却期間に応じた定額法の償却率を、取得価額に乗じて計算します（かつては、定額法以外に定率法も償却方法に選択できましたが、現在は建物（建物付属設備を含む）の償却方法は定額法のみに変わっています）。

例えば、先ほどの耐用年数39年の建物であれば、減価償却費の金額は、「取得価額×0.026」で計算した金額です。償却期間中は、実際の支出を伴わず、この金額を減価償却費として毎年費用計上していくことになります。

図2-2-7 定額法の償却率

耐用 年数	定額法 償却率	耐用 年数	定額法 償却率	耐用 年数	定額法 償却率	耐用 年数	定額法 償却率
2年	0.500	14年	0.072	26年	0.039	38年	0.027
3年	0.334	15年	0.067	27年	0.038	39年	0.026
4年	0.250	16年	0.063	28年	0.036	40年	0.025
5年	0.200	17年	0.059	29年	0.035	41年	0.025
6年	0.167	18年	0.056	30年	0.034	42年	0.024
7年	0.143	19年	0.053	31年	0.033	43年	0.024
8年	0.125	20年	0.050	32年	0.032	44年	0.023
9年	0.112	21年	0.048	33年	0.031	45年	0.023
10年	0.100	22年	0.046	34年	0.030	46年	0.022
11年	0.091	23年	0.044	35年	0.029	47年	0.022
12年	0.084	24年	0.042	36年	0.028		
13年	0.077	25年	0.040	37年	0.028		

2-3　売却時の取引実務に関する基礎知識

2-3 売却時の取引実務に関する基礎知識

■売却時に発生する収入・売上

　最後に、売却時に発生する収入・売上と支出・費用について、シミュレーションに必要な基礎知識をご説明します。

　まずは、収入・売上面です。図2-3-1のとおり、売却時の主要項目は、原則として「収入＝売上」となります。

図2-3-1　収益計算における売却時収入・売上の計上

	収入	売上	補足
売却代金	○	○	
固都税精算金（売却時）	○	○	購入時とは異なり、収入＝売上となる

■売却代金とは

　売却代金とは、売買契約書における売買価格のことです。収入でもあり、売上にも計上します。なお、後述する固都税精算金を含めて、一般には売却価額といいます。

■固都税精算金（売却時）とは

　固都税精算金（売却時）は、購入時とは逆に考えてください。固都税は、毎年1月1日時点の所有者である売主に対して課税されます。極端な話、1月2日に物件を売却しても、売主は売却年度の365日分を全額納

第2章　不動産投資における取引実務の基礎知識　　75

税しなければならないのです（お正月に不動産売買をするかは別問題ですが）。

　そのため、売主としては、物件売却後の年度内日割り分は買主の代わりに納税するような状況ですから、その分を売却時に精算するというわけです（商慣習の範疇であり、法令による強制力はありません）。

> **固都税精算金（売却時）**
> 固都税精算金（売却時）＝売買年度の固定資産税×売主の所有日数
> ÷（売主の所有日数＋買主の所有日数）

　ところで、うっかり計算を誤ってしまいそうになるのですが、固都税精算金（売却時）は収入であり、かつ売上扱い（＝課税対象）となります。感覚的には、ただの立替金精算なのですが、納税義務者は「1月1日時点の所有者」である以上、税務上は民間での個別交渉による売却代金の増額と解釈されてしまうのです（もっとも、売主が売却後に支払う固都税は、支出であり費用計上できるため、売上と費用の総額は一致します）。

　固都税精算金は、購入時も売却時もその扱いには注意が必要です。

■その他精算金

　物件の所有者変更に伴う、管理費や修繕積立金等の引き落とし口座変更が間に合わないことによる不便を解消するため、実務では売買時点より1〜2ヵ月分程度は売買時に精算することが一般的です。

　この場合は、固都税精算金と異なり、純粋な立替金精算となりますので、収入にも売上にも計上しません。

■売却時に発生する支出・費用

　最後は、売却時に発生する主な支出・費用についてご説明します。購

入時には税金とその他諸経費を分けてご説明しましたが、売却時には通常発生する項目は限定的のため、合わせてご説明します。

図2-2-3のとおり、売却時の主要項目は、原則として支出＝費用となります。なお、一般に、これらを譲渡費用といいます。

図2-3-2 収益計算における売却時支出・費用の計上

	支出	費用	補足
仲介手数料（売買時）	○	○	売却時の仲介手数料は全額費用計上
印紙税	○	○	売買契約書

■仲介手数料（売買時）とは

仲介不動産会社へ売却依頼をした場合、成功報酬として売却時にも仲介手数料が発生します。仲介手数料の上限額、実務上の手数料額の相場は、いずれも購入時と同じです。

売却時にはその全額を費用計上できます。

■印紙税とは

購入時と同様、売買契約書を取り交わす場合には、所定の印紙税が発生します。印紙税は全額費用計上できます。

■その他諸経費

第3章で詳しくご説明しますが、譲渡費用が大きいほど、売却時の税金計算には有利です。そのため、売却時に支出した金額はなるべく譲渡費用にも計上したいところですが、上記以外で一般に譲渡費用に含める項目としては、「入居者の立ち退き」や「建物の取り壊し」等、譲渡価額の増加のために直接要した経費に限定されます。微妙なラインの項目

については、税理士や税務署に事前相談する方が無難かもしれません。

　なお、家賃の日割り精算金は管理費等の精算金と同様、純粋な立替金精算のため、通常は支出にも費用にも計上しません。また、登録免許税のうち、抵当権抹消費用は譲渡費用に含めることはできないとされています。

　以上で、第2章を終わります。

　冒頭に書いたとおり、不動産投資の裏技やテクニックなどではなく、あくまでも不動産取引実務の基礎知識に絞って整理しましたが、それでもこれだけのボリュームになります（不動産業者からの試算表やシミュレーション表などが手元にある方は、シミュレーション項目の過不足を見比べてみても気付きがあると思います）。

　第3章では、第一部「基礎知識編」のラストとして、税金の計算方法についておさらいします。税金は収益計算の肝ですから、もう一息、頑張って読み進めてください。

第3章

不動産投資における
税金計算の基礎知識

　不動産投資の収益計算シミュレーションに必要な基礎知識として、第１章では不動産投資の収益構造を、第2章では不動産投資の取引実務をご説明しました。

　第3章では、第一部「基礎知識編」のラストとして、不動産投資での税金計算をご説明します。最終的に不動産投資は税金との戦いとなります。利益が増えるにつれて加速度的に負担が重くなるだけでなく、納税は国民の義務でもあります。「知らなかった／勘違いしていた」では済まないこともありますので、しっかりと基礎から見直していきましょう。

3-1 個人（個人事業主）としての賃貸時税金

■不動産投資のシミュレーションには収益計算が必須

　第1章でもご説明しましたが、原則として不動産投資での利益には税金（所得税・住民税等）がかかります。特に個人（個人事業主）として不動産投資に取り組んだ場合、賃貸時利益に課される所得税・住民税の合算税率は、図3-1-1のとおり、最大55.95％というとんでもない高税率となってしまうケースもあるのです（さらに、個人事業税が別に課税されることもあります）。

図3-1-1　所得税・住民税合算税率の速算表（総合課税）

課税所得	税率	控除額
0円〜　1,950,000円	15.11%	0
1,950,001円〜　3,300,000円	20.21%	99,548
3,300,001円〜　6,950,000円	30.42%	436,478
6,950,001円〜　9,000,000円	33.48%	649,356
9,000,001円〜18,000,000円	43.69%	1,568,256
18,000,001円〜40,000,000円	50.84%	2,854,716
40,000,001円〜	55.95%	4,896,716

　その一方で、仮に不動産投資の利益が同じだとしても、個人の税率は15.11％で収まる場合もあります（不動産所得に合算する給与所得などを含めて税率が決定するためです）。

税率の差がこれだけ大きければ、現金収支から税金を引いた最終的な手残りである「本当の儲け」はまるで別物になりかねませんので、不動産投資のシミュレーションには収益計算（CF計算と損益計算）が必須というわけなのです。

ここからは、不動産投資の利益に対する税金計算の仕組みを整理し、ご自身に課税される、おおよその税金（税額）を計算するための基礎知識をご説明していきます。なお、実際の課税額は、個々人やそのご家族の様々な事情により複雑に調整されますので、あくまでも前提を置いたモデルケースでのご説明となる点は、予めご了承ください。

■不動産投資の利益は「不動産所得」と「譲渡所得」

第1章、第2章を通じて、不動産投資の利益に対する税金は、「現金収支」ではなく、税務ルールにより仕分けされた「帳簿上の利益・損失（＝損益計算における利益）」を根拠にすることを、繰り返しご説明してきました。

ここからは、さらに少し目線を上げて、個人の利益全般にかかる所得税のルールをおさらいします。

ご存じの方も多いかもしれませんが、税金計算の世界では個人の利益を「所得」と呼び、次ページの図3-1-2のとおり、利益の種類によって10種類に区分しています。そして、所得税・住民税の計算ルールは、これら所得区分によってバラバラのため、まずは計算しようとする利益がどの所得区分に該当するのかを特定しなければなりません。

では、損益計算による不動産投資の利益は、この10種類のうち、どれに該当するのでしょうか？　実は、賃貸時と売却時では該当する所得区分が異なり、賃貸時の利益は「不動産所得」に、売却時の利益は「譲渡所得」に、それぞれ該当します（図3-1-2で網掛けした部分です）。

第3章　不動産投資における税金計算の基礎知識　81

図3-1-2 10種類の税区分

所得区分	代表例
利子所得	預貯金や公社債の利子
配当所得	株式配当や投資信託の分配金
不動産所得	不動産の貸し付けによる家賃
事業所得	卸売り業・小売り業・製造業等、個人事業における売上
給与所得	勤務先から支給される給料・賞与
退職所得	勤務先からの退職金
山林所得	山林の伐採・売却による収入
譲渡所得	不動産や車などの資産売却による収入
一時所得	満期保険金、懸賞の当選金など、上記に該当しない一時的な収入
雑所得	公的年金、印税など、上記に該当しない収入

つまり、不動産投資の利益に対して税金の計算をするには、少なくとも不動産所得と譲渡所得という2種類の計算ルールを理解しなければならないのです。

不動産投資の利益と所得区分

・賃貸時利益＝不動産所得

・売却時利益＝譲渡所得

■不動産所得の計算方法①（総合課税制度とは）

まずは、賃貸時利益に対する税金計算、即ち不動産所得の計算ルールについて、詳しくご説明していきます。

第1章の図1-1-4にてご説明した、賃貸時の不動産投資の利益（＝不動産所得）は、「合算対象の他所得」と合算して税金を計算するルールとなっていることを思い出してください。このように、区分の異なる他所得と合算して税金計算することを「総合課税制度」と呼びます。

図3-1-3　収益計算の流れ（購入・賃貸時）（再掲）

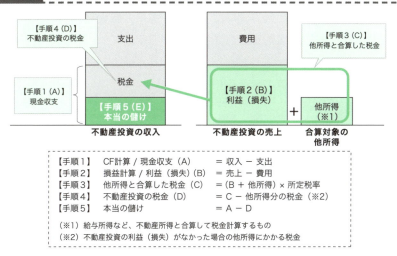

ところが、この総合課税制度が複雑で困りものなのです。いちおう、所得区分ごとに大まかには合算の可否や条件が決まってはいるものの、細かい制約や例外条件も多く、専門書を横に置きながらでないと正確な計算は難しいほどです。

しかし、こと不動産投資の収益計算シミュレーションに限れば、多くの場合、複雑な総合課税制度を完璧に理解する必要はありません。私自身の実務経験や過去の相談事例から、抑えておくべき所得区分は、かなり絞られていたからです。

多くの方にとって、使用頻度の高いと思われる情報は、次ページの図3-1-4に整理したとおりです。

合算対象の所得のうち、多くの不動産投資家に該当するのは、不動産所得のほか、利子所得、配当所得、給与所得あたりだと思います。

さらにいえば、これまで個別相談を受けているなかでは、利子所得と配当所得については、総合課税制度で計算するケースは多くない印象です。やや細かい話ですが、殆どの方が該当する通常の預貯金に生じる利

子所得は、そもそも源泉分離課税しか選択できません（総合課税は選択できない）し、株式配当の受け取りには、源泉分離課税制度（＝総合課税制度の対象外）を活用する方が多いからです。

図3-1-4 総合課税制度の合算可否一覧（要約）

所得区分	合算対象	補足
利子所得	○	合算対象外とすることも可能
配当所得	○	合算対象外とすることも可能
不動産所得	○	
事業所得	○	
給与所得	○	
退職所得	×	
山林所得	×	
譲渡所得	△	「不動産」「上場株式」の売却は、合算対象外
一時所得	○	
雑所得	○	

　その一方、以前の私もそうでしたが、不動産投資家にはサラリーマンや公務員を本業とする方が多数いらっしゃいます。不動産所得を給与所得と合算して納税してくれる勤務先はまずないはずで、サラリーマン大家・公務員大家の方にとっては、給与所得との合算だけは必ずやらなければならないということになります（図3-1-4の網掛した所得区分です）。

　このため、以降は不動産所得と給与所得との合算をモデルケースとしてご説明していきます。

■不動産所得の計算方法②（給与所得との合算）

　では、不動産所得と給与所得を合算するにあたり、まずは給与所得の計算式をおさらいしましょう（念のため、給与所得は、給与収入と同じではありません）。

> **＜給与所得の計算式＞**
> 給与所得＝給与収入（1年間の給料・賞与の総額）－給与所得控除

　不動産所得でも、家賃から様々な費用を引いて所得（＝損益計算上の不動産投資による賃貸時利益）を計算したわけですから、素直に考えれば給与所得でも、給与収入からサラリーマンや公務員を続ける上での様々な費用を引いて所得を計算してよいはずです。例えば、スーツ代、鞄代、靴代、あるいは業務に必要な飲食代など、実際に発生した費用を引きたくなるのですが、どうしたわけか給与収入に対する費用計上には厳しい制約が課せられています（関心のある方は「特定支出控除」などのキーワードで調べてみてください）。

　その代わりに、実際の費用発生によらず、給与収入に応じて一定金額を一律費用計上することが認められており、それが給与所得控除です。みなし残業ならぬ、みなし経費というわけですね。
　給与所得控除は、2020年より控除額が引き下げられ、現在の控除額は図3-1-5のとおりとなっています。

図3-1-5 給与所得控除の金額

給与収入	控除額
0円～1,800,000円	収入金額×40%－100,000円 （550,000円に満たない場合には、550,000円）
1,800,001円～3,600,000円	収入金額×30%＋80,000円
3,600,001円～6,600,000円	収入金額×20%＋440,000円
6,600,001円～8,500,000円	収入金額×10%＋1,100,000円
8,500,001円～	1,950,000円（上限）

　例えば、2020年の給与収入が額面1,000万円のサラリーマンの場合、給与所得控除は上限195万円となりますから、差し引きでの給与所得は805万円です。

仮に、このサラリーマン大家さんが、この年度に不動産所得100万円の利益を上げたとすれば、税金計算の根拠となる合計所得は905万円（805万円＋100万円）ということになります。

■不動産所得の計算方法③（課税総所得の計算）

合計所得を計算した後は、所得控除を引き算して課税総所得を求めます。この課税総所得が、直接的に、所得税率・住民税率を乗じる金額となります。

> **＜課税総所得の計算式＞**
> 課税総所得＝合計所得−所得控除

個々人やそのご家族等の個別事情に配慮して、社会政策上の観点から一定条件のもとで課税総所得を引き下げようというのが所得控除です。

所得控除によって、課税総所得が下がれば減税に繋がりますので、実際の確定申告では漏れのないようチェックしたい項目ですが、シミュレーションでは最小限の計上とするのが無難です。所得控除は課税年度ごとの個別事情により、その適用可否が変わるため、中長期の将来においても、その所得控除を受け続けられるかは分からないからです。

所得控除の種類は、図3-1-6のとおり14種類です。

図3-1-6　所得控除の一覧

1	基礎控除	8	配偶者控除
2	社会保険料控除	9	配偶者特別控除
3	医療費控除	10	扶養控除
4	生命保険料控除	11	障害者控除
5	地震保険料控除	12	寡婦（夫）控除
6	寄付金控除	13	勤労学生控除
7	小規模企業共済等掛金控除	14	雑損控除

このうち、「1.基礎控除」「2.社会保険料控除」は、おそらく適用条件に合致するケースが多いと思いますので、シミュレーションで計上してもよいでしょう（但し、基礎控除は、2020年より控除額が上限48万円になった一方、合計所得2,500万円超の方は控除額が0円となりましたのでご注意ください）。

その他の所得控除は、個々のご事情に照らして、将来に渡って高い確度で適用される所得控除があれば、シミュレーションで計上してもよいでしょう。

例えば、先ほどの合計所得905万円のサラリーマン大家さんで、基礎控除48万円、社会保険料控除100万円だとすれば、課税総所得は757万円（905万円−48万円−100万円）となります。

■不動産所得の計算方法④（税額の計算）

税金計算が続いてうんざりかもしれませんが、ここまでくればあと一息です。収益計算において、基礎レベルの税金知識は不可欠ですが、実際のシミュレーション作業ではExcelに計算式を組み込むことで自動化できます。一度理解してしまえば後がラクになりますので、もう少し頑張ってください。

さて、課税総所得の計算ができれば、次はいよいよ税率を乗じて税額を算出します。実際の確定申告では所得税と住民税を別々に計算しますが（厳密にいえば、課税総所得は、所得税と住民税では所得控除額の違い等により若干の金額差分が生じます）、シミュレーションでは概算が分かれば十分ですから、図3-1-1でご説明した速算表（次ページに再掲しておきます）を使用して、一気に計算してしまいましょう。

例えば、先ほどの合計所得905万円、課税総所得757万円のサラリーマン大家さんであれば、税率33.48％、控除額649,356円ですから、所

得税・住民税の合計額は、188万5,080円（757万円×33.48％ −649,356円）となります（図3-1-3での「手順3」です）。

図3-1-7 「図3-1-1 所得税・住民税合算税率の速算表」の再掲

課税所得	税率	控除額
0円〜 1,950,000円	15.11%	0
1,950,001円〜 3,300,000円	20.21%	99,548
3,300,001円〜 6,950,000円	30.42%	436,478
6,950,001円〜 9,000,000円	33.48%	649,356
9,000,001円〜18,000,000円	43.69%	1,568,256
18,000,001円〜40,000,000円	50.84%	2,854,716
40,000,001円〜	55.95%	4,896,716

　なお、実際の確定申告における納税額は、ここから税額控除（住宅ローン減税等）や毎月の給与から天引きして先納付した源泉徴収税額等を調整した金額となります。（税額控除も、所得控除と同様に、将来に渡って適用が確約されているものではありませんので、基本的にはシミュレーションでは考慮しない方が無難です。また、源泉徴収税額との調整は支払い時期だけの話ですから、殆どの場合、シミュレーションで考慮する必要はありません）

■不動産投資の利益に対する税金と「本当の儲け」

　さて、これで不動産所得と給与所得の合算税額が計算できたわけですが、この数字をそのまま、不動産投資のシミュレーションに転用するわけにはいきません。この税額のうち一部は、仮に不動産投資による利益がなかったとしても、給与所得に対する所得税・住民税として課税されていた金額だからです。

そのため、合算税額から給与所得に対する税額を引いて、不動産所得に対する純粋な税額を計算し直す必要があります（図3-1-3での「手順4」です）。

例えば、先ほどより登場している、2020年の給与収入が額面1,000万円のサラリーマンをモデルケースとした場合、不動産所得に対する純粋な税額は32万2,964円、税額を不動産所得で割り戻した実質税率は約32.3％となります。

以下に計算式を記載しましたので、ここまでの復習を兼ねて確認してみましょう。

＜モデルケース前提＞
・給与収入1,000万円、基礎控除48万円、社会保険料控除100万円
・不動産所得100万円を合算した税額は188万5,080円

＜計算式＞
・給与所得　＝1,000万円（給与収入）－195万円（給与所得控除）
　　　　　　＝805万円
・課税総所得（給与所得のみ）
　　　　　　＝805万円（給与所得）－148万円（所得控除）
　　　　　　＝657万円
・所得税・住民税の合計額（給与所得のみ）
　　　　　　＝657万円×30.42％－436,478円
　　　　　　＝156万2,116円
∴不動産所得に対する税金　　　＝188万5,080円－156万2,116円
　　　　　　　　　　　　　　　＝32万2,964円
∴不動産所得に対する実質税率　＝32万2,964円÷100万円≒32.3％

ここまでくれば、本書のゴールである「本当の儲け」は計算できたも同然です。

CF計算における現金収支から、今計算した不動産所得に対する税金を引けば、「本当の儲け」が算出できます（図3-1-3での「手順5」です）。

仮に、ある年度の不動産投資による現金収支が200万円だとしたら、

その年度の「本当の儲け」は、167万7,036円（200万円 − 32万2,964円）ということです（なお、殆どの場合、賃貸時の「本当の儲け」は、年度ごとに違う金額になるため、第二部では、ここまでの一連の計算を自動化し、年度ごとの「本当の儲け」が一目で分かるシミュレーションを作成していきます）。

■所得税を計算するうえでの注意事項

　最後に2点だけ、所得税を計算するうえでの注意事項をお伝えします。
　1点目は、所得税は、超過累進課税制度により、給与所得等に不動産所得を合算することで、税率が上昇してしまう可能性がある点です。
　図3-1-8をご覧ください。先ほどの事例でも、給与所得のみであれば30.42%だった税率が、不動産所得を合算したことで33.48%に上がり、実質税率を押し上げる要因になっていることが分かります。総合課税制度での税率は、一気に10%以上も上昇する場合もありますから、特に注意してください。

図3-1-8　実質税率の比較

計算項目	金額(円)
給与収入	10,000,000
給与所得	8,050,000
不動産所得	0
合計所得	8,050,000
所得控除	1,480,000
課税総所得	6,570,000
所得税・住民税合算税率	30.42%
控除額	436,478
所得税・住民税合算税額	1,562,116
実質税率（所得税・住民税合算税額/給与所得）	19.4%

計算項目	金額(円)
給与収入	10,000,000
給与所得	8,050,000
不動産所得	1,000,000
合計所得	9,050,000
所得控除	1,480,000
課税総所得	7,570,000
所得税・住民税合算税率	33.48%
控除額	649,356
所得税・住民税合算税額	1,885,080
実質税率（所得税・住民税合算税額/給与所得）	20.8%

もう1点は、計算式の仕組み上、不動産所得が同じ金額であっても、給与所得や所得控除の大小によって、不動産所得に対する税金・実質税率が変わるという点です。

たまに、「不動産所得が●●円以上になったら（あるいは物件を△△戸以上購入するなら）、法人化した方が節税になる！」といった話を聞くことがあります。個人の所得税・住民税の合算税率と、法人の法人税率の税率差が根拠なのでしょうが、個々人の給与所得や所得控除によって、損益分岐点となる不動産所得の金額が大きく変わることは、既にご理解のとおりです。そもそも、法人化の是非を税率差だけで語るのもおかしな話ですが、それに目を瞑ったとしても、こうした単純な線引き発言は、いかにも乱暴と言わざるを得ません（本書では、第10章で法人化のメリット・デメリットを詳しくご説明します）。

3-2 個人（個人事業主）としての売却時税金

■譲渡所得の計算方法①（分離課税制度とは）

　ここからは、物件売却時の利益に対する税金についてご説明していきます。前述のとおり、物件売却時の利益は「譲渡所得」に該当します。同じ所得税でも、不動産所得とは計算式が全く異なりますので、しっかり整理しておきましょう。

　そもそも譲渡所得とは、不動産にかぎらず資産を売却したときの利益全般が該当する所得区分です。売却した資産ごとに計算ルールが異なり、大きく「株式」「土地・建物」「その他」の3パターンに分かれていますが、本書は不動産投資の本ですから、このうち、「土地・建物」に絞ってご説明していきます。

譲渡所得の計算式は、売却資産によって3パターンある
・「株式」の売却
・「土地・建物」の売却　　　←本書の説明範囲
・「その他（上記以外）」の売却

　まずは、第1章の図1-1-5にてご説明した、売却時の不動産投資の利益（＝譲渡所得）は他所得との合算は行わず、それ単体で税金を計算するルールとなっていることを思い出してください。このように、他区分の所得と分離して税金計算することを「分離課税制度」と呼びます。

図3-2-1 「図1-1-5 収益計算の流れ(売却時)」の再掲

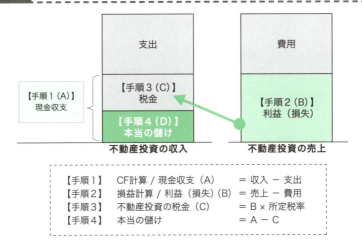

■譲渡所得の計算方法②(損益=譲渡所得の計算)

　では、分離課税制度による、譲渡所得の計算を具体的に確認していきましょう。

　第1章では、物件売却時の収益構造イメージを掴んでいただくため、次の計算式をご説明しました。

収益計算における、売却時の計算式

・**CF計算**
　現金収支＝売却価格－売却時の諸支出
・**損益計算**
　損益　　＝売却価額－取得費(売却時の簿価)－譲渡費用

　本章ではイメージだけでなく、具体的な計算ルールをご理解いただきたいため、次ページの図3-2-2のモデルケースを用いて詳しくご説明していきます。

　まずは、CF計算における現金収支です。物件売却による収入は、売却価格に固都税精算金を合算した4,830万円です。ここから、売却時の支出計220万円を引いた4,610万円が、現金収支となります(第2章で

も触れましたが、固都税精算金は実質的には立替金精算のため、現金収支に入れて考えたくない場合はそれでも構いません）。

図3-2-2 譲渡所得計算のモデルケース

【購入時】

項目	金額
購入価格	5,000万円
仲介手数料	150万円
固都税精算金	50万円
その他諸経費	100万円

【売却時】

項目	金額	備考
売却価格 （収入・売上）	4,800万円	売却時簿価 4,000万円 （費用）
仲介手数料 （支出・費用）	120万円	
固都税精算金 （収入・売上）	30万円	
その他諸経費 （支出・費用）	100万円	

　次に、損益計算における損益（＝譲渡所得）を計算します。物件売却による売上は、収入と同じ4,830万円ですが、ここから引き算するのは、購入金額ではなく取得費（売却時の簿価）と譲渡費用でした（なお、実際の取得費が譲渡価額の5％よりも少ない場合などには、譲渡価額の5％を概算取得費とすることもできます）。

　そのため、損益は、売上4,830万円から取得費4,000万円と譲渡費用計220万円を引いた、610万円となります。

　以下は、モデルケースにおける、CF計算と損益計算です。

CF計算

・収入＝売却価格4,800万円＋売却時の固都税精算金30万円

　　＝4,830万円

・支出＝売却時の仲介手数料120万円＋その他諸経費100万円

3-2　個人（個人事業主）としての売却時税金

$$= 220万円$$
$$\therefore 現金収支 \quad = 4,830万円 - 220万円 \quad = 4,610万円$$

> **損益計算**
>
> ・売上＝売却価格4,800万円＋売却時の固都税精算金30万円
> $$= 4,830万円$$
> ・費用＝取得費4,000万円（売却時簿価）＋売却時の仲介手数料
> $$120万円＋その他諸経費100万円$$
> $$= 4,220万円$$
> $$\therefore 損益（譲渡所得）＝ 4,830万円 - 4,220万円 ＝ 610万円$$

　購入金額5,000万円の物件を売却した現金収支が4,610万円であれば、収支マイナスで税金がかからないと思いたくもなりますが、損益計算での610万円に対してしっかり課税されてしまうのが怖いところです（収益計算の仕組みを紐解けば、理にかなった計算式ではあるのですけれど…）

■譲渡所得の計算方法③（譲渡所得の税率）

　さて、譲渡所得の金額が計算できた後は税率を乗じることになりますが、譲渡所得の税率は、売却した物件の所有期間によって長期譲渡所得と短期譲渡所得の2つに区分されています。

> **譲渡所得の税率**
>
> ・**長期譲渡所得**
> 売却した年の1月1日において所有期間が5年を超えるもの。
> 税率：20.315%（所得税15.315%　住民税 5%）
> ・**短期譲渡所得**
> 売却した年の1月1日において所有期間が5年以下のもの。
> 税率：39.63%（所得税30.63%　住民税 9%）

第3章　不動産投資における税金計算の基礎知識　95

驚くべきは、短期譲渡所得における税率です。所得税・住民税の合計税率は実に39.63％にもなりますので、現金収支で十分なプラスが生じていないと、売却時に税金が支払えない事態に陥りかねません（ちなみに、売却する物件が自宅（居住用）であれば、3,000万円特別控除や10年超所有した場合の軽減税率など、いくつかの特例の適用を狙えますが、不動産投資での物件売却の場合、こうした特例の適用を受けられることは、ほぼありません）。

よく、「不動産投資の利益は売却してみないと分からない」と言われますが、特に個人で不動産投資を行う場合には、こうした負担の重い税金を予め理解しておかないと、賃貸時の利益が全て吹き飛んでしまうことになりかねないのです。

■売却時利益に対する税金と「本当の儲け」

さて、ここまでくれば、譲渡所得（＝売却時利益）に対する税金は、計算できたも同然です。

長期譲渡所得に該当する場合であれば、税金は123万9,215円（610万円×20.315％）、短期譲渡所得に該当する場合であれば、税金は241万7,430円（610万円×39.63％）となります。

つまり、現金収支4,610万円から、123万9,215円または241万7,430円を引いた金額が、売却時の「本当の儲け」と計算できることとなります。

以上で、第3章、そして第一部「基礎知識編」は終わりです。

そして第二部は、いよいよ収益計算シミュレーションの作成です。これまでに整理した不動産投資の収益構造、不動産に関連する取引実務・税金の知識を、Excelにどのように落とし込むのかについて、じっくりとご説明していきます。

第二部

収益計算シミュレーションの
実践

第4章
収益計算シミュレーションの作り方

　本書では、不動産投資の収益計算シミュレーションを、『物件購入時に、知識を、"国語"から"算数"に効率的に変換し、合理的な投資判断をサポートするツール』と定義しています。第二部の位置づけは、第一部でご説明した不動産投資の基礎知識（国語）を、実際にExcelによる収益計算シミュレーションを通して数値（算数）へ落とし込み、その試算結果の分析・活用を行う実践編です。

　第4章では、収益計算シミュレーション書式（ツール）の考え方・作り方を、本書が書式の基本形とする「雛形書式」を用いてご説明します。

4-1 収益計算シミュレーション作成の基本方針

■「雛形書式」は収益計算シミュレーションの基本形

　これから、実際にExcelを使った収益計算シミュレーション書式を作成していくわけですが、当然ながら、個々人の事情や不動産投資の目的によって、シミュレーションに期待するものは千差万別のはずです。

　例えば、自動車のタイヤであっても、高速走行時の安定性を重視するのか、雪道での滑りにくさを極めるのか、燃費の良い経済性を追求するのか、はたまた製造コストを最小限に抑えるのか…などによって、作るタイヤは変わってきますよね。

　それは不動産投資の収益計算シミュレーションでも同じです。上級者の方が、さまざまな節税や減価償却のテクニックを駆使したうえでの限界利益の追求を目的とするシミュレーションと、これから初めての物件を購入しようとする方が期待するシミュレーションでは、その書式はまったく異なるものになるはずです。

　本章でご説明する「雛形書式」は、そうした読者の方の目的の違いを承知しつつも、なるべく多くの方にご使用いただける汎用性の高い仕様を考えて作成した、本書における収益計算シミュレーション書式の基本形です。

　これから書式作成の考え方や、エクセル計算式・関数のコツなどを、しっかりお伝えしますので、是非「雛形書式」をベースにして、ご自身に最適なオリジナル書式に改良していただければと思います。

■収益計算シミュレーションで絶対に外せない2つの最重要ポイント

第一部を読んでくださった読者の方にはおさらいですが、不動産投資の収益計算シミュレーションでの2つの最重要ポイントを簡単に振り返ります。

> **収益計算シミュレーションでの2つの最重要ポイント**
> ・時系列の相関関係が反映できていること
> ・税金を引いた、「本当の儲け」が計算できること
> ⇒物件購入時に合理的な投資判断をするには、この2つの要素が不可欠！

1つ目のポイントは、時系列の相関関係です。購入・賃貸・売却の各工程で、どんなお金が・どのように動くのか、各工程での動きが他の工程にどう影響するのか、これをシミュレーションに過不足なく反映させる必要があります。

図4-1-1 不動産投資の時系列と相関関係のイメージ（再掲）

2つ目のポイントは、物件購入時に合理的な投資判断をするためには、税金（所得税・住民税）を支払った後の最終的な手残り金額、即ち「本当の儲け」を基準とすべきであり、それを計算するには、CF計算と損

益計算という2つの計算を組み合わせる必要があるということでした。

図4-1-2 収益計算の流れ(購入・賃貸時)(再掲)

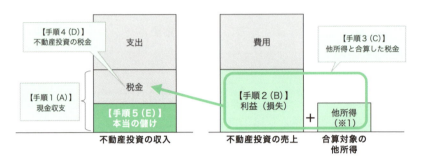

図4-1-3 収益計算の流れ(売却時)(再掲)

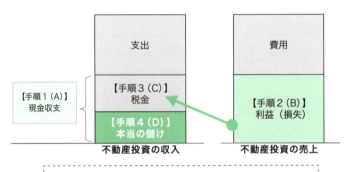

この2つのポイントは、収益計算シミュレーションの土台にして大前提です。重要なことなので何度も繰り返していますが、初心者の方も上級者の方も、必ず収益計算シミュレーションに入れるべきと改めてお伝えしておきたいと思います。

また蛇足かもしれませんが、書式の作成にあたっては是非、使い勝手にも目を向けてください。「優先度の高い部分の作り込みが甘く、Excelの横で電卓を叩く羽目になった」「優先度の低い部分まで過剰に作り込んだせいで入力が億劫になり、空欄だらけのシミュレーションをしている」「頑張って複雑な計算式や関数を多用したせいで、あとで修正やカスタマイズができなくなった」というのは、よくある失敗談ですので。

4-2 収益計算シミュレーションの書式の作成

■「雛形書式」は、「入力シート」「試算結果シート」「引数シート」で構成

　では、収益計算シミュレーション書式の作り方の説明に入ります。本書では、汎用性を考えて作成した「雛形書式」をシミュレーション書式の基本形としていますので、これ以降の説明は、「雛形書式」を前提に進めることにします。

　まずは書式の構成です。収益計算シミュレーションで入力・計算する項目やパラメータは多岐に渡るため、次ページの図4-2-1のとおり、8つの入力用シート、1つの試算結果シート、そして自動計算や関数を行うための1つの引数シートの、計10シート構成としています。

　なお、入力シートを8つのシート構成としたのは、入力項目の内容によって入力シートを分けた方が、使い勝手が良いと考えたからです（縦長の1シート構成でも作れますが、銀行口座やクレジットカードのオンライン申し込みなどでも、「次へ」で画面遷移しながら内容ごとに入力する仕様が主流になりつつあり、それに倣った格好です）。

　また、試算結果シートはシミュレーション結果の各数字を比較分析する機会が多いはずで、縦長であっても1シートに纏めた方が使いやすいと考えました（このあたりは好みもありますので、使いづらければカスタマイズしてください）。

4-2 収益計算シミュレーションの書式の作成

図4-2-1 雛形書式の構成

シートの種類	シートの役割	シート数
入力シート	収益計算シミュレーションに必要な情報を 入力するシート	8シート
1.基礎情報		
2.購入条件		
3.賃貸時の収入・売上		
4.賃貸時の支出・費用		
5.借入		
6.減価償却		
7.売却条件		
8.税金		
試算結果シート	収益計算シミュレーションの結果を 表示するシート	1シート
①物件名称		
②購入条件		
③CF計算シミュレーション（購入・賃貸）		
④損益計算シミュレーション（購入・賃貸）		
⑤CF計算シミュレーション（売却）		
⑥損益計算シミュレーション（売却）		
⑦不動産投資の「本当の儲け」		
引数シート	入力シート、試算結果シートの自動計算・関数を 補佐するシート	1シート

■基礎情報シートの作成

ここからは、Excelでの収益計算シミュレーション書式の作り方につ

第4章 収益計算シミュレーションの作り方 105

いて、「雛形書式」を例にしてご説明していきます。

　但し、「雛形書式」のうち、図4-1-4で紹介した「試算結果シート」については、シミュレーション結果の読み方・分析と合わせてご説明した方が分かりやすいため後章に譲り、本章では「入力シート」「引数シート」を中心にご説明していきます。

　環境の許す方は、まずは本書10ページの手順に沿って、「雛形書式」のExcelファイルをダウンロードしてください（パソコンで実際のExcelファイルを見ながら読み進めていただいた方が、計算式や関数を理解しやすいと思います）。

　では、図4-2-2の入力シート「基礎情報」を見てください。

図4-2-2　入力シート「基礎情報」

1.基礎情報を入力します。

物件概要	入力欄	備考
物件名称	マンション中川	正式名称でなくとも可
物件価格（税込）	10,000,000 円	
築年数	12 年	

年齢	入力欄	備考
本人	40 歳	
配偶者	35 歳	
子供(1人目)	10 歳	
子供(2人目)	歳	

　入力欄がブランクだと分かりづらいため、これ以降は「マンション中川」という架空物件を購入検討中ということにして、各入力欄に仮定値を入れた入力画面をキャプチャして掲載します（それぞれの値自体に深い意味はありません）。

　この入力シートでは、収益計算シミュレーションの対象物件の基礎情報と、ご自身・ご家族の年齢を入力します。

　年齢の入力欄を設けたのは、個人が不動産投資を行う場合、「就職」「定年退職」「子供の受験」「介護」など、年齢に応じた様々なライフイベン

トがあり、中長期目線で投資判断をする際、投資年数や物件の築年数と合わせて、本人やご家族の年齢が確認できた方が使いやすいと考えたためです。

　詳しくは後章でご説明しますが、試算結果シートでは、シミュレーション結果を「投資N年目」「物件の築N年目」といった時系列で一覧表示する仕様としており、「子供が受験の年に、単年黒字となっているのか」「自分が定年退職の年に売却すれば、累計で儲けはいくらなのか」などが一目で分かる仕様としています。

■購入条件シートの作成

続いて、図4-2-3の入力シート「購入条件」を見てください。

図4-2-3 入力シート「購入条件」

2.購入条件に関する情報を入力します。

購入資金	入力欄	備考
投下可能自己資金	5,000,000 円	
借入予定金額	10,000,000 円	
取得時税金(初年度費用に計上)	入力欄	備考
登録免許税(所有権移転/土地)	80,000 円	見積額 or 固定資産税評価額(土地分)×2%
登録免許税(所有権移転/建物)	120,000 円	見積額 or 固定資産税評価額(建物分)×2%
登録免許税(抵当権設定)	40,000 円	見積額 or 抵当権設定額×0.4%
【自動】印紙税(売買)	10,000 円	物件価格50万円超、10億円以下は自動反映
【自動】印紙税(借入)	10,000 円	物件価格50万円超、10億円以下は自動反映
印紙税(その他)	円	
不動産取得税(土地分)	60,000 円	見積額 or 固定資産税評価額(土地分)×1/2×3%
不動産取得税(建物分)	180,000 円	見積額 or 固定資産税評価額(建物分)×3%
(その他)	円	
取得時支出(取得価額に合算)	入力欄	備考
仲介手数料(購入時)	396,000 円	見積額 or 物件価格ごとの上限仲介手数料
固定資税精算金(購入時)	100,000 円	
(その他)	円	
取得時支出(初年度費用に計上)	入力欄	備考
司法書士報酬	150,000 円	
金融機関手数料	150,000 円	
(その他)	円	
(その他)	円	

結果シート用パラメータ		
【自動】投下可能自己資金	5,000,000 円	
【自動】借入予定金額	10,000,000 円	
【自動】取得時支出(取得価額)	496,000 円	
【自動】取得時支出(初年度費用)	800,000 円	

第4章　収益計算シミュレーションの作り方　　107

ここからが「雛形書式」の本丸です。

前述したとおり、「雛形書式」はあくまでも収益計算シミュレーションの基本形であり、実務では読者の皆さんそれぞれが使いやすいよう、それぞれの視点でカスタマイズいただくことを想定しています。とはいえ、他人の作成したエクセルの関数や計算式に手を加えるのは何かと大変ですから、なるべくカスタマイズしやすいよう、各シートごとに主要なポイントをご説明していきます。

このシートで入力した情報は、楕円で囲ったシート下段「結果シート用パラメータ」欄にて、「投下可能自己資金」「借入予定金額」「取得時支出（取得価額）」「取得時支出（初年度費用）」の4つに集計・補正してから、試算結果シートに各値をリンクする仕様となっています。

このうち、「投下可能自己資金」「借入予定金額」は入力した値そのままですが、注意すべきは、「取得時支出（取得価額）」「取得時支出（初年度費用）」です。

第2章でもご説明しましたが、取得時の諸経費（支出）には、「支出＝費用」「支出≠費用」となるものが混在しています。例えば、仲介手数料や固都税精算金は、CF計算シミュレーションでは全額を初年度支出に計上する一方、損益計算シミュレーションでは取得価額に合算し、さらに建物分は減価償却費として費用計上しなければなりません。

シート下段「結果シート用パラメータ」の「取得時支出（取得価額）」「取得時支出（初年度費用）」では、この事前段階となる集計と補正を行っているのです。

その他、このシートに関するExcelの解説とコツは次のとおりです。書式をカスタマイズする際の参考としてください。

4-2 収益計算シミュレーションの書式の作成

Excelの解説とコツ

・**印紙税額の自動計算について**

印紙税は、VLOOKUP関数を使って、売買分は基礎情報シートの物件価格を、借入分は同シート内の借入予定金額を基準に、「引数シート<印紙税>」から金額を自動計算しています。

また、正式な印紙税額の階段は、基準額に対して「●●円超」ですが、関数の都合上、引数シートでの閾値は「…1円」と置き換えています。

軽減税率による印紙税額を自動計算したい場合、図4-2-4の「売買」列と「借入」列の値を入れ替えてください。

図4-2-4 「引数シート<印紙税>」の抜粋

<印紙税>

物件価格 /借入金額	売買	借入
0	0	0
500,001	1,000	1,000
1,000,001	2,000	2,000
5,000,001	10,000	10,000
10,000,001	20,000	20,000
50,000,001	60,000	60,000
100,000,001	100,000	100,000
500,000,001	200,000	200,000

・**登録免許税、不動産取得税の自動計算について**

各種特例の適用や日本政策金融公庫の利用等による軽減措置を狙う不動産投資家が多いと考え、登録免許税、不動産取得税には計算式を組んでいません。

備考欄の基本計算式で構わない場合は、「固定資産税評価額」「抵当権設定額」の入力欄を新たに作り、各税金の入力欄に計算式を入れれば、簡単に書式を自動化できますので、必要に応じてカスタマイズください。

第4章 収益計算シミュレーションの作り方 109

・仲介手数料（購入時）の自動計算について

売主物件や売買価格400万円以下の取引、あるいは仲介手数料割引の不動産業者との取引にも対応できるよう、仲介手数料には計算式を組んでいません。

物件価格は基礎情報シートで入力済のため、例えば400万円超、かつ上限額一杯の手数料支払いの計算を自動化したい場合、「仲介手数料（購入時）」の入力欄に、「（物件価格×3% +60,000）×1.1」の計算式を入れることで簡単にカスタマイズできます。

■賃貸時収入・売上シートの作成

続いて、図4-2-5の入力シート「賃貸時収入・売上」を見てください。

図4-2-5 賃貸時収入・売上シート

3.賃貸時の収入・売上に関する情報を入力します。

賃貸条件	入力欄	備考
月額家賃（賃料）	80,000 円	共益費・管理費・駐車場代等を含む
礼金	80,000 円	
更新料	80,000 円	
商品力	入力欄	備考
想定入居期間	60 ヵ月	
想定空室期間	3 ヵ月	
想定家賃下落率	1.0%	
シミュレーション計数	入力欄	備考
【自動】礼金(1ヵ月あたり)	1,270 円	礼金÷(想定入居期間＋想定空室期間)
【自動】更新料(1ヵ月あたり)	2,540 円	更新料÷(想定入居期間＋想定空室期間)
【自動】想定空室率	4.8%	想定空室期間÷(想定入居期間＋想定空室期間)
【自動】想定更新回数(2年更新前提)	2 回	更新回数10回(入居期間264ヵ月)まで自動計算

結果シート用パラメータ		
【自動】満室時家賃	960,000 円	
【自動】礼金・更新料	45,714 円	
【自動】家賃下落相当額	-9,600 円	
【自動】空室期間相当額	-45,714 円	

このシートも、楕円で囲ったシート下段「結果シート用パラメータ」にて、必要な値・単位に情報を集計・補正してから、試算結果シートに各数値をリンクする仕様となっています。

ここでのポイントは、2つです。

1つ目は、礼金や更新料といったスポットで発生する金額を、1年あたり金額に補正することです。

例えば、想定入居期間60ヵ月の物件に、2年毎に更新料8万円の契約であれば、入居期間中の更新回数は2回（60ヵ月÷24ヵ月・切り捨て）、受け取る更新料は16万円（8万円×2回）です。これを想定空室期間3ヵ月含めた63ヵ月で割ると、1ヵ月あたり更新料は2,540円、1年あたり更新料は30,480円（2,540円×12ヵ月）となります。

礼金も同様の考え方ですが、受け取りは入居時に1回だけですので、よりシンプルに、礼金8万円を63ヵ月で割り、1ヵ月あたり礼金は1,270円、1年あたり礼金は15,240円となります。

図4-2-5の楕円部分の「礼金・更新料」欄には、1年あたりの礼金と更新料の合計額が自動計算される仕様です（45,720円ではなく45,714円となっていますが、エクセルでは小数点以下の端数まで正確に計算しているためです）。

2つ目は、家賃下落率や空室率といった●●％表記の確率を、●●円表記の金額に補正することです。

例えば、想定入居期間60ヵ月、想定空室期間3ヵ月の物件であれば、想定空室率は4.8％（3ヵ月÷63ヵ月）、これに年間想定家賃96万円（8万円×12ヵ月）を乗じれば、空室期間相当額は46,080円となります（礼金・更新料と同様に、図4-2-4の数字とは若干の差分がありますが、小数点以下の端数処理によるものです）。

その他、このシートに関するExcelの解説とコツは次ページにあるとおりです。書式をカスタマイズする際の参考としてください。

Excelの解説とコツ

・**敷金について**

第一部でご説明したとおり、厳密に言えば、敷金は入居都度に収入として計上するべきですが、敷金は結局のところ預り金で、退去時には支出（または収入のマイナス）に計上することになります。加えて、一般的には家賃の1〜2ヵ月分程度と金額規模も小さく、収益計算シミュレーションへの影響も軽微なため、「雛形書式」では入力項目から外してします。

・**想定更新回数の自動計算について**

想定更新回数は、IF関数を使って、同シート内の想定入居期間から自動計算しています。例えば、想定入居期間が60ヵ月の場合、「…IF(N>72,3,IF(N>48,2,…」に該当して、更新回数は3回と表示する仕様です。

「雛形書式」では、2年更新前提で更新10回まで対応していますが、更新サイクルの変更や、11回目以上の更新を前提にシミュレーションする場合には、このIF関数をカスタマイズしてください。

■賃貸時支出・費用シートの作成

続いて、図4-2-6の入力シート「賃貸時支出・費用」を見てください。

このシートも、楕円で囲ったシート下段「結果シート用パラメータ」にて、必要な値・単位に情報を集計・補正してから、試算結果シートに各数値をリンクする仕様となっています。

固定運営費は単純な足し算、入居者変更時諸経費と修繕費の計算は、先ほどの更新料などと同じ考え方ですので、再度の説明は割愛します。

入力項目の数こそ多いものの、いずれも実務に即した項目であり、あまり悩まずに入力できるシートだと思いますが、不明な項目があれば第2章の説明をご参照ください。

4-2　収益計算シミュレーションの書式の作成

図4-2-6 賃貸時支出・費用シート

4.賃貸時の支出・費用に関する情報を入力します。

固定運営費(税金・保険料)	入力欄	備考
固定資産税(土地・建物/年額)	40,000 円	
都市計画税(土地・建物/年額)	10,000 円	
火災保険料(年額)	10,000 円	
地震保険料(年額)	円	
(その他/年額)	円	
固定運営費(税金・保険料以外)	**入力欄**	**備考**
建物管理費(月額)	8,000 円	
修繕積立金(月額)	5,000 円	
集金代行手数料(月額)	3,000 円	
(その他/月額)	円	
入居者変更時諸経費	**入力欄**	**備考**
仲介手数料(賃貸時)	80,000 円	入居者変更1回あたりの想定額
広告料	80,000 円	入居者変更1回あたりの想定額
原状回復費	100,000 円	敷金等がある場合は差し引きの手出し想定額
(その他)	円	
修繕費	**入力欄**	**備考**
エアコン交換	70,000 円	資本的支出を除く、修繕1回あたりの想定額
エアコン交換サイクル	15 年	
給湯器交換	70,000 円	資本的支出を除く、修繕1回あたりの想定額
給湯器交換サイクル	10 年	
(その他)	100,000 円	資本的支出を除く、修繕1回あたりの想定額
(その他修繕・交換サイクル)	2 年	
シミュレーション計数	**入力欄**	**備考**
【自動】仲介手数料(賃貸時/1ヵ月あたり)	1,270 円	仲介手数料(仲介時)÷(想定入居期間＋想定空室期間)
【自動】広告料(1ヵ月あたり)	1,270 円	広告料÷(想定入居期間＋想定空室期間)
【自動】原状回復費(1ヵ月あたり)	1,587 円	原状回復費÷(想定入居期間＋想定空室期間)
【自動】入居者変更時その他(1ヵ月あたり)	0 円	入居者変更時その他÷(想定入居期間＋想定空室期間)
【自動】エアコン交換(1年あたり/15年交換前提)	4,667 円	エアコン交換費用÷エアコン交換サイクル
【自動】給湯器交換(1年あたり/15年交換前提)	7,000 円	給湯器交換費用÷給湯器交換サイクル
【自動】修繕費その他(1年あたり/15年交換前提)	50,000 円	修繕費その他÷修繕費その他修繕・交換サイクル

結果シート用パラメータ	
【自動】固定運営費(税金・保険料)	60,000 円
【自動】固定運営費(税金・保険料以外)	192,000 円
【自動】入居者変更時諸経費・修繕費	111,190 円

■借入シートの作成

続いて、図4-2-7の入力シート「借入」を見てください。

図4-2-7 借入シート

5.借入に関する情報を入力します。

借入計画	入力欄
【自動】借入予定金額	10,000,000 円
借入予定期間	240 ヵ月
借入想定金利	2.50%

結果シート用パラメータ														
【自動】返済年数	1	2	3	4	5	6	7	8	9	10	32	33	34	35
【自動】借入金返済額	636	636	636	636	636	636	636	636	636	636	#NUM!	#NUM!	#NUM!	#NUM!
うち、元本分	390	400	410	421	431	442	453	465	477	489	#NUM!	#NUM!	#NUM!	#NUM!
うち、金利分	246	236	226	215	205	194	182	171	159	147	#NUM!	#NUM!	#NUM!	#NUM!

第4章　収益計算シミュレーションの作り方　113

紙面の都合で、シート下段「結果シート用パラメータ」の途中年度を省略していますが、ダウンロードいただく「雛形書式」では、各年度それぞれに千円単位の金額が一覧表示される仕様ですのでご安心ください。

ここでのポイントは、収益計算における借入金元本の扱いです。

第1章でご説明したとおり、借入金のうち金利分は、支出・費用のいずれにも計上しますが、元本分は支出のみ計上し、費用には計上できません。

この差分を収益計算シミュレーションに反映させるため、「借入予定金額」「借入予定期間」「借入想定金利」の掛け合わせによって、毎年の借入返済額だけでなく、元本分と金利分の内訳をここで計算する仕様としています。

Excelの機能には、便利なことに借入返済額を自動計算する関数が備わっており、「雛形書式」でも、以下のようにその関数を使用しています。

Excelの解説とコツ

・借入返済額の自動計算について

借入返済額の計算は、同シート内の「借入予定金額」「借入予定期間」「借入想定金利」を前提に、元本分はPPMT関数を、金利分はIPMT関数を使って、次ページの図4-2-8のように、引数シート上で一旦計算する仕様としています。

PPMT関数・IPMT関数は、いずれも「月単位」の返済額を求める関数なのですが、「雛形書式」でのシミュレーションは「年単位」のため、集計単位を月次→年次に変換する必要があるためです（他の入力シートのように、同シート内にシミュレーション計数欄を作ってもよかったのですが、最大35年×12ヵ月＝420行分の返済額が並ぶと見づらいと考え、この仕様にしました）。

引数シートで自動計算した金額は、SUMIF関数を使って、「結果

4-2　収益計算シミュレーションの書式の作成

シート用パラメータ」に改めてリンクさせ、最終的に試算結果シートに反映する仕様です（文章にすると分かりにくいかもしれませんが、実際のエクセルファイルを見ていただくと合点がいくかと思います）。

図4-2-8 「引数シート＜借入返済＞」の抜粋

※返済15ヵ月目以降は省略

＜借入＞

返済 月数	返済 年数	元本 返済	金利 返済
1	1	32	21
2	1	32	21
3	1	32	21
4	1	32	21
5	1	32	21
6	1	32	20
7	1	33	20
8	1	33	20
9	1	33	20
10	1	33	20
11	1	33	20
12	1	33	20
13	2	33	20
14	2	33	20
15	2	33	20

なお、PPMT関数・IPMT関数を使用する場合、これら関数に入力する金利にご注意ください。不動産投資では、基本的に金利といえば年利で考えますが、これら関数は月利を前提に自動計算する仕様となっているためです。「雛形書式」では、引数シートで計算する際、入力した借入想定金利を12で割る計算式を入れています。意外と忘れがちなので、Excelをカスタマイズする際にはご注意ください。

第4章　収益計算シミュレーションの作り方　　115

> **・35年未満の返済予定期間とした場合**
>
> 返済期間を420回（35年）未満と入力した場合、エラーを示す「#NUM!」が表示されることがあります。しかし、試算結果シートでは、IF関数とISNUMBER関数を併用して、数字以外は0とする仕様としているため、ここでは気にする必要はありません。

　なお、「雛形書式」で計算する借入返済額はあくまで概算です。金融機関が作成する返済予定表の金額では返済日を1日単位でさらに精緻に計算したり、端数処理についてもExcelの関数とは一致しないようで、私自身の借入の実例でも、僅かな誤差が生じていました。

　とはいえ、その誤差はシミュレーションに支障のないレベルで、ほとんどの場合は、Excel関数を使った計算で必要十分なはずです。もし、より正確な数値でのシミュレーションが必要な場合には、借入先に返済予定表の事前交付を相談するか、より詳細な設定のできる信頼性の高い専用計算ソフトを活用するなどしてください。

■減価償却シートの作成

　続いて、図4-2-9の入力シート「減価償却」を見てください。

図4-2-9　減価償却シート

6.減価償却費に関する情報を入力します。

取得価額	入力欄	備考
【自動】物件価格	10,000,000 円	
物件価格（建物分）	6,000,000 円	
【自動】物件価格（土地分）	4,000,000 円	物件価格－物件価格（建物分）
【自動】その他取得価額合算分	496,000 円	「取得時支出（取得価額に合算）」より引用
【自動】その他取得価額合算分（建物分）	297,600 円	その他取得価額合算分×物件価格（建物分）÷物件価格
【自動】その他取得価額合算分（土地分）	198,400 円	その他取得価額合算分－その他取得価額合算分（建物分）
耐用年数	入力欄	備考
法定耐用年数	47 年	
【自動】購入時経過年数	12 年	「築年数」より引用
【自動】耐用年数	37 年	法定耐用年数内の中古物件取得を前提とした自動計算式
償却率	入力欄	備考
【自動】定額法償却率	0.028	

結果シート用パラメータ	
【自動】減価償却費	176,333 円
【自動】簿価（建物等の分）	6,297,600 円
【自動】簿価（土地の分）	4,198,400 円

4-2 収益計算シミュレーションの書式の作成

　このシートも、楕円で囲ったシート下段「結果シート用パラメータ」にて、必要な値・単位に情報を集計・補正してから、試算結果シートに各数値をリンクする仕様となっています。

　ここで新たに入力する情報は、「物件価格（建物分）」「法定耐用年数」の2つだけで、それ以外の値は、これまでの入力情報から自動計算される仕様です（先ほど、購入条件シートで計算した「取得時支出（取得価額）」は、このシートで土地分と建物分に分解したうえで、「その他取得価額合算分」として、それぞれに合算しています）。

Excelの解説とコツ

・耐用年数の自動計算について

「雛形書式」では、法定耐用年数内の中古物件を前提に自動計算される仕様で、耐用年数の1年未満は切り捨てのルールに対応するため、ROUNDDOWN関数を入れています。

新築物件を計算する際には法定耐用年数と揃える計算式に、法定耐用年数超過の物件を計算する際にはその計算式に、必要に応じてカスタマイズしてください。

・定額法償却率の自動計算について

自動計算された耐用年数を引数にして、次ページの図4-2-10の「引数シート＜定額法償却率＞」からVLOOKUP関数を使って自動計算しています。

償却率には定率法など、他の償却方法でシミュレーションをすることもあるかもしれませんが、その際にはここを中心にカスタマイズしてください。

第4章　収益計算シミュレーションの作り方　117

図4-2-10	「引数シート＜借入返済＞」の抜粋

※15年目以降は省略

＜定額法償却率＞

耐用年数	定額法償却率
2	0.500
3	0.334
4	0.250
5	0.200
6	0.167
7	0.143
8	0.125
9	0.112
10	0.100
11	0.091
12	0.084
13	0.077
14	0.072
15	0.067

■売却条件シートの作成

続いて、図4-2-11の入力シート「売却」を見てください。

図4-2-11	売却条件シート

7.売却条件に関する情報を入力します。

収入・売上		入力欄	備考
	売却想定価格	9,000,000 円	
	（その他）	円	
支出・費用		入力欄	備考
	仲介手数料（売却時）	363,000 円	
	（その他）	円	

結果シート用パラメータ		
【自動】売却価額	9,000,000 円	
【自動】譲渡費用	363,000 円	

このシートも、楕円で囲ったシート下段「結果シート用パラメータ」にて、必要な値・単位に情報を集計・補正してから、試算結果シートに各数値をリンクする仕様となっています。

　ここで入力する売却条件は、「売却想定価格」「仲介手数料（売却時）」の2つだけです。実際には、第2章でご説明した、固都税精算金や印紙税などの売却時の支出・費用もあるのですが、金額規模は小さく、シミュレーション影響は軽微です。

　また、物件価格が決まっている購入時とは異なり、売却時には、最大の変動要因である売却想定価格自体が仮定値ですから、仮定に仮定を重ねた細かい経費を計算しても正確性が上がるわけでもないと考え、「雛形書式」では、使い勝手を優先して2つに絞りました。

　より詳細にシミュレーションをしたい場合は、その他欄を使用するか、入力欄を増やすなどカスタマイズしてご使用ください。

■税金シートの作成

　最後は、図4-2-12の入力シート「税金」です。

図4-2-12　税金シート

8.給与収入への税金に関する情報を入力します。

税金計算	入力欄	備考
給与収入	8,000,000 円	
【自動】給与所得控除	1,900,000 円	
【自動】給与所得	6,100,000 円	
所得控除	1,480,000 円	
【自動】課税所得金額	4,620,000 円	
【自動】所得税・住民税の合算税率	30.42%	
【自動】所得税・住民税の合算控除額	436,478 円	
【自動】所得税・住民税の合算税額	968,926 円	

結果シート用パラメータ		
【自動】給与収入	8,000,000 円	
【自動】課税所得金額	4,620,000 円	
【自動】所得税・住民税の合算税率	30.42%	
【自動】所得税・住民税の合算税額	968,926 円	

第4章　収益計算シミュレーションの作り方　119

このシートも、楕円で囲ったシート下段「結果シート用パラメータ」にて、必要な値・単位に情報を集計・補正してから、試算結果シートに各数値をリンクする仕様となっています。

　これまでの入力シートと異なり、検討中の物件情報を入力するのではなく、会社員・公務員・アルバイト等による給与収入を入力するシートです。

　繰り返しのご説明とはなりますが、収益計算シミュレーションにおいて、購入・賃貸時の「本当の儲け」を計算するには、総合課税制度のルールに則り、給与所得等の合算対象の他所得も同時に計算する必要があるため、このシートで必要情報を入力する仕様としています。

　このシートに関するExcelの解説とコツは、次のとおりです。書式をカスタマイズする際の参考としてください。

4-2 収益計算シミュレーションの書式の作成

Excelの解説とコツ

・給与所得控除の自動計算について

入力した給与収入を引数にして、図4-2-14の「引数シート＜給
与所得控除＞」で、いったん給与所得控除を計算し、採用する値
を、VLOOKUP関数を使って自動計算しています。

また、印紙税と同様、正式な給与所得控除額の階段は、基準額に
対して「●●円超」ですが、関数の都合上、引数シートでの閾値
は「…1円」と置き換えています。なお、年間の給与収入が55万
円未満の場合、給与所得控除は年間給与収入額が上限となります
ので、必要に応じてカスタマイズしてください（第7章でご紹介
する「簡易版書式」も同じ仕様です）。

図4-2-13 「引数シート＜給与所得控除＞」の抜粋

＜給与所得控除＞

給与収入	固定値	計算式		給与所得控除
0	550,000			550,000
1,625,001		40%	100,000	3,300,000
1,800,001		30%	80,000	2,480,000
3,600,001		20%	440,000	2,040,000
6,600,001		10%	1,100,000	1,900,000
8,500,001	1,950,000			1,950,000

・所得税・住民税の合算税率/合算控除額の自動計算について

自動計算された課税所得金額を引数にして、次ページの図4-2-
14の「引数シート＜合算税率・控除額＞」からVLOOKUP関数
を使って自動計算しています。

なお、試算結果シートでも、不動産所得と給与所得を合算した課
税総所得金額を引数にして、この「引数シート＜合算税率・控除

第4章 収益計算シミュレーションの作り方 **121**

額>」からVLOOKUP関数を使って自動計算しています。

図4-2-14 「引数シート<合算税率・控除額>」の抜粋

<合算税率・控除額>

課税所得	税率	控除額
0	15.11%	0
1,950,001	20.21%	99,548
3,300,001	30.42%	436,478
6,950,001	33.48%	649,356
9,000,001	43.69%	1,568,256
18,000,001	50.84%	2,854,716
40,000,001	55.95%	4,896,716

　以上で、「雛形書式」を前提にした、収益計算シミュレーションの
Excel書式の考え方・作り方の説明を終わります。

　次章では、ここで入力・自動計算された値が、シミュレーション結果
にどのように反映され、それをどのように読み解いて投資判断に繋げれ
ばよいのかを、具体的なモデルケースを使いながらご説明していきます。

第5章

「借入」の影響を収益計算
シミュレーションで数値化する

　不動産投資家の頭を悩ませるテーマの筆頭は「借入」です。昨今の外部事情から、「借入できる物件は何か？」「融資をしてくれる金融機関はどこだ？」に関心が集まりがちですが、そもそも、何を目的に、いつ・いくらのリターンを求めるかによって、各人にとっての最適な借入条件は異なるはずです。
　「雛形書式」を活用して、いくつかの異なる借入条件をモデルケースに比較することで、借入が収益計算シミュレーションに与える影響を紐解き、あなたにとっての最適な借入条件を探っていきましょう。

5-1 不動産投資における「借入」とは

■「借入」での重要な変動パラメータは3つだけ

　第4章では、不動産投資の収益計算シミュレーションの考え方・作り方について、本書が書式の基本形とする「雛形書式」を用いてご説明しました。

　ここからは、実際に「雛形書式」をいくつかのモデルケースに使用して、各入力シートの値が収益計算シミュレーションの結果に与える影響を紐解いていきます。

　とはいえ、「家賃が高ければ収入が増える」「空室想定が長ければ収入が減る」といった、当たり前のモデルケースを検証しても仕方ありませんので、収益計算シミュレーションに、特に大きな影響を与える「借入」と「減価償却費」の2つにテーマを絞り、本章では、まず「借入」からご説明していきます。

　借入に関して、「雛形書式」では、「借入予定金額」「借入予定期間」「借入想定金利」に重要な数字を集約しています。

　パターン分析の全体像は、次ページの図5-1-1のように、この3つの組み合わせに、「借入なし」を加えた計9パターンで考えれば分かりやすいでしょう（借入に伴う、「登録免許税（抵当権設定）」「印紙税（借入）」「司法書士報酬」「金融機関手数料」もシミュレーション結果に影響しますが、いずれも投資1年目のスポット支出・費用、かつ殆どの場合で金額規模も小さいことから、その影響は軽微です。比較分析時に適当な値を入力すれば十分で、パターン化の条件として考える必要まではありません）。

図5-1-1 「借入」の組み合わせ9パターン

借入有無	借入予定金額	借入予定期間	借入想定金利		
なし				=	1パターン
あり	大／小	× 長／短	× 高／低	=	8パターン

　第5章では、これら組み合わせのうち、特にその特徴が顕著となる、「借入なし」「借入あり（金額：大、期間：長、金利：高）」「借入あり（金額：小、期間：短、金利：低）」の3パターンをモデルケースに採用し、これから詳しくご説明していきます。

■第5章のモデルケース情報

　第5章のモデルケースは次のとおりです（論点をはっきりさせるため、借入の関連項目以外が比較的シンプルな区分マンション1室購入をモデルケースとしました）。

＜第5章のモデルケース＞

属性・検討状況

- 鈴木一郎（会社員・45歳）、妻（パート/扶養外・43歳）、長男（大学生/扶養外・18歳）
- 投下可能自己資金は2,500万円。給与収入800万円に対して長男の大学進学後に家計が赤字化。所得控除は148万円
- 以下の検討物件に対して、現金購入すべきか、借入するかを悩んでいる

検討物件

物件名称：中川ハイツ101号室（区分マンション1室）

第5章　「借入」の影響を収益計算シミュレーションで数値化する　125

物件価格：2,000万円（土地500万円、建物1,500万円）

構造・築年数：SRC造・築20年

現況家賃：9万円/月

固定資産税評価額：土地200万円、建物800万円

固定資産税の額：土地・建物合計で4万円

都市計画税の額：土地・建物合計で1万円

検討中の借入条件

借入予定金額：なし or 1,000万円 or 2,000万円

借入予定期間：35年 or 20年

借入想定金利：4.0% or　1.0%

返済方式：元利均等返済

想定手数料：金融機関事務手数料・司法書士報酬は各15万円（借入無の場合は、司法書士報酬10万円のみ）

その他試算条件

・**想定募集条件**

　礼金・更新料各1ヵ月分

　想定入居期間60ヵ月、想定空室期間3ヵ月、想定家賃下落率1%/年

　仲介手数料（賃貸時）・広告料各1ヵ月分、原状回復費用10万円/回

　修繕費はエアコン15年毎、給湯器10年毎の交換時に各8万円想定

・**想定運営費**

　建物管理費：1万円/月

　修繕積立金・集金代行費・火災保険料各：0.5万円/月

・**想定売却条件**

　15年後に1,800万円（仲介で売却）

■検証・分析の事前準備

では、これから収益計算シミュレーションの検証・分析に入ります。

環境の許す方は、是非、実際にパソコンで「雛形書式」を使いながら本書を読み進めてください（「雛形書式」のダウンロード方法は、本書10ページに掲載しています。具体的な入力方法は、第4章を参照ください）。

また、借入に関連する項目の値を変更しながらシミュレーションを繰り返して結果の比較を行うため、図5-1-2のように、マスタファイルを1つ作って比較用ファイルを増やしていくと入力作業が簡略化できます。本書では、その手順でご説明します。

図5-1-2 検証・分析の作業手順

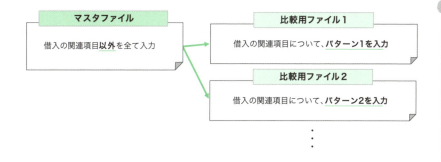

それでは、前述のモデルケース情報のうち、借入の関連項目以外を全て入力して、マスタファイルを作成していきます（網掛けの借入の関連項目は、いったんブランクとしてください。なお、司法書士報酬は借入有無によらず発生しますが、借入有無によって報酬額が変わる前提のため、ここではブランクとしておきます）。

各入力シートの画面キャプチャは、次ページ以降の図5-1-3～図5-1-10のとおりです。

図5-1-3 基礎情報シートの画面キャプチャ

1.**基礎情報を入力します。**

物件概要	入力欄	備考
物件名称	中川ハイツ101号室	正式名称でなくとも可
物件価格(税込)	20,000,000 円	
築年数	20 年	

年齢	入力欄	備考
本人	45 歳	
配偶者	43 歳	
子供(1人目)	18 歳	
子供(2人目)	歳	

図5-1-4 購入条件シートの画面キャプチャ

2.**購入条件に関する情報を入力します。**

購入資金	入力欄	備考
投下可能自己資金	25,000,000 円	
借入予定金額	円	

取得時税金(初年度費用に計上)	入力欄	備考
登録免許税(所有権移転/土地)	40,000 円	見積額 or 固定資産税評価額(土地分)×2%
登録免許税(所有権移転/建物)	160,000 円	見積額 or 固定資産税評価額(建物分)×2%
登録免許税(抵当権設定)	円	抵当権設定額×0.4%
【自動】印紙税(売買)	20,000 円	物件価格50万円超、10億円以下は自動反映
【自動】印紙税(借入)	0 円	物件価格50万円超、10億円以下は自動反映
印紙税(その他)	円	
不動産取得税(土地分)	30,000 円	見積額 or 固定資産税評価額(土地分)×1/2×3%
不動産取得税(建物分)	240,000 円	見積額 or 固定資産税評価額(建物分)×3%
(その他)	円	

取得時支出(取得価額に合算)	入力欄	備考
仲介手数料(購入時)	726,000 円	見積額 or 物件価格ごとの上限仲介手数料
固都税精算金(購入時)	円	
(その他)	円	

取得時支出(初年度費用に計上)	入力欄	備考
司法書士報酬	円	
金融機関手数料	円	
(その他)	円	
(その他)	円	

結果シート用パラメータ

【自動】投下可能自己資金	25,000,000 円	
【自動】借入予定金額	0 円	
【自動】取得時支出(取得価額)	726,000 円	
【自動】取得時支出(初年度費用)	490,000 円	

5-1　不動産投資における「借入」とは

図5-1-5　収入・売上シートの画面キャプチャ

3.賃貸時の収入・売上に関する情報を入力します。

賃貸条件	入力欄	備考
月額家賃(賃料)	90,000 円	共益費・管理費・駐車場代等を含む
礼金	90,000 円	
更新料	90,000 円	
商品力	**入力欄**	**備考**
想定入居期間	60 ヵ月	
想定空室期間	3 ヵ月	
想定家賃下落率	1.0%	
シミュレーション計数	**入力欄**	**備考**
【自動】礼金(1ヵ月あたり)	1,429 円	礼金÷(想定入居期間+想定空室期間)
【自動】更新料(1ヵ月あたり)	2,857 円	更新料÷(想定入居期間+想定空室期間)
【自動】想定空室率	4.8%	想定空室期間÷(想定入居期間+想定空室期間)
【自動】想定更新回数(2年更新前提)	2 回	更新回数10回(入居期間264ヵ月)まで自動計算

結果シート用パラメータ	
【自動】満室時家賃	1,080,000 円
【自動】礼金・更新料	51,429 円
【自動】家賃下落相当額	−10,800 円
【自動】空室期間相当額	−51,429 円

図5-1-6　支出・費用シートの画面キャプチャ

4.賃貸時の支出・費用に関する情報を入力します。

固定運営費(税金・保険料)	入力欄	備考
固定資産税(土地・建物/年額)	40,000 円	
都市計画税(土地・建物/年額)	10,000 円	
火災保険料(年額)	5,000 円	
地震保険料(年額)	円	
(その他/年額)	円	
固定運営費(税金・保険料以外)	**入力欄**	**備考**
建物管理費(月額)	10,000 円	
修繕積立金(月額)	5,000 円	
集金代行手数料(月額)	5,000 円	
(その他/月額)	円	
入居者変更時諸経費	**入力欄**	**備考**
仲介手数料(賃貸時)	90,000 円	入居者変更1回あたりの想定額
広告料	90,000 円	入居者変更1回あたりの想定額
原状回復費	100,000 円	敷金等がある場合は差し引きの手出し想定額
(その他)	円	
修繕費	**入力欄**	**備考**
エアコン交換	80,000 円	資本的支出を除く、修繕1回あたりの想定額
エアコン交換サイクル	15 年	
給湯器交換	80,000 円	資本的支出を除く、修繕1回あたりの想定額
給湯器交換サイクル	10 年	
(その他)	円	資本的支出を除く、修繕1回あたりの想定額
(その他修繕・交換サイクル)	年	
シミュレーション計数	**入力欄**	**備考**
【自動】仲介手数料(賃貸時/1ヵ月あたり)	1,429 円	仲介手数料(仲介時)÷(想定入居期間+想定空室期間)
【自動】広告料(1ヵ月あたり)	1,429 円	広告料÷(想定入居期間+想定空室期間)
【自動】原状回復費(1ヵ月あたり)	1,587 円	原状回復費÷(想定入居期間+想定空室期間)
【自動】入居者変更時その他(1ヵ月あたり)	0 円	入居者変更時その他÷(想定入居期間+想定空室期間)
【自動】エアコン交換(1年あたり/15年交換前提)	5,333 円	エアコン交換費用÷エアコン交換サイクル
【自動】給湯器交換(1年あたり/15年交換前提)	8,000 円	給湯器交換費用÷給湯器交換サイクル
【自動】修繕費その他(1年あたり/15年交換前提)	0 円	修繕費その他÷修繕費その他修繕・交換サイクル

結果シート用パラメータ	
【自動】固定運営費(税金・保険料)	55,000 円
【自動】固定運営費(税金・保険料以外)	240,000 円
【自動】入居者変更時諸経費・修繕費	66,667 円

第5章　「借入」の影響を収益計算シミュレーションで数値化する　129

図5-1-7 借入シートの画面キャプチャ

5.借入に関する情報を入力します。

借入計画	入力欄	
【自動】借入予定金額	0	円
借入予定期間		ヵ月
借入想定金利		

結果シート用パラメータ															
	1	2	3	4	5	6	7	8	9	10	32	33	34	35
【自動】返済年数														
【自動】借入返済額	#NUM!	#NUM!	#NUM!	#NUM!	#NUM!	#NUM!	#NUM!	#NUM!	#NUM!	#NUM!	#NUM!	#NUM!	#NUM!	#NUM!
うち、元本分	#NUM!	#NUM!	#NUM!	#NUM!	#NUM!	#NUM!	#NUM!	#NUM!	#NUM!	#NUM!	#NUM!	#NUM!	#NUM!	#NUM!
うち、金利分	#NUM!	#NUM!	#NUM!	#NUM!	#NUM!	#NUM!	#NUM!	#NUM!	#NUM!	#NUM!	#NUM!	#NUM!	#NUM!	#NUM!

図5-1-8 減価償却シートの画面キャプチャ

6.減価償却費に関する情報を入力します。

取得価額	入力欄	備考
【自動】物件価格	20,000,000 円	
物件価格(建物分)	15,000,000 円	
【自動】物件価格(土地分)	5,000,000 円	物件価格-物件価格(建物分)
【自動】その他取得価額合算分	726,000 円	「取得時支出(取得価額に合算)」より引用
【自動】その他取得価額合算分(建物分)	544,500 円	その他取得価額合算分×物件価格(建物分)÷物件価格
【自動】その他取得価額合算分(土地分)	181,500 円	その他取得価額合算分-その他取得価額合算分(建物分)
耐用年数	入力欄	備考
法定耐用年数	47 年	
【自動】購入時経過年数	20 年	「築年数」より引用
【自動】耐用年数	31 年	法定耐用年数内の中古物件取得を前提とした自動計算式
償却率	入力欄	備考
【自動】定額法償却率	0.033	

結果シート用パラメータ	
【自動】減価償却費	512,969 円
【自動】簿価(建物等の分)	15,544,500 円
【自動】簿価(土地の分)	5,181,500 円

図5-1-9 売却条件シートの画面キャプチャ

7.売却条件に関する情報を入力します。

収入・売上	入力欄	備考
売却想定価格	18,000,000 円	
(その他)	円	
支出・費用	入力欄	備考
仲介手数料(売却時)	660,000 円	
(その他)	円	

結果シート用パラメータ	
【自動】売却価額	18,000,000 円
【自動】譲渡費用	660,000 円

130

図5-1-10 税金シート画面キャプチャ

8.給与収入への税金に関する情報を入力します。

税金計算	入力欄	備考
給与収入	8,000,000 円	
【自動】給与所得控除	1,900,000 円	
【自動】給与所得	6,100,000 円	
所得控除	1,480,000 円	
【自動】課税所得金額	4,620,000 円	
【自動】所得税・住民税の合算税率	30.42%	
【自動】所得税・住民税の合算控除額	436,478 円	
【自動】所得税・住民税の合算税額	968,926 円	

結果シート用パラメータ	
【自動】給与収入	8,000,000 円
【自動】課税所得金額	4,620,000 円
【自動】所得税・住民税の合算税率	30.42%
【自動】所得税・住民税の合算税額	968,926 円

5-2 「借入なし」でのモデルケース分析

■比較用ファイルの作成

　ここまでの入力によってマスタファイルができましたので、最初のモデルケースとなる「借入なし」の比較用ファイルを完成させます。

　マスタファイルでブランクとした各項目に、以下の値を入力してください。あとでシミュレーション結果を比較できるよう、入力後は、ファイル名を『比較（借入なし）』などとして、マスタファイルとは別保存しておきましょう。

「借入なし」での入力値

・**購入条件シート**

　「借入予定金額」「登録免許税（抵当権設定）」「金融機関手数料」：各0円

　「司法書士報酬」：10万円

　※「司法書士報酬」は借入なしでも、抵当権設定以外（所有権移転登記など）の報酬は発生します。

　※「印紙税（借入）」は、数字が自動計算されます。

・**借入シート**

　「借入予定期間」「借入想定金利：0ヵ月、0.00％」

　※「借入予定金額」は、購入条件シートの数字が自動反映されます。

　入力後の画面キャプチャは、図5-2-2、図5-2-3のとおりです（網掛け太字部分がマスタファイルとの差分です）。

5-2 「借入なし」でのモデルケース分析

| 図5-2-2 | 購入条件シートの画面キャプチャ |

2.購入条件に関する情報を入力します。

購入資金	入力欄	備考
投下可能自己資金	25,000,000 円	
借入予定金額	0 円	
取得時税金(初年度費用に計上)	入力欄	備考
登録免許税(所有権移転/土地)	40,000 円	見積額 or 固定資産税評価額(土地分)×2%
登録免許税(所有権移転/建物)	160,000 円	見積額 or 固定資産税評価額(建物分)×2%
登録免許税(抵当権設定)	0 円	見積額 or 抵当権設定額×0.4%
【自動】印紙税(売買)	20,000 円	物件価格50万円超、10億円以下は自動反映
【自動】印紙税(借入)	0 円	物件価格50万円超、10億円以下は自動反映
印紙税(その他)	円	
不動産取得税(土地分)	30,000 円	見積額 or 固定資産税評価額(土地分)×1/2×3%
不動産取得税(建物分)	240,000 円	見積額 or 固定資産税評価額(建物分)×3%
(その他)	円	
取得時支出(取得価額に合算)	入力欄	備考
仲介手数料(購入時)	726,000 円	見積額 or 物件価格ごとの上限仲介手数料
固都税精算金(購入時)	円	
(その他)	円	
取得時支出(初年度費用に計上)	入力欄	備考
司法書士報酬	100,000 円	
金融機関手数料	0 円	
(その他)	円	
(その他)	円	

結果シート用パラメータ	
【自動】投下可能自己資金	25,000,000 円
【自動】借入予定金額	0 円
【自動】取得時支出(取得価額)	726,000 円
【自動】取得時支出(初年度費用)	590,000 円

| 図5-2-3 | 借入シートの画面キャプチャ |

5.借入に関する情報を入力します。

借入計画	入力欄
【自動】借入予定金額	0 円
借入予定期間	0 ヵ月
借入想定金利	0.00%

結果シート用パラメータ	1	2	3	4	5	6	7	8	9	10	32	33	34	35
【自動】返済年数														
【自動】借入返済額	#NUM!	#NUM!	#NUM!	#NUM!	#NUM!	#NUM!	#NUM!	#NUM!	#NUM!	#NUM!	#NUM!	#NUM!	#NUM!	#NUM!
うち、元本分	#NUM!	#NUM!	#NUM!	#NUM!	#NUM!	#NUM!	#NUM!	#NUM!	#NUM!	#NUM!	#NUM!	#NUM!	#NUM!	#NUM!
うち、金利分	#NUM!	#NUM!	#NUM!	#NUM!	#NUM!	#NUM!	#NUM!	#NUM!	#NUM!	#NUM!	#NUM!	#NUM!	#NUM!	#NUM!

■試算結果の読み方(①物件名称/②購入条件)

これで「借入なし」の比較用ファイルが完成しました。各入力値に基づく収益計算シミュレーションの結果は、試算結果シートの①～⑦の7つの表に集約表示されていますので、順番に見ていきましょう。

第5章 「借入」の影響を収益計算シミュレーションで数値化する　133

まずは、試算結果シートの「①物件名称」「②購入条件」について、図5-2-4を見てください。

図5-2-4 試算結果シート①②の画面キャプチャ

①物件名称
中川ハイツ101号室

②購入条件

必要購入資金 **A**	21,316,000	円
物件価格	20,000,000	円
取得時支出（取得価額）	726,000	円
取得時支出・費用（初年度計上）	590,000	円
購入資金 **B**	25,000,000	円
投下可能自己資金	25,000,000	円
借入予定金額	0	円
購入後の自己資金余力 **C**	3,684,000	円

<<参考情報>>

表面利回り	5.4%
実質利回り	4.2%

「①物件名称」には、基礎情報シートで入力した物件名称が表示されます。比較する物件が複数になったときなどの目印にしてください。

「②購入条件」のうち、上段の **A** 欄には、物件価格のほか、購入条件シートで入力した物件購入時の諸経費の合計金額が表示されます（内訳として、「取得価額に含める金額」「初年度に支出・費用計上する金額」も自動計算された金額が表示されます）。

また、中段の **B** 欄には、購入条件シートで入力した投下可能自己資金と、借入シートで入力した借入予定金額が、下段の **C** 欄には、**A** 欄と **B** 欄の差し引き金額が表示されます。

物件購入時には、物件本体の金額以外にも高額な諸経費を伴いますので、自己資金と借入金額の合計額が足りているのか、購入後の資金余力がどの程度残るのかを、ここで確認しておきましょう（もし、必要購入金額に不足があれば資金計画の練り直しが必要ですし、購入後の自己資金余力が僅かとしたら、途中で資金ショートを起こすリスクが高いことの気付きとなります）。

このモデルケースでは、物件購入に投下可能自己資金の大半を使用したため、購入後の自己資金余力は368万円とやや心許ない状況です。短

期的な資金ショートに注意して、この先のシミュレーション結果を確認する必要がありそうですね。

　なお、参考情報として、利回りも表示しています。後ほど、収益計算シミュレーションによる「本当の儲け」と比較してみてください。

■試算結果の読み方（③CF計算シミュレーション（購入・賃貸））

　次は、試算結果シートの「③CF計算シミュレーション（購入・賃貸）」をご説明しますので、図5-2-5を見てください。ここからが収益計算シミュレーションの本丸です。

　なお、誌面の都合で、これ以降の試算結果シートの表は、全体ではなく一部抜粋した画面キャプチャを載せています。本書の巻末に各表の全体画面を掲載していますので、必要に応じて参照しながら読み進めてください。

図5-2-5　CF計算シミュレーション（購入・賃貸）の画面キャプチャ

③CF計算シミュレーション（購入・賃貸）

		1	2	3	4	5	33	34	35	合計
投資年数	(年目)	1	2	3	4	5	33	34	35	合計
築年数	(年目)	20	21	22	23	24	52	53	54	
本人年齢	(歳)	45	46	47	48	49	77	78	79	
配偶者年齢	(歳)	43	44	45	46	47	75	76	77	
子供年齢(1人目)	(歳)	18	19	20	21	22	50	51	52	
子供年齢(2人目)	(歳)									
収入		1,069	1,058	1,048	1,037	1,026	724	713	702	30,996
満室時家賃	(年額/千円)	1,080	1,080	1,080	1,080	1,080	1,080	1,080	1,080	37,800
礼金・更新料	(年額/千円)	51	51	51	51	51	51	51	51	1,800
(空室期間相当額)	(年額/千円)	−51	−51	−51	−51	−51	−51	−51	−51	−1,800
(家賃下落相当額)	(年額/千円)	−11	−22	−32	−43	−54	−356	−367	−378	−6,804
支出		1,678	362	362	362	362	362	362	362	13,974
固定運営費(税金・保険料)	(年額/千円)	55	55	55	55	55	55	55	55	1,925
固定運営費(税金・保険料以外)	(年額/千円)	240	240	240	240	240	240	240	240	8,400
入居者変更時諸経費・修繕費	(年額/千円)	67	67	67	67	67	67	67	67	2,333
借入返済	(年額/千円)	0	0	0	0	0	0	0	0	0
元本返済分	(年額/千円)	0	0	0	0	0	0	0	0	0
金利返済分	(年額/千円)	0	0	0	0	0	0	0	0	0
初年度支出	(年額/千円)	1,316	0	0	0	0	0	0	0	1,316
想定CF(単年)	(千円)	−608	697	686	675	664	362	351	340	17,022
想定CF(累積)	(千円)	−608	88	774	1,449	2,114	16,330	16,681	17,022	−
<参考>借入金残債(年度末時点)	(千円)	0	0	0	0	0	0	0	0	

　ここでの想定CFとは、各年度の税引き前の現金収支です。Excelの横軸を投資年数として、投資1年目から投資35年目までの推移を一覧化し

て表示しています。

このモデルケースでは、投資1年目の想定CF（単年）となる「 **D** 」は赤字ですが、これは物件取得時の諸経費を一括で支出計上した影響です（「雛形書式」では、想定CFの初年度支出に、物件本体価格に対する投下自己資金は含めていません。これを含めると2年目以降も大幅マイナスが続き、シミュレーションで知りたい数字と乖離すると考えたためです）。

但し、前述のとおり、物件購入時の高額な諸経費の支払いは避けられず、資金手当ては先ほど確認した「②購入条件」の「 **A** 」で織り込み済ですから、投資1年目の赤字は特別な事情がなければさほど気にする必要はありません。

むしろ注目すべきは、投資2年目の想定CF（単年）となる「 **E** 」です。不動産投資の収益構造と「雛形書式」の仕様上、「借入なし」のモデルケースでは、投資2年目に想定CFが最大化するはずです。

そのため、「 **E** 」が既に単年赤字であったり、僅かな黒字しか確保できない状況とすると、投資3年目以降も資金回収の見通しが立たなくなってしまいます。

「借入なし」で、投資2年目に想定CF（単年）が最大化する理由

・想定CFは、税引き前の現金収支（収入と支出の差額）
・主たる収入である家賃は、基本的には物件の経年劣化により減少する　→実際の収入減少は数年ごと（入退去時など）に発生することが多いが、「雛形書式」では家賃の減少額を平準化して毎年計上する仕様
・支出には、毎年ほぼ固定で発生する支出（管理費・固都税等）と、都度発生する支出（修繕費等）がある　→実際には、修繕費等は数年ごと（入退去時など）に発生することが多いが、「雛形書式」では支出額を平準化して毎年計上する仕様

∴収入は投資1年目を最大に逓減、支出は投資2年目以降に固定値となり、特別な事情がなければ、初年度支出のない投資2年目の想定CFが最大となる。

このモデルケースでは、投資2年目の想定CF（単年）となる「**E**」は697千円でした。先ほど図5-2-4「**C**」で、購入後の自己資金余力は心許ないことを課題視しましたが、「**E**」で相応に黒字が確保できる見通しで、投資3年目の黒字幅やそれ以降の黒字幅の減少ペースを見ても、短期的な資金ショートのリスクは限定的といえそうです。

　もっとも、図5-2-5での想定CFは、あくまで税引き前の現金収支予測ですから、この金額から税金を引いて「本当の儲け」を見るまで安心はできません。

　次の損益計算シミュレーションで、税金の根拠となる想定損益の推移を確認していきましょう。

■試算結果の読み方（④損益計算シミュレーション（購入・賃貸））

　次は、試算結果シートの「④損益計算シミュレーション（購入・賃貸）」をご説明しますので、図5-2-6を見てください。

図5-2-6 損益計算シミュレーション（購入・賃貸）の画面キャプチャ

④損益計算シミュレーション（購入・賃貸）

		1	2	3	31	32	33	合計
投資年数	(年目)	1	2	3	31	32	33	
築年数	(年目)	20	21	22	50	51	52	
本人年齢	(歳)	45	46	47	75	76	77	
配偶者年齢	(歳)	43	44	45	73	74	75	
子供年齢（1人目）	(歳)	18	19	20	48	49	50	
子供年齢（2人目）	(歳)							
売上		1,069	1,058	1,048	745	734	724	30,996
満室時家賃	(年額/千円)	1,080	1,080	1,080	1,080	1,080	1,080	37,800
礼金・更新料	(年額/千円)	51	51	51	51	51	51	1,800
（空室期間相当額）	(年額/千円)	−51	−51	−51	−51	−51	−51	−1,800
（家賃下落相当額）	(年額/千円)	−11	−22	−32	−335	−346	−356	−6,804
費用		1,465	875	875	875	362	362	29,150
固定運営費（税金・保険料）	(年額/千円)	55	55	55	55	55	55	1,925
固定運営費（税金・保険料以外）	(年額/千円)	240	240	240	240	240	240	8,400
入居者変更時諸経費・修繕費	(年額/千円)	67	67	67	67	67	67	2,333
借入金利子	(年額/千円)	0	0	0	0	0	0	0
減価償却費	(年額/千円)	513	513	513	513	0	0	15,902
初年度費用	(年額/千円)	590	0	0	0	0	0	1,316
想定損益（単年）	(千円)	−395	184	173	−129	373	362	1,846
想定損益（累積）	(千円)	**F** −395	**G** −212	−39	420	**H** 792	1,154	−
＜参考＞簿価（建物等の分/年度末時点）	(千円)	15,032	14,519	14,006	0	0	0	
＜参考＞簿価（土地の分/年度末時点）	(千円)	5,182	5,182	5,182	5,182	5,182	5,182	

第5章　「借入」の影響を収益計算シミュレーションで数値化する　137

ここでの想定損益とは、各年度の帳簿上の利益または損失です。想定CFと同様、Excelの横軸を投資年数として、投資1年目から投資35年目までの推移を一覧化して表示しています。

　このモデルケースでは、投資1年目の想定損益となる「**F**」はやはり単年赤字となっていますが、その理由は図5-2-5の「**D**」と同じため、過度に気にする必要はありません（初年度経費の一部を取得価額に含めたことで、「**D**」よりは若干赤字幅が小さくなっています）。
　注目すべきは、やはり投資2年目の想定損益となる「**G**」ですが、図5-2-5の「**E**」と同様に単年黒字化しています。黒字化が単純に喜ばしい想定CFとは異なり、想定損益は課税根拠となります。すなわち、投資2年目以降は、早速税金がかかるということです。

　また、想定損益は、想定CFとは異なり、必ずしも投資2年目に最大化するとは限らないことに注意してください。
　損益計算での売上は、CF計算の収入と同様に経年で逓減しますが、費用は、毎年固定額となる支出と異なり、ある時期を境に急減します。支出には計上せず、費用にだけ計上する減価償却費には計上期間（償却年数）があり、減価償却費の費用計上がなくなると、その翌年度から費用が急減し、想定損益は急増するからです。

　理屈上は、減価償却費の費用計上がなくなる翌年度時点での売上減少幅が、それまで計上していた減価償却費よりも小さければ、投資2年目よりも想定損益が大きくなる可能性があります
　このモデルケースでは、図5-1-8の耐用年数から償却期間は31年と分かりますので、その翌年度の投資32年目となる「**H**」に着目します。投資32年目には、前年までの減価償却費513千円分の費用がなくなる一方、売上は投資2年目比324千円（1,058千円－734千円）の減少にとどまるため、投資32年目に利益が最大化するシミュレーション結果となっているのです。

不動産投資においては、「売上が下がれば税金も下がる」は必ずしも通用しないことを端的に示しているといえます。

■「借入なし」におけるデッドクロス

収益計算シミュレーションにおいて、デッドクロスの発生予測は非常に重要です。第1章でデッドクロスに触れた際、その要因として「借入金元本」「減価償却費」の関係をご説明しましたが、借入金元本が存在しない「借入なし」の場合でも、デッドクロスは発生するのでしょうか？

「雛形書式」では、図5-2-5「購入・賃貸時のCF計算シミュレーション」と、図5-2-6「損益計算シミュレーション」を比較して、「想定CF＜想定損益」となる年度を探すことで、デッドクロスの発生予測ができます。

このモデルケースでは、投資1年目のみ「想定CF＜想定損益」となったものの、投資2年目以降〜投資31年目（減価償却費の計上期間中）は「想定CF＞想定損益」が続き、投資32年目以降も「想定CF＝想定損益」とはなりますが、逆転は起こっていません（必要に応じて、巻末の全体画面も参照してください）。

投資1年目は、前述のとおり物件購入時の特殊事情によるもので、一過性かつ資金手当ても考慮済のため、デッドクロスが与える実務影響は限定的といえます。

特別な事情がなければ、「借入なし」では、デッドクロスの影響はほぼ発生しないことが分かります（但し、前述したように、減価償却費の費用計上がなくなることで、ある時期から急に税金が増えることにはなりますので、その点は注意してください）。

■試算結果の読み方（⑤CF計算シミュレーション（売却））

次は、試算結果シートの「⑤CF計算シミュレーション（売却）」をご説明しますので、次ページの図5-2-7を見てください。

図5-2-7 CF計算シミュレーション（売却）の画面キャプチャ

⑤CF計算シミュレーション（売却）

		1	2	3	4	5	30	31	32	33	34	35
投資年数	(年目)	1	2	3	4	5	30	31	32	33	34	35
築年数	(年目)	20	21	22	23	24	49	50	51	52	53	54
本人年齢	(歳)	45	46	47	48	49	74	75	76	77	78	79
配偶者年齢	(歳)	43	44	45	46	47	72	73	74	75	76	77
子供年齢(1人目)	(歳)	18	19	20	21	22	47	48	49	50	51	52
子供年齢(2人目)	(歳)											
収入	(千円)	18,000	18,000	18,000	18,000	18,000	18,000	18,000	18,000	18,000	18,000	18,000
売却価額	(千円)	18,000	18,000	18,000	18,000	18,000	18,000	18,000	18,000	18,000	18,000	18,000
支出	(千円)	660	660	660	660	660	660	660	660	660	660	660
売却時支出	(千円)	660	660	660	660	660	660	660	660	660	660	660
購入資金(借入金残債)	(千円)	0	0	0	0	0	0	0	0	0	0	0
想定CF（売却時点）	(千円)	17,340	17,340	17,340	17,340	17,340	17,340	17,340	17,340	17,340	17,340	17,340

　ここでの想定CFとは、「投資N年目にＸＸ円で売却」した場合の現金収支です。売却は一度限りのイベントですから、これまでの表とは異なり、時間軸に累計の概念はなく、各年度独立した計算結果を、便宜的に一覧表示しているものとご理解ください。

　収入欄には、図5-1-9「売却条件シート」で入力した売却想定価格が、支出欄には、同シートで入力した仲介手数料（売却時）と、自動計算された売却時点の借入金残債が、それぞれ表示されています。

　このモデルケースでは、「借入なし」のため借入金残債は常に0円のため、いつ売却しても想定CFは17,340千円と固定となります。

　売却時の想定CFでは、借入金残債が変動要素となりますので、後ほどご説明する「借入あり」のケースと比較してみてください。

■試算結果の読み方（⑥損益計算シミュレーション（売却））

　次は、試算結果シートの「⑥損益計算シミュレーション（売却）」をご説明しますので、次ページの図5-2-8を見てください。

　ここでの想定損益とは、「投資N年目にＸＸ円で売却」した場合の、帳簿上の利益または損失です。図5-2-7と同様、時間軸に累計の概念はなく、各年度独立した計算結果が一覧表示されています。

5-2 「借入なし」でのモデルケース分析

図5-2-8 損益計算シミュレーション（売却）の画面キャプチャ

⑥損益計算シミュレーション（売却）

投資年数	（年目）	1	2	3	4	5	30	31	32	33	34	35
築年数	（年目）	20	21	22	23	24	49	50	51	52	53	54
本人年齢	（歳）	45	46	47	48	49	74	75	76	77	78	79
配偶者年齢	（歳）	43	44	45	46	47	72	73	74	75	76	77
子供年齢(1人目)	（歳）	18	19	20	21	22	47	48	49	50	51	52
子供年齢(2人目)	（歳）											
売上	（千円）	18,000	18,000	18,000	18,000	18,000	18,000	18,000	18,000	18,000	18,000	18,000
売却価額	（千円）	18,000	18,000	18,000	18,000	18,000	18,000	18,000	18,000	18,000	18,000	18,000
費用	（千円）	20,873	20,360	19,847	19,334	18,821	5,997	5,842	5,842	5,842	5,842	5,842
取得費(売却時簿価)	（千円）	20,213	19,700	19,187	18,674	18,161	5,337	5,182	5,182	5,182	5,182	5,182
譲渡費用	（千円）	660	660	660	660	660	660	660	660	660	660	660
想定損益(売却時点)	（千円）	-2,873	-2,360	-1,847	-1,334	-821	12,003	12,159	12,159	12,159	12,159	12,159
						I			**J**				

　売上欄には、図5-1-9「売却条件シート」で入力した売却想定価格が、費用欄には同シートで入力した仲介手数料（売却時）と、図5-2-6「損益計算シミュレーション（購入・賃貸時）」の最下段で計算した建物等と土地の簿価の合計額が、「売却時簿価」として表示されています。

　この表のポイントは、売却時簿価です。第1章でもご説明のとおり、物件の簿価は、購入・賃貸時の損益計算で計上した減価償却費の分だけ、毎年減耗していきます。

　売上（＝売却価額）は固定なのに、簿価の減耗分ずつ費用は減少していくわけですから、売却時の想定損益は投資1年目が最小となり、売却時簿価の減耗が止まる（＝減価償却費の計上が終わる）時点まで、想定損益は拡大する構造となっているのです。

　このモデルケースでも、投資1年目の想定損益「**I**」は▲2,873千円と大幅マイナスでしたが、簿価減耗の止まる投資31年目まで損益は増加を続けていますね（投資32年目以降は、減価償却費の計上がなくなるため、想定損益「**J**」は固定化されます）。

　仮に同じ金額で物件を売却したとしても、「売却時期によって想定損益は大きく変わる＝税金が大きく変わる」ことを、この表から読み取ってください。

第5章　「借入」の影響を収益計算シミュレーションで数値化する　141

■試算結果の読み方（⑦不動産投資の「本当の儲け」）

　最後は、試算結果シートの「⑦不動産投資の本当の儲け」をご説明しますので、図5-2-9を見てください。

図5-2-9　不動産投資の「本当の儲け」の画面キャプチャ

⑦不動産投資の「本当の儲け」		1	2	3	14	15	34	35
投資年数	（年目）	1	2	3	14	15	34	35
築年数	（年目）	20	21	22	33	34	53	54
本人年齢	（歳）	45	46	47	58	59	78	79
配偶者年齢	（歳）	43	44	45	56	57	76	77
子供年齢(1人目)	（歳）	18	19	20	31	32	51	52
子供年齢(2人目)	（歳）							
購入・賃貸時								
給与収入	（千円）	8,000	8,000	8,000	8,000	8,000	8,000	8,000
課税所得金額(給与のみ)	（千円）	4,620	4,620	4,620	4,620	4,620	4,620	4,620
所得税・住民税合算税率(給与のみ)	（千円）	30.42%	30.42%	30.42%	30.42%	30.42%	30.42%	30.42%
所得税・住民税合算税額(給与のみ) (イ)	（千円）	969	969	969	969	969	969	969
不動産投資の想定CF(単年)	（千円）	−608	697	686	567	556	351	340
不動産投資の想定損益(単年)	（千円）	−395	184	173	54	43	351	340
課税総所得金額	（千円）	4,225	4,804	4,793	4,674	4,663	4,971	4,960
所得税・住民税合算税率	（千円）	30.42%	30.42%	30.42%	30.42%	30.42%	30.42%	30.42%
所得税・住民税合算控除額	（千円）	436	436	436	436	436	436	436
所得税・住民税合算税額 (ロ)	（千円）	849	1,025	1,022	985	982	1,076	1,072
所得税・住民税合算税額(不動産投資のみ) (ハ)	（千円）	−120	56	53	16	13	107	104 K
不動産投資の「本当の儲け」(単年)	（千円）	−488	641	633	551	543	244	237
不動産投資の「本当の儲け」(累積)	（千円）	−488	153	786	7,256	7,800	16,223	16,460 L
売却時								
不動産投資の想定CF	（千円）	17,340	17,340	17,340	17,340	17,340	17,340	17,340
不動産投資の想定損益	（千円）	−2,873	−2,360	−1,847	3,796	4,309	12,159	12,159
所得税・住民税合算税率	（千円）	39.63%	39.63%	39.63%	20.32%	20.32%	20.32%	20.32%
所得税・住民税合算税金額	（千円）	0	0	0	771	875	2,470	2,470
不動産投資の「本当の儲け」	（千円）	17,340	17,340	17,340	16,5 M 16,465		14,870	14,870
不動産投資の「本当の儲け」(TOTAL)	（千円）	16,852	17,493	18,126	23,825	24,264	31,093	31,330

　この表では、これまでの各入力値・自動計算を集約して、不動産投資の税引き後の現金収支である「本当の儲け」を表示しています。いわば、収益計算シミュレーションの総括です。

　購入・賃貸時の欄では、サラリーマン大家・公務員大家を想定して、図5-1-10「税金シート」で入力した給与収入に応じた不動産投資に対する実質的な税金を計算し、それを各年度の想定CFから引くことで、不動産投資の「本当の儲け」を計算しています。

　計算の流れは次のとおりです（詳細は、第1章および第3章を参照してください）。

5-2 「借入なし」でのモデルケース分析

不動産投資の「本当の儲け」を計算する流れ（購入・賃貸時）

・「給与収入のみ」での税額（イ）を計算

　　　↓

・「給与収入＋不動産投資」での税額（ロ）を計算

　　　↓

・税額（ロ）から税額（イ）を引いた金額を、不動産投資の実質的な税額（ハ）と定義

　　　↓

・各年度の想定CFから、税額（ハ）を引いた金額を「本当の儲け」として計算

　また、売却時の欄では、物件の所有期間に応じた税率により税額を計算し、それを各年度の想定CFから引くことで、不動産投資の「本当の儲け」を計算しています。

　ここで使用する税率は次のとおりですが、選択肢が2つのため引数は使わず、「5年目までの売却は39.63％、それ以外は20.315％」の式をIF関数でシンプルに計算する仕様としています。

売却時の税率

・**短期譲渡所得（所有期間が5年以下の場合）**

　39.63％（所得税30％＋復興特別所得税0.63％＋住民税9％）

・**長期譲渡所得（所有期間が5年超の場合）**

　20.315％（所得税15％＋復興特別所得税0.315％＋住民税5％）

　※所有期間の判定は、売却した年の1月1日現在でその不動産を所有していた期間による

　そして、最下段「不動産投資の本当の儲け（TOTAL）」こそが第1章でご説明した「購入・賃貸時の本当の儲けの売却時点までの累計」と、

第5章 「借入」の影響を収益計算シミュレーションで数値化する　143

「売却時の本当の儲け」の合計額となります。

収益計算シミュレーションにおける、最終的な「本当の儲け」

- **購入・賃貸時の「本当の儲け」**

  本当の儲け＝現金収支－税金

- **売却時の「本当の儲け」**

  本当の儲け＝現金収支－税金

- **収益計算全体の「本当の儲け」**

  本当の儲け＝購入・賃貸時の「本当の儲け」の<u>売却時点までの累計</u>＋売却時の「本当の儲け」の総額

■モデルケース「借入なし」の分析

では、全ての表を俯瞰して、改めてこのモデルケースの収益計算シミュレーションの結果を分析してみましょう。

設定では、自己資金2,500万円のうち実際に2,132万円を投下したため、購入後の自己資金余力は心許ない状況になっていました。また、当面は家計赤字との設定でしたので、有事の際にも、不動産投資への赤字補填（追加での自己資金投下）は厳しいと推定して、まずは資金ショートの観点から確認します。

図5-2-9の「 K 」を見てください。購入・賃貸時の「本当の儲け」は、収入の減少ペースや減価償却費の費用計上終了後の税金増加を含めても、投資2年目からシミュレーション最終年度の投資35年目まで、ずっと単年黒字が確保できる見通しです。借入返済がないことで、収入と支出の差額に余裕があるためで、これであれば、資金ショートのリスクは小さいと判断できそうですね。

次に、運用成果・運用効率の観点を見ていきましょう。

再度、図5-2-9の「L」を見ると、購入・賃貸時の「本当の儲け」は、シミュレーション最終年度に累計1,646万円とありますので、購入時の投下自己資金を回収できない見通しです。つまり、このモデルケースでは、投資35年目までに、投下自己資金の分割回収が終わらず、運用成果を狙うには、投資36年目以降の超長期での運用を前提とするか、途中で売却して利益確定する必要があるということです。

その前提で、図5-2-9での売却を含めた「本当の儲け（TOTAL）」を見てみましょう。売却時の「本当の儲け」は、物件簿価の減耗によって税金が年々増える影響で少しずつ低下しますが、購入・賃貸時の「本当の儲け」がそれ以上のペースで増加するため、「本当の儲け（TOTAL）」は年々拡大しています。

モデルケースの売却設定である投資15年目の「M」では、「本当の儲け（TOTAL）」は2,426万円となっていますので、売却を含むトータルでは投下自己資金の回収はできる見通しと分かりました。

運用成果・運用効率としては、15年間で294万円（2,426万円 − 2,132万円）、単純計算で1年あたり約20万円の「本当の儲け」が期待できるシミュレーション結果ということです。

資金ショートのリスク

・購入後の自己資金余力は心許ないが、投資2年目〜35年目までは、「本当の儲け」ベースで、単年黒字の見通し

　⇒有事の際の資金ショートリスクは小さいと判断できる！

運用成果・運用効率

・投資35年目までの購入・賃貸時の「本当の儲け」では、投下自己資金を回収できず、資産運用としての成果はない

　⇒投資15年目に想定条件で売却できれば、売却を含む「本当の儲け」のトータルでは、15年間で294万円の運用成果が期待できる！

このモデルケースでは他にも、売却想定価格を楽観シナリオ・リスク
シナリオの金額に変えてシミュレーションし、運用成果の期待値のブレ
幅を確認しても、投資判断の参考になりそうです。

　5-3からは、「借入あり」のモデルケースを、いくつかの異なる条件
でシミュレーションしていきます。借入の有無やその条件が、シミュ
レーションにどのように影響するのか、じっくり比較してみましょう。

5-3 「借入あり（金額:大、期間:長、金利:高）」のモデルケース分析

■比較用ファイルの作成

ここからは、「借入」を活用した不動産投資について、異なる借入条件をモデルケースに使い、それぞれのシミュレーション結果を比較分析していきます。

本章の冒頭でもご説明しましたが、「借入あり」の組み合わせは、理屈上は図5-3-1の計8パターンに分けられます。本書では、このうち、特にその特徴が顕著となる、「金額：大、期間：長、金利：高」「金額：小、期間：短、金利：低」の2パターンを比較してご説明していきます。

まずは、少し前まで主流であった「金額：大、期間：長、金利：高」をモデルケースです。

図5-3-1 「借入」の組み合わせ9パターン」(再掲)

先ほどと同様、マスタファイルでブランクとした各項目に、次の値を入力してください。入力後は、ファイル名を『比較（借入あり1）』などとして別保存しておきましょう。

「借入あり1」での入力値

・購入条件シート

「借入予定金額」：2,000万円

「司法書士報酬」「金融機関手数料」：各15万円

「登録免許税（抵当権設定）」：8万円

「印紙税（借入）」：2万円　※自動で計算されます

・借入シート

「借入予定金額」：2,000万円　※自動で計算されます

「借入予定期間」：420ヵ月

「借入想定金利」：4%

　入力後の画面キャプチャは、図5-3-2、5-3-3のとおりです（網掛け太字部分がマスタファイルとの差分です）。

図5-3-2　購入条件シートの画面キャプチャ

2.購入条件に関する情報を入力します。

購入資金		入力欄	備考
	投下可能自己資金	25,000,000 円	
	借入予定金額	**20,000,000** 円	
取得時税金(初年度費用に計上)		入力欄	備考
	登録免許税(所有権移転/土地)	40,000 円	見積額　or　固定資産税評価額(土地分)×2%
	登録免許税(所有権移転/建物)	160,000 円	見積額　or　固定資産税評価額(建物分)×2%
	登録免許税(抵当権設定)	**80,000** 円	見積額　or　抵当権設定額×0.4%
	【自動】印紙税(売買)	20,000 円	物件価格50万円超、10億円以下は自動反映
	【自動】印紙税(借入)	**20,000** 円	物件価格50万円超、10億円以下は自動反映
	印紙税(その他)	円	
	不動産取得税(土地分)	30,000 円	見積額　or　固定資産税評価額(土地分)×1/2×3%
	不動産取得税(建物分)	240,000 円	見積額　or　固定資産税評価額(建物分)×3%
	(その他)	円	
取得時支出(取得価額に合算)		入力欄	備考
	仲介手数料(購入時)	726,000 円	見積額　or　物件価格ごとの上限仲介手数料
	固都税精算金(購入時)	円	
	(その他)	円	
取得時支出(初年度費用に計上)		入力欄	備考
	司法書士報酬	**150,000** 円	
	金融機関手数料	**150,000** 円	
	(その他)	円	
	(その他)	円	

結果シート用パラメータ	
【自動】投下可能自己資金	25,000,000 円
【自動】借入予定金額	20,000,000 円
【自動】取得時支出(取得価額)	726,000 円
【自動】取得時支出(初年度費用)	890,000 円

図5-3-3 借入シートの画面キャプチャ

借入計画		入力欄												
【自動】借入予定金額		20,000,000 円												
借入予定期間		420 ヵ月												
借入想定金利		4.00%												

結果シート用パラメータ														
【自動】返済年数	1	2	3	4	5	6	7	8	9	10	32	33	34	35
【自動】借入返済額	1,063	1,063	1,063	1,063	1,063	1,063	1,063	1,063	1,063	1,063	1,063	1,063	1,063	1,063
うち、元本分	268	278	290	302	314	327	340	354	368	383	923	960	999	1,040
うち、金利分	795	784	773	761	749	736	723	709	694	679	140	103	63	23

■試算結果の読み方（①物件名称／②購入条件）

各表の基本的な読み方は、「借入なし」のモデルケースでご説明しましたので、ここからは論点だけをご説明していきます。

まずは、図5-2-4「①物件名称」「②購入条件」を見てください。

図5-3-4 試算結果シート①②の画面キャプチャ

このモデルケースは、物件価格2,000万円に対して2,000万円全額を借入により調達する、いわゆるフルローンの条件です（自己資金は、取得時諸経費分にのみ投下）。

そのため、先ほどの「借入なし」とは対照的に、購入後の自己資金余力は2,338万円と潤沢に残る計算です。

■試算結果の読み方(③④CF計算・損益計算シミュレーション(購入・賃貸))

　次は、購入・賃貸時のCF計算と損益計算のシミュレーションを並べて確認します。

図5-3-5　CF計算シミュレーション(購入・賃貸)の画面キャプチャ

③CF計算シミュレーション(購入・賃貸)

投資年数	(年目)	1	2	3	17	18	19	31	32	33	合計
築年数	(年目)	20	21	22	36	37	38	50	51	52	
本人年齢	(歳)	45	46	47	61	62	63	75	76	77	
配偶者年齢	(歳)	43	44	45	59	60	61	73	74	75	
子供年齢(1人目)	(歳)	18	19	20	34	35	36	48	49	50	
子供年齢(2人目)	(歳)										
収入		1,069	1,058	1,048	896	886	875	745	734	724	30,996
満室時家賃	(年額/千円)	1,080	1,080	1,080	1,080	1,080	1,080	1,080	1,080	1,080	37,800
礼金・更新料	(年額/千円)	51	51	51	51	51	51	51	51	51	1,800
(空室期間相当額)	(年額/千円)	-51	-51	-51	-51	-51	-51	-51	-51	-51	-1,800
(家賃下落相当額)	(年額/千円)	-11	-22	-32	-184	-194	-205	-335	-346	-356	-6,804
支出		3,040	1,424	1,424	1,424	1,424	1,424	1,424	1,424	1,424	51,467
固定運営費(税金・保険料)	(年額/千円)	55	55	55	55	55	55	55	55	55	1,925
固定運営費(税金・保険料以外)	(年額/千円)	240	240	240	240	240	240	240	240	240	8,400
入居者変更時諸経費・修繕費	(年額/千円)	67	67	67	67	67	67	67	67	67	2,333
借入返済	(年額/千円)	1,063	1,063	1,063	1,063	1,063	1,063	1,063	1,063	1,063	37,193
元本返済分	(年額/千円)	268	278	290	507	527	549	886	923	960	20,000
金利返済分	(年額/千円)	795	784	773	556	535	514	176	140	103	17,193
初年度支出	(年額/千円)	1,616	0	0	0	0	0	0	0	0	1,616
想定CF(単年)	(千円)	-1,971	-366	-377	-528	-539	-550	-679	-690	-701	-20,471
想定CF(累積)	(千円)	-1,971	-2,337	-2,714	-9,122	-9,661	-10,210	-17,647	-18,337	-19,038	
<参考>借入金残債(年度末時点)	(千円)	19,732	19,454	19,164	13,620	13,092	12,543	3,922	2,999	2,039	

図5-3-6　損益計算シミュレーション(購入・賃貸)の画面キャプチャ

④損益計算シミュレーション(購入・賃貸)

投資年数	(年目)	1	2	3	17	18	19	31	32	33	合計
築年数	(年目)	20	21	22	36	37	38	50	51	52	
本人年齢	(歳)	45	46	47	61	62	63	75	76	77	
配偶者年齢	(歳)	43	44	45	59	60	61	73	74	75	
子供年齢(1人目)	(歳)	18	19	20	34	35	36	48	49	50	
子供年齢(2人目)	(歳)										
売上		1,069	1,058	1,048	896	886	875	745	734	724	30,996
満室時家賃	(年額/千円)	1,080	1,080	1,080	1,080	1,080	1,080	1,080	1,080	1,080	37,800
礼金・更新料	(年額/千円)	51	51	51	51	51	51	51	51	51	1,800
(空室期間相当額)	(年額/千円)	-51	-51	-51	-51	-51	-51	-51	-51	-51	-1,800
(家賃下落相当額)	(年額/千円)	-11	-22	-32	-184	-194	-205	-335	-346	-356	-6,804
費用		2,560	1,659	1,648	1,430	1,410	1,388	1,051	502	464	46,643
固定運営費(税金・保険料)	(年額/千円)	55	55	55	55	55	55	55	55	55	1,925
固定運営費(税金・保険料以外)	(年額/千円)	240	240	240	240	240	240	240	240	240	8,400
入居者変更時諸経費・修繕費	(年額/千円)	67	67	67	67	67	67	67	67	67	2,333
借入金利子	(年額/千円)	795	784	773	556	535	514	176	140	103	17,193
減価償却費	(年額/千円)	513	513	513	513	513	513	513	0	0	15,902
初年度費用	(年額/千円)	890	0	0	0	0	0	0	0	0	1,616
想定損益(単年)	(千円)	-1,491	-600	-600	-534	-524	-514	-306	233	259	-15,647
想定損益(累積)	(千円)	-1,491	-2,091	-2,691	-10,736	-11,260	-11,774	-16,745	-16,512	-16,253	
<参考>簿価(建物等の分/年度末時点)	(千円)	15,032	14,519	14,006	6,824	6,311	5,798	0	0	0	
<参考>簿価(土地の分/年度末時点)	(千円)	5,182	5,182	5,182	5,182	5,182	5,182	5,182	5,182	5,182	

まずは、図5-3-5の借入返済額を見てください。投資1年目の借入返済額「N」は、返済期間が35年と長期とはいえ、フルローン・高金利が響いて年間1,063千円にも及びます。これは、投資2年目の収入合計額「O」を上回る金額で、元利均等返済では返済が終了する投資35年目まで、毎年の固定費として支払いが続きます。

これまでにご説明したとおり、物件の経年劣化により家賃等の収入は逓減していきますので、投資2年目〜投資35年目までの間、想定CFは単年赤字が続き、さらにはその赤字幅を年々拡大する見通しです

次に、図5-3-5と図5-3-6を比較します。図5-3-5の想定CF（単年）「P」と、図5-3-6の想定損益（単年）「Q」を比べると、当初こそ「想定CF＞想定損益」の状態でしたが、年々その差分は縮小し、投資18年目には「想定CF＜想定損益」に不等式が逆転してデッドクロスが発生しています。さらに、減価償却費の終わる投資32年目を境に、その差分は急拡大し、想定CFは大幅赤字にも関わらず、想定損益は黒字になる見通しです。

手元の現金収支はマイナスなのに、利益が出ているとみなされて税金が課税されてしまう、ダブルパンチの状況です。なぜ、このような状況になってしまうのでしょうか？

■デッドクロス発生のメカニズム

繰り返しの説明ではありますが、デッドクロスは収益計算において、支出しているのに費用計上できない「借入金元本」と、支出していないのに費用計上できる「減価償却費」のバランスが崩れることにより、「想定CF＜想定損益」となることで顕在化します。

デッドクロス発生のメカニズム

・**借入金元本**

実際に支出はしているが、費用計上はできない。

⇒ 「想定CF＜想定損益」の要因となる（デッドクロスを招く危険）

・**減価償却費**

実際の支出はないが、費用計上はできる。

⇒ 「想定CF＞想定損益」の要因となる（デッドクロスとは逆方向に作用）

∴ 借入金元本と減価償却費のバランスが、デッドクロス発生のポイント

　もう一度、図5-3-5の「P」と図5-3-6の「Q」の推移を見てください。このモデルケースでは、2つの注目すべきタイミングがあります。

　1つ目は、投資18年目です。第1章でもご説明しましたが、元利均等返済では返済が進むほどに元本返済分が増える商品設計です。投資18年目を分岐点として、借入金元本の返済額が毎年固定額を費用計上する減価償却費を上回り、デッドクロスが初めて発生しました。

　2つ目は、投資32年目です。固定資産の償却期間よりも借入期間を長くしたことで、元本返済分が最大化する返済終盤に、減価償却費の費用計上がなくなってしまい、デッドクロスの差分が急拡大しています。

　デッドクロス発生・拡大のタイミングとして、この2つを意識するようにしてください。

■試算結果の読み方（⑤⑥CF計算・損益計算シミュレーション（売却））

　次は、売却時のCF計算と損益計算のシミュレーションを並べて確認します。

5-3 「借入あり（金額：大、期間：長、金利：高）」のモデルケース分析

図5-3-7 CF計算シミュレーション（売却）の画面キャプチャ

⑤CF計算シミュレーション（売却）

		1	2	3	4	5		30	31	32	33	34	35
投資年数	（年目）	1	2	3	4	5		30	31	32	33	34	35
築年数	（年目）	20	21	22	23	24		49	50	51	52	53	54
本人年齢	（歳）	45	46	47	48	49		74	75	76	77	78	79
配偶者年齢	（歳）	43	44	45	46	47		72	73	74	75	76	77
子供年齢(1人目)	（歳）	18	19	20	21	22		47	48	49	50	51	52
子供年齢(2人目)	（歳）												
収入	（千円）	18,000	18,000	18,000	18,000	18,000		18,000	18,000	18,000	18,000	18,000	18,000
売却価額	（千円）	18,000	18,000	18,000	18,000	18,000		18,000	18,000	18,000	18,000	18,000	18,000
支出	（千円）	20,392	20,114	19,824	19,523	19,209		5,468	4,582	3,659	2,699	1,700	660
売却時支出	（千円）	660	660	660	660	660		660	660	660	660	660	660
購入資金(借入金残債)	（千円）	19,732	19,454	19,164	18,863	18,549		4,808	3,922	2,999	2,039	1,040	0
想定CF（売却時点）	（千円）	-2,392	-2,114	-1,824	-1,523	-1,209		12,532	13,418	14,341	15,301	16,300	17,340

図5-3-8 損益計算シミュレーション（売却）の画面キャプチャ

⑥損益計算シミュレーション（売却）

		1	2	3	4	5		30	31	32	33	34	35
投資年数	（年目）	1	2	3	4	5		30	31	32	33	34	35
築年数	（年目）	20	21	22	23	24		49	50	51	52	53	54
本人年齢	（歳）	45	46	47	48	49		74	75	76	77	78	79
配偶者年齢	（歳）	43	44	45	46	47		72	73	74	75	76	77
子供年齢(1人目)	（歳）	18	19	20	21	22		47	48	49	50	51	52
子供年齢(2人目)	（歳）												
売上	（千円）	18,000	18,000	18,000	18,000	18,000		18,000	18,000	18,000	18,000	18,000	18,000
売却価額	（千円）	18,000	18,000	18,000	18,000	18,000		18,000	18,000	18,000	18,000	18,000	18,000
費用	（千円）	20,873	20,360	19,847	19,334	18,821		5,997	5,842	5,842	5,842	5,842	5,842
取得費(売却時簿価)	（千円）	20,213	19,700	19,187	18,674	18,161		5,337	5,182	5,182	5,182	5,182	5,182
譲渡費用	（千円）	660	660	660	660	660		660	660	660	660	660	660
想定損益（売却時点）	（千円）	-2,873	-2,360	-1,847	-1,334	-821		12,003	12,159	12,159	12,159	12,159	12,159

　図5-3-7を見てください。先ほど、「借入なし」のモデルケースで確認した図5-2-7とは異なり、借入金残債は年々減っていくため、同じ金額で売却できれば想定CFは年々良化します。

　続いて、図5-3-8を見てください。実は、この表の数字は、先ほどの「借入なし」のモデルケース図5-2-8と全く同じ数字です。

　売却時の想定損益を計算するうえでは、借入の有無は影響しないということです。

■モデルケース「借入あり（金額：大、期間：長、金利：高）」 の分析

　最後は、不動産投資の「本当の儲け」を確認しますので、次ページの図5-3-9を見てください。

第5章 「借入」の影響を収益計算シミュレーションで数値化する　153

図5-3-9 不動産投資の「本当の儲け」の画面キャプチャ

⑦不動産投資の「本当の儲け」

投資年数	(年目)	1	2	3	7	8	9	33	34	35
築年数	(年目)	20	21	22	26	27	28	52	53	54
本人年齢	(歳)	45	46	47	51	52	53	77	78	79
配偶者年齢(1人目)	(歳)	43	44	45	49	50	51	75	76	77
子供年齢(1人目)	(歳)	18	19	20	24	25	26	50	51	52
子供年齢(2人目)	(歳)									
購入・賃貸時										
給与収入	(千円)	8,000	8,000	8,000	8,000	8,000	8,000	8,000	8,000	8,000
課税所得金額(給与のみ)	(千円)	4,620	4,620	4,620	4,620	4,620	4,620	4,620	4,620	4,620
所得税・住民税合算税率(給与のみ)	(千円)	30.42%	30.42%	30.42%	30.42%	30.42%	30.42%	30.42%	30.42%	30.42%
所得税・住民税合算税額(給与のみ)	(千円)	969	969	969	969	969	969	969	969	969
不動産投資の想定CF(単年)	(千円)	-1,971	-366	-377	-420	-431	-442	-701	-712	-722
不動産投資の想定損益(単年)	(千円)	-1,491	-600	-600	-593	-590	-586	259	288	318
課税所得金額	(千円)	3,129	4,020	4,020	4,027	4,030	4,034	4,879	4,908	4,938
所得税・住民税合算税率	(千円)	20.21%	30.42%	30.42%	30.42%	30.42%	30.42%	30.42%	30.42%	30.42%
所得税・住民税合算控除額	(千円)	100	436	436	436	436	436	436	436	436
所得税・住民税合算税額	(千円)	533	786	786	789	789	791	1,048	1,056	1,066
所得税・住民税合算税額(不動産投資のみ)	(千円)	-436	-183	-182	-180	-179	-178	79	88	97
不動産投資の「本当の儲け」(単年)	(千円)	-1,535	-183	-194	-240	-251	-263	-780	-7 [R]	-819
不動産投資の「本当の儲け」(累積)	(千円)	-1,535	-1,718	-1,913	-2,802	-3,053	-3,317	-14,111	-14,910	-15,729
売却時	(千円)									
不動産投資の想定CF	(千円)	-2,392	-2,114	-1,824	-542	-188	180	15,301	16,300	17,340
不動産投資の想定損益	(千円)	-2,873	-2,360	-1,847	205	718	1,231	12,159	12,159	12,159
所得税・住民税合算税率	(千円)	39.63%	39.63%	39.63%	20.32%	20.32%	20.32%	20.32%	20.32%	20.32%
所得税・住民税合算税額	(千円)	0	0	0	42	146	250	2,470	2,470	2,470
不動産投資の「本当の儲け」	(千円)	-2,392	-2,114	-1,824	-584	-334	-70	12,831	13,8 [S]	14,870
不動産投資の「本当の儲け」(TOTAL)	(千円)	-3,928	-3,832	-3,737	-3,386	-3,388	-3,387	-1,280	-1,080	-859

　では、このモデルケースの全ての表を俯瞰して、収益計算シミュレーションの結果を分析してみましょう。

　設定では、自己資金2,500万円のうち、実際の投下額は取得時諸経費の約161万円だけで、自己資金の大半を温存してレバレッジ効果に期待する作戦でした。当面は不動産投資への赤字補填は厳しいという設定もありましたが、自己資金がほぼ丸々温存できていますので、短期的な資金ショートは心配しなくて大丈夫でしょう。

　問題は、運用成果・運用効率の観点です。図5-3-9で、購入・賃貸時の「本当の儲け（累計）」のシミュレーション最終年度「R」を見ると、▲1,573万円の赤字です（「雛形書式」では、損益赤字分は税還付を受けた前提で計算しています）。

　第1章でもご説明したとおり、レバレッジ効果の源泉は「手取り家賃収入＞借入返済額」の差額です。今回は収入額に対して借入金額が大きすぎたため、35年という長期間前提でも、レバレッジ効果どころか、せっかく温存した自己資金で毎年の赤字を補填する事態に陥ってしま

い、自己資金の回収は難しい見通しとなりました。

　では、売却を含めて考えるとどうでしょうか？

　物件の簿価減耗による売却時の税金増よりも、借入金元本の返済ペースが勝るため、売却時の「本当の儲け」は年々良化していきます。しかし、購入・賃貸時の累計赤字はそれ以上に大きく、シミュレーション最終年度の「本当の儲け（TOTAL）」である「Ｓ」でも▲86万円で、累積赤字の解消には至りません。

　35年・フルローンといえば、少し前まで、多くの不動産投資家にとって高金利でも借りたい垂涎の条件でしたが、条件次第では、何のレバレッジ効果も生まないこともある事例として、このモデルケースを採用いたしました。

5-4 「借入あり（金額：小、期間：短、金利：低）」のモデルケース分析

■比較用ファイルの作成

　モデルケース比較の最後として、図5-4-1の組み合わせのうち、先ほどと対極なパターンである、「金額：小、期間：短、金利：低」のモデルケースを比較分析していきます（少し前までは、日本政策金融公庫からの融資がこのパターンの典型でしたが、近年では一般の金融機関でもこのパターンの融資商品が増えているようです）。

図5-4-1 「借入」の組み合わせ9パターン」（再掲）

借入有無	借入予定金額	借入予定期間	借入想定金利		
なし				=	1パターン
あり	大／小	× 長／短	× 高／低	=	8パターン

　先ほどと同様、マスタファイルでブランクとした各項目に、以下の値を入力してください。入力後は、ファイル名を『比較（借入あり2）』などとして別保存しておきましょう。

「借入あり2」での入力値

・購入条件シート
「借入予定金額」：1,000万円

> 「司法書士報酬」「金融機関手数料」：各15万円
>
> 「登録免許税（抵当権設定）」：4万円
>
> 「印紙税（借入）」：1万円　※自動で計算されます
>
> **・借入シート**
>
> 「借入予定金額」：1,000万円　※自動で計算されます
>
> 「借入予定期間」：20年
>
> 「借入想定金利」：1％

　入力後の画面キャプチャは、図5-4-2、5-4-3のとおりです（網掛け太字部分がマスタファイルとの差分です）。

図5-4-2　購入条件シートの画面キャプチャ

2.購入条件に関する情報を入力します。

購入資金	入力欄	備考
投下可能自己資金	25,000,000 円	
借入予定金額	10,000,000 円	

取得時税金(初年度費用に計上)	入力欄	備考
登録免許税(所有権移転/土地)	40,000 円	見積額 or 固定資産税評価額(土地分)×2%
登録免許税(所有権移転/建物)	160,000 円	見積額 or 固定資産税評価額(建物分)×2%
登録免許税(抵当権設定)	40,000 円	見積額 or 抵当権設定額×0.4%
【自動】印紙税(売買)	20,000 円	物件価格50万円超、10億円以下は自動反映
【自動】印紙税(借入)	10,000 円	物件価格50万円超、10億円以下は自動反映
印紙税(その他)	円	
不動産取得税(土地分)	30,000 円	見積額 or 固定資産税評価額(土地分)×1/2×3%
不動産取得税(建物分)	240,000 円	見積額 or 固定資産税評価額(建物分)×3%
(その他)	円	

取得時支出(取得価額に合算)	入力欄	備考
仲介手数料(購入時)	726,000 円	見積額 or 物件価格ごとの上限仲介手数料
固都税精算金(購入時)	円	
(その他)	円	

取得時支出(初年度費用に計上)	入力欄	備考
司法書士報酬	150,000 円	
金融機関手数料	150,000 円	
(その他)	円	
(その他)	円	

結果シート用パラメータ	
【自動】投下可能自己資金	25,000,000 円
【自動】借入予定金額	10,000,000 円
【自動】取得時支出(取得価額)	726,000 円
【自動】取得時支出(初年度費用)	840,000 円

図5-4-3　借入シートの画面キャプチャ

5.借入に関する情報を入力します。

借入計画	入力欄	
【自動】借入予定金額	10,000,000	円
借入予定期間	240	ヵ月
借入想定金利	1.00%	

結果シート用パラメータ	1	2	3	4	5	6	7	8	9	10	32	33	34	35
【自動】返済年数														
【自動】借入返済額	552	552	552	552	552	552	552	552	552	552	#NUM!	#NUM!	#NUM!	#NUM!
うち、元本分	454	459	463	468	472	477	482	487	492	497	#NUM!	#NUM!	#NUM!	#NUM!
うち、金利分	98	93	89	84	79	75	70	65	60	55	#NUM!	#NUM!	#NUM!	#NUM!

■試算結果の読み方（③④CF計算・損益計算シミュレーション（購入・賃貸））

　試算結果シート①②は、新たに特筆すべき点がないため説明は割愛します（画面キャプチャだけは貼っておきます）。

　購入・賃貸時のCF計算と損益計算のシミュレーションから確認していきましょう。

図5-4-4　試算結果シート①②の画面キャプチャ

①物件名称

中川ハイツ101号室

②購入条件

必要購入資金	21,566,000 円
物件価格	20,000,000 円
取得時支出（取得価額）	726,000 円
取得時支出・費用（初年度計上）	840,000 円
購入資金	35,000,000 円
投下可能自己資金	25,000,000 円
借入予定金額	10,000,000 円
購入後の自己資金余力	13,434,000 円

<<参考情報>>

表面利回り	5.4%
実質利回り	4.2%

5-4 「借入あり（金額：小、 期間：短、 金利：低）」のモデルケース分析

図5-4-5 CF計算シミュレーション（購入・賃貸）の画面キャプチャ

③CF計算シミュレーション（購入・賃貸）

		1	2	13	14	15	16	20	21	22	34	35	合計
投資年数	(年目)	1	2	13	14	15	16	20	21	22	34	35	
築年数	(年目)	20	21	32	33	34	35	39	40	41	53	54	
本人年齢	(歳)	45	46	57	58	59	60	64	65	66	78	79	
配偶者年齢	(歳)	43	44	55	56	57	58	62	63	64	76	77	
子供年齢(1人目)	(歳)	18	19	30	31	32	33	37	38	39	51	52	
子供年齢(2人目)	(歳)												
収入		1,069	1,058	940	929	918	907	864	853	842	713	702	30,996
満室時家賃	(年額/千円)	1,080	1,080	1,080	1,080	1,080	1,080	1,080	1,080	1,080	1,080	1,080	37,800
礼金・更新料	(年額/千円)	51	51	51	51	51	51	51	51	51	51	51	1,800
(空室期間相当額)	(年額/千円)	-51	-51	-51	-51	-51	-51	-51	-51	-51	-51	-51	-1,800
(家賃下落相当額)	(年額/千円)	-11	-22	-140	-151	-162	-173	-216	-227	-238	-367	-378	-6,804
支出		2,480	914	914	914	914	914	914	362	362	362	362	25,262
固定運営費(税金・保険料)	(年額/千円)	55	55	55	55	55	55	55	55	55	55	55	1,925
固定運営費(税金・保険料以外)	(年額/千円)	240	240	240	240	240	240	240	240	240	240	240	8,400
入居者変更時諸経費・修繕費	(年額/千円)	67	67	67	67	67	67	67	67	67	67	67	2,333
借入返済	(年額/千円)	552	552	552	552	552	552	552	0	0	0	0	11,037
元本返済分	(年額/千円)	454	459	512	517	522	527	549	0	0	0	0	10,000
金利返済分	(年額/千円)	98	93	40	35	30	24	3	0	0	0	0	1,037
初年度支出	(年額/千円)	1,566	0	0	0	0	0	0	0	0	0	0	1,566
想定CF（単年）	(千円)	-1,410	145	26	15	4	-6	-50	492	481	351	340	5,734
想定CF（累積）	(千円)	-1,410	-1,265	-385	-370	-365	-371	-505	-13	467	5,394	5,734	
<参考>借入金残債(年度末時点)	(千円)	9,546	9,088	3,730	3,213	2,690	2,163	0	0	0	0	0	

図5-4-6 損益計算シミュレーション（購入・賃貸）の画面キャプチャ

④損益計算シミュレーション（購入・賃貸）

		1	2	13	14	15	16	20	21	22	34	35	合計
投資年数	(年目)	1	2	13	14	15	16	20	21	22	34	35	
築年数	(年目)	20	21	32	33	34	35	39	40	41	53	54	
本人年齢	(歳)	45	46	57	58	59	60	64	65	66	78	79	
配偶者年齢	(歳)	43	44	55	56	57	58	62	63	64	76	77	
子供年齢(1人目)	(歳)	18	19	30	31	32	33	37	38	39	51	52	
子供年齢(2人目)	(歳)												
売上		1,069	1,058	940	929	918	907	864	853	842	713	702	30,996
満室時家賃	(年額/千円)	1,080	1,080	1,080	1,080	1,080	1,080	1,080	1,080	1,080	1,080	1,080	37,800
礼金・更新料	(年額/千円)	51	51	51	51	51	51	51	51	51	51	51	1,800
(空室期間相当額)	(年額/千円)	-51	-51	-51	-51	-51	-51	-51	-51	-51	-51	-51	-1,800
(家賃下落相当額)	(年額/千円)	-11	-22	-140	-151	-162	-173	-216	-227	-238	-367	-378	-6,804
費用		1,813	968	915	910	904	899	878	875	875	362	362	30,438
固定運営費(税金・保険料)	(年額/千円)	55	55	55	55	55	55	55	55	55	55	56	1,925
固定運営費(税金・保険料以外)	(年額/千円)	240	240	240	240	240	240	240	240	240	240	240	8,400
入居者変更時諸経費・修繕費	(年額/千円)	67	67	67	67	67	67	67	67	67	67	67	2,333
借入金利子	(年額/千円)	98	93	40	35	30	24	3	0	0	0	0	1,037
減価償却費	(年額/千円)	513	513	513	513	513	513	513	513	513	0	0	15,902
初年度費用	(年額/千円)	840	0	0	0	0	0	0	0	0	0	0	1,566
想定損益（単年）	(千円)	-743	90	25	19	14	8	-14	-21	-32	351	340	558
想定損益（累積）	(千円)	-743	-653	-57	-38	-24	-16	-38	-60	-92	218	558	
<参考>簿価(建物等の分/年度末時点)	(千円)	15,032	14,519	8,876	8,363	7,850	7,337	5,285	4,772	4,259	0	0	
<参考>簿価(土地の分/年度末時点)	(千円)	5,182	5,182	5,182	5,182	5,182	5,182	5,182	5,182	5,182	5,182	5,182	

　図5-4-5を見てください。先ほどのモデルケースと比べて、借入金額は半分、金利も低金利ながら、返済期間が20年と短いことで、やはり返済額の負担は重い状況です。

　想定CF（単年）の「T」の推移を見ると、投資2年目は辛うじて黒字となるものの、家賃等の収入逓減によって、投資16年目には赤字化の見通しです。投資20年目には借入返済が終わり、再び黒字化しますが、シミュレーション最終年度での想定CF（累積）である「U」は573万円に留まり、投下自己資金を半分回収するのがやっとの予測です。

また、図5-4-6の想定損益の推移「**V**」を見ると、投資2年目から投資16年目までは単年黒字で、薄氷を踏むような現金収支から更に税金を支払わなければなりません（しかも、投資14年目から借入返済の終わる投資20年目の間は、デッドクロスのオマケ付です）。

購入・賃貸時だけは、投下自己資金の回収見通しは立たない状況です。

■試算結果の読み方（⑤⑥CF計算・損益計算シミュレーション（売却））

続いて、売却時のCF計算と損益計算のシミュレーションを確認します。

図5-4-7 CF計算シミュレーション（売却）の画面キャプチャ

⑤CF計算シミュレーション（売却）

		1	2	3	4	5	30	31	32	33	34	35
投資年数	(年目)	1	2	3	4	5	30	31	32	33	34	35
築年数	(年目)	20	21	22	23	24	49	50	51	52	53	54
本人年齢	(歳)	45	46	47	48	49	74	75	76	77	78	79
配偶者年齢	(歳)	43	44	45	46	47	72	73	74	75	76	77
子供年齢(1人目)	(歳)	18	19	20	21	22	47	48	49	50	51	52
子供年齢(2人目)	(歳)											
収入	(千円)	18,000	18,000	18,000	18,000	18,000	18,000	18,000	18,000	18,000	18,000	18,000
売却価額	(千円)	18,000	18,000	18,000	18,000	18,000	18,000	18,000	18,000	18,000	18,000	18,000
支出	(千円)	10,206	9,748	9,284	8,817	8,344	660	660	660	660	660	660
売却時支出	(千円)	660	660	660	660	660	660	660	660	660	660	660
購入資金(借入金残債)	(千円)	9,546	9,088	8,624	8,157	7,684	0	0	0	0	0	0
想定CF(売却時点)	(千円)	7,794	8,252	8,716	9,183	9,656	17,340	17,340	17,340	17,340	17,340	17,340

図5-4-8 損益シミュレーション（売却）の画面キャプチャ

⑥損益計算シミュレーション（売却）

		1	2	3	4	5	30	31	32	33	34	35
投資年数	(年目)	1	2	3	4	5	30	31	32	33	34	35
築年数	(年目)	20	21	22	23	24	49	50	51	52	53	54
本人年齢	(歳)	45	46	47	48	49	74	75	76	77	78	79
配偶者年齢	(歳)	43	44	45	46	47	72	73	74	75	76	77
子供年齢(1人目)	(歳)	18	19	20	21	22	47	48	49	50	51	52
子供年齢(2人目)	(歳)											
売上	(千円)	18,000	18,000	18,000	18,000	18,000	18,000	18,000	18,000	18,000	18,000	18,000
売却価額	(千円)	18,000	18,000	18,000	18,000	18,000	18,000	18,000	18,000	18,000	18,000	18,000
費用	(千円)	20,873	20,360	19,847	19,334	18,821	5,997	5,842	5,842	5,842	5,842	5,842
取得費(売却時簿価)	(千円)	20,213	19,700	19,187	18,674	18,161	5,337	5,182	5,182	5,182	5,182	5,182
譲渡費用	(千円)	660	660	660	660	660	660	660	660	660	660	660
想定損益(売却時点)	(千円)	-2,873	-2,360	-1,847	-1,334	-821	12,003	12,159	12,159	12,159	12,159	12,159

　図5-4-7を見てください。先ほど「金額：大、期間：長、金利：高」のモデルケースで確認した図5-3-7と同様、借入金残債は年々減っていくため、同じ金額で売却できれば想定CFは年々良化します。

5-4 「借入あり（金額：小、期間：短、金利：低）」のモデルケース分析

続いて、図5-4-8を見てください。この表の数字は、これまで見てきた図5-2-8、図5-3-8と全く同じ数字です。

売却時の収益計算シミュレーションにおいては、借入条件の違いは、想定CFの良化ペースにのみ、影響を与えるということになります。

■モデルケース「借入あり（金額：大、期間：長、金利：高）」の分析

最後は、不動産投資の「本当の儲け」を確認しますので、図5-4-9を見てください。

図5-4-9 不動産投資の「本当の儲け」の画面キャプチャ

⑦不動産投資の「本当の儲け」

		1	2	3	14	15	16	34	35
投資年数	（年目）	1	2	3	14	15	16	34	35
築年数	（年目）	20	21	22	33	34	35	53	54
本人年齢	（歳）	45	46	47	58	59	60	78	79
配偶者年齢	（歳）	43	44	45	56	57	58	76	77
子供年齢(1人目)	（歳）	18	19	20	31	32	33	51	52
子供年齢(2人目)	（歳）								
購入・賃貸時									
給与収入	（千円）	8,000	8,000	8,000	8,000	8,000	8,000	8,000	8,000
課税所得金額（給与のみ）	（千円）	4,620	4,620	4,620	4,620	4,620	4,620	4,620	4,620
所得税・住民税合算税率（給与のみ）	（千円）	30.42%	30.42%	30.42%	30.42%	30.42%	30.42%	30.42%	30.42%
所得税・住民税合算税額（給与のみ）	（千円）	969	969	969	969	969	969	969	969
不動産投資の想定CF（単年）	（千円）	-1,410	145	134	15	4	-6	351	340
不動産投資の想定損益（単年）	（千円）	-743	90	84	19	14	8	351	340
課税総所得金額	（千円）	3,877	4,710	4,704	4,639	4,634	4,628	4,971	4,960
所得税・住民税合算税率	（千円）	30.42%	30.42%	30.42%	30.42%	30.42%	30.42%	30.42%	30.42%
所得税・住民税合算控除額	（千円）	436	436	436	436	436	436	436	436
所得税・住民税合算税額	（千円）	743	996	995	975	973	971	1,076	1,072
所得税・住民税合算税額（不動産投資のみ）	（千円）	-226	28	26	6	4	2	107	104
不動産投資の「本当の儲け」（単年）	（千円）	-1,184	117	108	9	0	-9	244	237
不動産投資の「本当の儲け」（累積）	（千円）	-1,184	-1,067	-958	-358	-358	-367	5,328	5,564
売却時	（千円）								
不動産投資の想定CF	（千円）	7,794	8,252	8,716	14,127	14,650	15,177	17,340	17,340
不動産投資の想定損益	（千円）	-2,873	-2,360	-1,847	3,796	4,309	4,821	12,159	12,159
所得税・住民税合算税率	（千円）	39.63%	39.63%	39.63%	20.32%	20.32%	20.32%	20.32%	20.32%
所得税・住民税合算税額	（千円）	0	0	0	771	875	979	2,470	2,470
不動産投資の「本当の儲け」（単年）	（千円）	7,794	8,252	8,716	13,3	13,774	14,197	14,870	14,870
不動産投資の「本当の儲け」（TOTAL）	（千円）	6,610	7,186	7,757	12,998	13,417	13,831	20,198	20,434

では、このモデルケースの全ての表を俯瞰して、収益計算シミュレーションの結果を分析してみましょう。

設定では、自己資金2,500万円のうち、実際の投下額は取得時諸経費含めた約1,157万円で、ある程度の自己資金は投下しつつ、レバレッジ

第5章 「借入」の影響を収益計算シミュレーションで数値化する 161

効果にも期待する作戦でした。

　図5-4-9で、購入・賃貸時の「本当の儲け（単年）」の「Ｗ」は、投資2年目から14年目までは僅かではありますが黒字で、かつ1,300万円強の購入後の自己資金余力があります。これであれば、短期的な資金ショートのリスクは小さいと評価できるでしょう。

　では、運用成果・運用効率の観点では、どうでしょうか？

　図5-4-9の、購入・賃貸時の「本当の儲け（累計）」のシミュレーション最終年度「Ｘ」は556万円とあり、購入時の投下自己資金1,157万円は回収できない見通しです。

　これは、「借入なし」のモデルケース同様、投資35年目までは、投下した自己資金を少しずつ分割回収しているにすぎず、運用成果を狙うには、投資36年目以降の超長期での運用を前提とするか、途中で売却して利益確定する必要があるということです。

　その前提で、図5-4-9での売却を含めた「本当の儲け（TOTAL）」を見てみましょう。物件の簿価減耗による売却時の税金増よりも、借入金元本の返済ペースが勝るため、売却時の「本当の儲け」は、年々良化していきます（但し、借入返済の終わる投資21年目以降は、投資31年目まで物件の簿価減耗による売却時の税金増だけが残り、さらに投資32年目以降は減価償却費の費用計上が終わることで、「本当の儲け」の増加ペースは変動します。巻末の全体画面もご確認ください）。

　このモデルケースの売却設定である投資15年目の「Ｙ」では、「本当の儲け（TOTAL）」は1,342万円となっていますので、売却を含むトータルでは自己資金の回収はできる見通しと分かりました。

　運用成果・運用効率としては、15年間で185万円（1,342万円−1,157万円）、単純計算で1年あたり約12万円の「本当の儲け」が期待できるシミュレーション結果ということです。

■各モデルケースのシミュレーション結果

これら3つのモデルケースでのシミュレーション結果は、図5-4-10の
とおりです。

図5-4-10 各モデルのシミュレーション結果

（単位：万円）

借入パターン	購入時の投下自己資金	本当の儲け（TOTAL）					
		投資15年目			投資35年目		
		自己資金除く（金額）	自己資金比（割合）		自己資金除く（金額）	自己資金比（割合）	
借入なし	2,132	2,426	294	114%	3,133	1,001	147%
借入あり（金額：大、期間：長、金利：高）	162	−331	−493	−204%	−86	−248	−53%
借入あり（金額：小、期間：短、金利：低）	1,157	1,342	185	116%	2,043	886	177%

　それぞれのシミュレーション結果を並べてみると、「借入なしは手堅
いが効率が悪い」「逆レバレッジがかかると全く儲からない」「レバレッ
ジを上手に使えば投資効率が上がる」といった、よく言われる不動産投
資の格言どおりの結果ではあります。

　しかし、当然ながら不動産投資の実務で、こうした格言を根拠に投資
判断ができるはずがありません。収益計算シミュレーションによって、
こうした格言（国語）を、数字（算数）に置き換えることで、初めて「手
堅さと効率のバランス」「レバレッジがかかる分岐点」などが可視化さ
れ、投資判断の根拠に繋がるというわけです。

■結局、不動産投資で「借入」は行うべきなのか

　本書のスタンスとして、特定の投資方法に対する、著者の個人的見解や断定的な言い方は極力しない方針としていますが、章の最後に、日ごろ感じていることを少しだけ書かせていただきます。

　例えば、図5-4-10で「借入なし」と「借入あり（借入金額：小＝1,000万円）」を比べても、投資15年目時点での投資効果（投下自己資金除く）の差分は約110万円です。「借入なし」では、1,000万円も多く自己資金を投下したのに、15年間でたったの110万円しか「本当の儲け（TOTAL）」には貢献しないということです。

　それであれば、レバレッジのかかる範囲でなるべく自己資金を抑え、手元に残った自己資金を元手に更にレバレッジのかかる物件を購入して・・・を繰り返すのが、最短で資産規模を拡大する方法ではないかと思ってしまうかもしれません。

　しかし、ある程度規模の大きな法人や、プロ投資家のような方は別として、個人で取り組む不動産投資家（特にサラリーマン大家・公務員大家）には、必ずしもその方法がベストとは言えないかもしれません。こうした方たちには、実質的に家計と投資の利益が混在している方が少なくないからです。

　自己資金を多く投下することで、不測の事態による資金ショートや家計からの赤字補填のリスクを低減させる効果はあるわけですから、投下自己資金が結果として過剰だったとしても、そこには一定の合理性はあると思うのです（そもそも、温存したはずの自己資金が将来も残っているかは分かりませんし、「本業に支障を出さない」「ご家族を不安にさせない」という観点を重視している投資家の方も、決して少なくないと感じています）。

結局のところ、投資家自身の属性（勤務先・年収・定年など）や、家計を共にする方の状況（子育て・受験・介護等）と向き合い、ご自身が許容できるリスクの範囲内で借入を行うべきではないかと、著者個人は考えています（「雛形書式」に、家族の年齢が表示されるのは、こうした考えに基づくものです）。

　最後のくだりは蛇足だったかもしれませんが、次章では、収益計算シミュレーションでのもう1つの重要項目である「減価償却費」をテーマに、具体的なモデルケースを用いたご説明に戻ります。
　収益計算シミュレーションの構造は、「借入」と「減価償却費」がポイントになりますので、しっかりご確認いただければと思います。

第6章

収益計算シミュレーション の比較分析（減価償却費）

　物件という高額な固定資産取得を前提とする不動産投資では、減価償却費は「本当の儲け」に大きく影響する非常に重要な要素です。しかし、購入・賃貸時の節税効果ばかりに偏って説明されることが多いためか、その正体が「課税の繰り延べ（先送り）」ということに気付いていない方も少なくありません。

　収益計算シミュレーションを使いこなせば、減価償却費の正体を、簡単に数値化・可視化できます。合理的な投資判断を行うため、しっかりとシミュレーションの実行・分析スキルを身に付けてください。

6-1 不動産投資における「減価償却費」とは

■「減価償却費」での重要な変動パラメータは3つだけ

　第6章のテーマは「減価償却費」です。第5章でご説明した「借入」と、この「減価償却費」が収益計算シミュレーションでの二大要素となります。

　減価償却費は、支出を伴わず費用計上するという、収益計算において無二の特徴を持った費用です。購入・賃貸時には利益圧縮による節税効果が期待できる一方、売却時にはこれまで費用計上した分の簿価減耗によって税金が増える要因となります。

　収益計算をややこしくしている厄介な存在ではありますが、仕組みが分かれば様々な節税や資産拡大のヒントになりますので、しっかり特徴を捉えていきましょう。

　毎年の減価償却費の金額は、「償却金額（取得価額）の大小」「償却期間（耐用年数）」「償却率」の3つの掛け合わせで決まります。

　図6-1-1に、この組み合わせを構成する要素を含めて整理しました。

図6-1-1 「減価償却費」の組み合わせ4パターン

変動パラメータ	償却金額（取得価額）	償却期間（耐用年数）	償却率	
組み合わせ	大	長＋低		＝ 4パターン
	小	短＋高		
構成要素	・建物割合	・建物構造 ・築年数	・建物構造 ・築年数 ・償却方法 （定額法のみ）	

上記3つの変動パラメータのうち、償却率を構成する「償却方法」は、度重なる税制改正を受けて、令和2年7月現在では建物も建物付属設備も定額法しか選ぶことができなくなりました。定額法では、償却期間中の毎年の償却金額は固定のため、結果として償却期間の長短と償却率の高低はセットで変動します（償却期間が長ければ償却率は低くなりますし、その逆も然りです）。

これから、第5章と同様にモデルケースを用いた収益計算シミュレーションのご説明をしていきますが、償却金額が小さいケースでは傾向が見えづらいため、「償却金額：大、償却期間：長、償却率：低」と「償却金額：大、償却期間：短、償却率：高」の2パターンでご説明をしていきます。

■減価償却費を計上しないパターン

第5章で借入をテーマに比較分析した際には、「借入なし」もモデルケースに加えてご説明しました。同様に、「減価償却費なし」もモデルケースに含めるべきだと思った方もいるかもしれません。

しかし、借入と異なり、個人（個人事業主）として行う不動産投資では、減価償却費は毎年必ず計上しなければなりません（これを「強制償却」といいます）。

意外と混同されている方が少なくないのですが、個人の強制償却に対して、法人が行う不動産投資では、年間計上額の範囲内で減価償却費を自由に計上でき、必要とあらば全く費用計上しなくてもよいルールとなっています（これを「任意償却」といいます）。

法人と個人では、減価償却費の計上ルールが異なる点にご注意ください。

減価償却費の計上ルール
・個人（個人事業主）：毎年必ず計上する（強制償却）
・法人：年間計上額の範囲内で自由に計上できる（任意償却）

　では、法人が行う不動産投資で、せっかく費用計上できる減価償却費をあえて満額計上しないとすれば、どんなケースでしょうか？

　真っ先に思い付くのは、「減益、あるいは赤字の決算書を金融機関に見せたくないので、税金を多く払ってでも決算書をよく見せたい」というケースでしょう。しかし、金融機関もそんな小手先の小技は百も承知で、まず間違いなく見抜かれてしまいます。

　実際のところ、法人であっても効果的に減価償却費を調整できるケースは稀で、そこには個別事情が大きく絡んでくるようです。その点からも、「雛形書式（＝汎用的なシミュレーション書式）」で解説するには無理がありますので、ここでの比較分析のパターンからは除外させていただきました。

■第6章の分析用モデルケース

　第6章のモデルケースは次のとおりです（論点をはっきりさせるため、償却期間・償却率は築年数で差をつけ、それ以外は同じ条件の戸建て購入をモデルケースとしました。また、シミュレーション結果に差をつけるため、敢えて建物価格の割合を大きくしていますが、説明の都合ですのでご了承ください）。

＜第6章のモデルケース＞
属性・検討状況
・鈴木一郎（会社員・45歳）、妻（パート/扶養外・43歳）、長男（大学生/扶養外・18歳）
・投下可能自己資金は1,500万円。給与収入800万円に対して長男

の大学進学後に家計が赤字化。所得控除は148万円
・築年数の異なる2つの物件を比較検討している

検討物件1

物件名称：中川ハウス（戸建）

物件価格：3,000万円（土地1,000万円、建物2,000万円）

構造・築年数：木造・築5年

検討物件2

物件名称：中川ホーム（戸建）

物件価格：3,000万円（土地1,000万円、建物2,000万円）

構造・築年数：木造・築20年

その他試算条件　※検討物件1・2共通

現況家賃：20万円/月

固定資産税評価額：土地1,000万円、建物1,200万円

固定資産税の額：土地・建物合計で8万円

都市計画税の額：土地・建物合計で2万円

・**借入条件**

借入金額2,000万円、期間15年、年利2%、元利均等返済、金融機関事務手数料・司法書士報酬は各15万円

・**想定募集条件**

礼金・更新料各1ヵ月分

想定入居期間60ヵ月、想定空室期間3ヵ月、想定家賃下落率1%/年

仲介手数料（賃貸時）・広告料各1ヵ月分、原状回復費用20万円/回

修繕費はエアコン・給湯器交換のみ15年毎に各8万円を想定

- **想定運営費**

  建物管理費1万円/月、修繕積立金0円、集金代行費0.5万円/月、
  火災保険料1万円/年

- **想定売却条件**

  15年後に2,500万円（仲介で売却）

■検証・分析の事前準備

　第5章と同様、環境の許す方は、是非、実際にパソコンで「雛形書式」を使いながら本書を読み進めてください（「雛形書式」のダウンロード方法は本書10ページに、入力方法は第4章に掲載しています）。

　事前準備として、まずはこのモデルケースでの減価償却費の関連項目以外を全て入力したマスタファイルを作成します（網掛けの項目は、いったんブランクとしてください）。

　入力シートの画面キャプチャは、図6-1-2〜図6-1-9のとおりです（今回は物件自体が変わるため、物件名称もブランクとしておきます）。

図6-1-2 基礎情報シートの画面キャプチャ

1.基礎情報を入力します。

物件概要		入力欄		備考
	物件名称			正式名称でなくとも可
	物件価格（税込）	30,000,000	円	
	築年数		年	
年齢		入力欄		備考
	本人	45	歳	
	配偶者	43	歳	
	子供（1人目）	18	歳	
	子供（2人目）		歳	

6-1 不動産投資における「減価償却費」とは

図6-1-3　購入条件シートの画面キャプチャ

2.購入条件に関する情報を入力します。

購入資金	入力欄	備考
投下可能自己資金	15,000,000 円	
借入予定金額	20,000,000 円	
取得時税金(初年度費用に計上)	入力欄	備考
登録免許税(所有権移転/土地)	200,000 円	見積額 or 固定資産税評価額(土地分)×2%
登録免許税(所有権移転/建物)	240,000 円	見積額 or 固定資産税評価額(建物分)×2%
登録免許税(抵当権設定)	80,000 円	見積額 or 抵当権設定額×0.4%
【自動】印紙税(売買)	20,000 円	物件価格50万円超、10億円以下は自動反映
【自動】印紙税(借入)	20,000 円	物件価格50万円超、10億円以下は自動反映
印紙税(その他)	円	
不動産取得税(土地分)	150,000 円	見積額 or 固定資産税評価額(土地分)×1/2×3%
不動産取得税(建物分)	360,000 円	見積額 or 固定資産税評価額(建物分)×3%
(その他)	円	
取得時支出(取得価額に合算)	入力欄	備考
仲介手数料(購入時)	1,056,000 円	見積額 or 物件価格ごとの上限仲介手数料
固都税精算金(購入時)	円	
(その他)	円	
取得時支出(初年度費用に計上)	入力欄	備考
司法書士報酬	150,000 円	
金融機関手数料	150,000 円	
(その他)	円	
(その他)	円	

結果シート用パラメータ	
【自動】投下可能自己資金	15,000,000 円
【自動】借入予定金額	20,000,000 円
【自動】取得時支出(取得価額)	1,056,000 円
【自動】取得時支出(初年度費用)	1,370,000 円

図6-1-4　収入・売上シートの画面キャプチャ

3.賃貸時の収入・売上に関する情報を入力します。

賃貸条件	入力欄	備考
月額家賃(賃料)	200,000 円	共益費・管理費・駐車場代等を含む
礼金	200,000 円	
更新料	200,000 円	
商品力	入力欄	備考
想定入居期間	60 ヵ月	
想定空室期間	3 ヵ月	
想定家賃下落率	1.0%	
シミュレーション計数	入力欄	備考
【自動】礼金(1ヵ月あたり)	3,175 円	礼金÷(想定入居期間＋想定空室期間)
【自動】更新料(1ヵ月あたり)	6,349 円	更新料÷(想定入居期間＋想定空室期間)
【自動】想定空室率	4.8%	想定空室期間÷(想定入居期間＋想定空室期間)
【自動】想定更新回数(2年更新前提)	2 回	更新回数10回(入居期間264ヵ月)まで自動計算

結果シート用パラメータ	
【自動】満室時家賃	2,400,000 円
【自動】礼金・更新料	114,286 円
【自動】家賃下落相当額	−24,000 円
【自動】空室期間相当額	−114,286 円

第6章　収益計算シミュレーションの比較分析（減価償却費）　173

図6-1-5 支出・費用シートの画面キャプチャ

4.賃貸時の支出・費用に関する情報を入力します。

固定運営費(税金・保険料)	入力欄	備考
固定資産税(土地・建物/年額)	80,000 円	
都市計画税(土地・建物/年額)	20,000 円	
火災保険料(年額)	10,000 円	
地震保険料(年額)	円	
(その他/年額)	円	

固定運営費(税金・保険料以外)	入力欄	備考
建物管理費(月額)	10,000 円	
修繕積立金(月額)	0 円	
集金代行手数料(月額)	5,000 円	
(その他/月額)	円	

入居者変更時諸経費	入力欄	備考
仲介手数料(賃貸時)	200,000 円	入居者変更1回あたりの想定額
広告料	200,000 円	入居者変更1回あたりの想定額
原状回復費	200,000 円	敷金等がある場合は差し引きの手出し想定額
(その他)	円	

修繕費	入力欄	備考
エアコン交換	80,000 円	資本的支出を除く、修繕1回あたりの想定額
エアコン交換サイクル	15 年	
給湯器交換	80,000 円	資本的支出を除く、修繕1回あたりの想定額
給湯器交換サイクル	15 年	
(その他)	円	資本的支出を除く、修繕1回あたりの想定額
(その他修繕・交換サイクル)	年	

シミュレーション計数	入力欄	備考
【自動】仲介手数料(賃貸時/1ヵ月あたり)	3,175 円	仲介手数料(仲介時)÷(想定入居期間＋想定空室期間)
【自動】広告料(1ヵ月あたり)	3,175 円	広告料÷(想定入居期間＋想定空室期間)
【自動】原状回復費(1ヵ月あたり)	3,175 円	原状回復費÷(想定入居期間＋想定空室期間)
【自動】入居者変更時その他(1ヵ月あたり)	0 円	入居者変更時その他÷(想定入居期間＋想定空室期間)
【自動】エアコン交換(1年あたり/15年交換前提)	5,333 円	エアコン交換費用÷エアコン交換サイクル
【自動】給湯器交換(1年あたり/15年交換前提)	5,333 円	給湯器交換費用÷給湯器交換サイクル
【自動】修繕費その他(1年あたり/15年交換前提)	0 円	修繕費その他÷その他修繕・交換サイクル

結果シート用パラメータ	
【自動】固定運営費(税金・保険料)	110,000 円
【自動】固定運営費(税金・保険料以外)	180,000 円
【自動】入居者変更時諸経費・修繕費	124,952 円

図6-1-6 借入シートの画面キャプチャ

5.借入に関する情報を入力します。

借入計画	入力欄
【自動】借入予定金額	20,000,000 円
借入予定期間	180 ヵ月
借入想定金利	2.00%

結果シート用パラメータ														
【自動】返済年数	1	2	3	4	5	6	7	8	9	10	32	33	34	35
【自動】借入返済額	1,544	1,544	1,544	1,544	1,544	1,544	1,544	1,544	1,544	1,544	#NUM!	#NUM!	#NUM!	#NUM!
うち、元本分	1,155	1,178	1,202	1,226	1,251	1,276	1,302	1,328	1,355	1,383	#NUM!	#NUM!	#NUM!	#NUM!
うち、金利分	389	366	342	318	293	268	242	216	189	162	#NUM!	#NUM!	#NUM!	#NUM!

6-1 不動産投資における「減価償却費」とは

図6-1-7 減価償却シートの画面キャプチャ

6.減価償却費に関する情報を入力します。

取得価額	入力欄	備考
【自動】物件価格	30,000,000 円	
物件価格(建物分)	20,000,000 円	
【自動】物件価格(土地分)	10,000,000 円	物件価格－物件価格(建物分)
【自動】その他取得価額合算分	1,056,000 円	「取得時支出(取得価額に合算)」より引用
【自動】その他取得価額合算分(建物分)	704,000 円	その他取得価額合算分×物件価格(建物分)÷物件価格
【自動】その他取得価額合算分(土地分)	352,000 円	その他取得価額合算分－その他取得価額合算分(建物分)
耐用年数	入力欄	備考
法定耐用年数	22 年	
【自動】購入時経過年数	0 年	「築年数」より引用
【自動】耐用年数	22 年	法定耐用年数内の中古物件取得を前提とした自動計算式
償却率	入力欄	備考
【自動】定額法償却率	0.046	

結果シート用パラメータ	
【自動】減価償却費	952,384 円
【自動】簿価(建物等の分)	20,704,000 円
【自動】簿価(土地の分)	10,352,000 円

図6-1-8 売却条件シートの画面キャプチャ

7.売却条件に関する情報を入力します。

収入・売上	入力欄	備考
売却想定価格	25,000,000 円	
(その他)	円	
支出・費用	入力欄	備考
仲介手数料(売却時)	891,000 円	
(その他)	円	

結果シート用パラメータ	
【自動】売却価額	25,000,000 円
【自動】譲渡費用	891,000 円

図6-1-9 税金シート画面キャプチャ

8.給与収入への税金に関する情報を入力します。

税金計算	入力欄	備考
給与収入	8,000,000 円	
【自動】給与所得控除	1,900,000 円	
【自動】給与所得	6,100,000 円	
所得控除	1,480,000 円	
【自動】課税所得金額	4,620,000 円	
【自動】所得税・住民税の合算税率	30.42%	
【自動】所得税・住民税の合算控除額	436,478 円	
【自動】所得税・住民税の合算税額	968,926 円	

結果シート用パラメータ	
【自動】給与収入	8,000,000 円
【自動】課税所得金額	4,620,000 円
【自動】所得税・住民税の合算税率	30.42%
【自動】所得税・住民税の合算税額	968,926 円

第6章 収益計算シミュレーションの比較分析(減価償却費) 175

6-2 「償却金額:大、償却期間:長、償却率:低」のモデルケース分析

■比較用ファイルの作成

ここまでの入力によってマスタファイルができましたので、最初のモデルケースとなる「金額：大、償却期間：長、償却率：低」の比較用ファイルを完成させます。

図6-2-1 「減価償却費」の組み合わせ4パターン（再掲）

変動パラメータ	償却金額（取得価額）	償却期間（耐用年数）	償却率	
組み合わせ	大 × 小	長＋低 短＋高		＝ 4パターン
構成要素	・建物割合	・建物構造 ・築年数	・建物構造 ・築年数 ・償却方法（定額法のみ）	

マスタファイルでブランクとした各項目に、以下の値を入力してください。あとでシミュレーション結果を比較できるよう、入力後は、ファイル名を『比較（償却1）』などとして、マスタファイルとは別保存しておきましょう。

「償却金額:大、償却期間:長、償却率:低」での入力値

・**基礎情報シート**
　「物件名称」：中川ハウス
　「築年数」：5年

6-2 「償却金額：大、償却期間：長、償却率：低」のモデルケース分析

- **減価償却シート**　※築年数を入力することで自動計算されます

「購入時経過年数」：5年

「耐用年数」：18年

「償却率」：0.056

　入力後の画面キャプチャは、図6-2-2、6-2-3のとおりです（網掛け太字部分がマスタファイルとの差分です）。

図6-2-2　購入条件シートの画面キャプチャ

1.基礎情報を入力します。

物件概要	入力欄	備考
物件名称	中川ハウス	正式名称でなくとも可
物件価格（税込）	30,000,000 円	
築年数	5 年	

年齢	入力欄	備考
本人	45 歳	
配偶者	43 歳	
子供（1人目）	18 歳	
子供（2人目）	歳	

図6-2-3　借入シートの画面キャプチャ

6.減価償却費に関する情報を入力します。

取得価額	入力欄	備考
【自動】物件価格	30,000,000 円	
物件価格（建物分）	20,000,000 円	
【自動】物件価格（土地分）	10,000,000 円	物件価格－物件価格（建物分）
【自動】その他取得価額合算分	1,056,000 円	「取得時支出（取得価額に合算）」より引用
【自動】その他取得価額合算分（建物分）	704,000 円	その他取得価額合算分×物件価格（建物分）÷物件価格
【自動】その他取得価額合算分（土地分）	352,000 円	その他取得価額合算分－その他取得価額合算分（建物分）

耐用年数	入力欄	備考
法定耐用年数	22 年	
【自動】購入時経過年数	5 年	「築年数」より引用
【自動】耐用年数	18 年	法定耐用年数内の中古物件取得を前提とした自動計算式

償却率	入力欄	備考
【自動】定額法償却率	0.056	

結果シート用パラメータ	
【自動】減価償却費	1,159,424 円
【自動】簿価（建物等の分）	20,704,000 円
【自動】簿価（土地の分）	10,352,000 円

■試算結果の読み方（試算結果シート内、①〜④の各表）

　これで比較用ファイルが完成しました。各入力値に基づく収益計算シ

第6章　収益計算シミュレーションの比較分析（減価償却費）　177

ミュレーションの結果は、試算結果シート内、①〜⑦の7つの表に集約表示されていますので、順番に見ていきましょう（基本的な表の読み方は第5章でご説明済のため、ポイントを絞ってご説明していきます）。

試算結果シート内、①〜④のキャプチャは、図6-2-4〜図6-2-6のとおりです。なお、紙面の都合で、これ以降の試算結果シートの表は、全体ではなく一部抜粋した画面キャプチャを載せています。本書の巻末に各表の全体画面を掲載していますので、必要に応じて参照しながら読み進めてください。

図6-2-4 試算結果シート①②の画面キャプチャ

①物件名称
中川ハウス

②購入条件

必要購入資金		32,426,000 円
	物件価格	30,000,000 円
	取得時支出（取得価額）	1,056,000 円
	取得時支出・費用（初年度計上）	1,370,000 円
購入資金		35,000,000 円
	投下可能自己資金	15,000,000 円
	借入予定金額	20,000,000 円
購入後の自己資金余力		2,574,000 円

《参考情報》

表面利回り	8.0%
実質利回り	7.4%

図6-2-5 CF計算シミュレーション（購入・賃貸）の画面キャプチャ

③CF計算シミュレーション（購入・賃貸）

		1	2	3	14	15	16	17	18	19	20
投資年数	（年目）	1	2	3	14	15	16	17	18	19	20
築年数	（年目）	5	6	7	18	19	20	21	22	23	24
本人年齢	（歳）	45	46	47	58	59	60	61	62	63	64
配偶者年齢	（歳）	43	44	45	56	57	58	59	60	61	62
子供年齢（1人目）	（歳）	18	19	20	31	32	33	34	35	36	37
子供年齢（2人目）	（歳）										
収入		2,376	2,352	2,328	2,064	2,040	2,016	1,992	1,968	1,944	1,920
	満室時家賃	（年額/千円）	2,400	2,400	2,400	2,400	2,400	2,400	2,400	2,400	2,400	2,400
	礼金・更新料	（年額/千円）	114	114	114	114	114	114	114	114	114	114
	（空室期間相当額）	（年額/千円）	-114	-114	-114	-114	-114	-114	-114	-114	-114	-114
	（家賃下落相当額）	（年額/千円）	-24	-48	-72	-336	-360	-384	-408	-432	-456	-480
支出		4,385	1,959	1,959	1,959	1,959	415	415	415	415	415
	固定運営費（税金・保険料）	（年額/千円）	110	110	110	110	110	110	110	110	110	110
	固定運営費（税金・保険料以外）	（年額/千円）	180	180	180	180	180	180	180	180	180	180
	入居者変更時諸経費・修繕費	（年額/千円）	125	125	125	125	125	125	125	125	125	125
	借入返済	（年額/千円）	1,544	1,544	1,544	1,544	1,544	0	0	0	0	0
	元本返済分	（年額/千円）	1,155	1,178	1,202	1,498	1,528	0	0	0	0	0
	金利返済分	（年額/千円）	389	366	342	47	17	0	0	0	0	0
	初年度支出	（年額/千円）Ⓐ	2,426	0	0	0	0	0	0	0	0	0
想定CF（単年）	（千円）	-2,009	393	369	105	81	1,601	1,577	1,553	1,529	1,505
想定CF（累積）	（千円）	-2,009	-1,617	-1,248	1,223	1,303	2,904	4,481	6,035	7,564	9,069
＜参考＞借入金残債（年度末時点）	（千円）	18,845	17,667	16,465	1,528	0	0	0	0	0	0

178

6-2　「償却金額：大、償却期間：長、償却率：低」のモデルケース分析

図6-2-6　損益計算シミュレーション（購入・賃貸）の画面キャプチャ

④損益計算シミュレーション（購入・賃貸）

		1	2	3	14	15	16	17	18	19	20
投資年数	(年目)	1	2	3	14	15	16	17	18	19	20
築年数	(年目)	5	6	7	18	19	20	21	22	23	24
本人年齢	(歳)	45	46	47	58	59	60	61	62	63	64
配偶者年齢(1人目)	(歳)	43	44	45	56	57	58	59	60	61	62
子供年齢(1人目)	(歳)	18	19	20	31	32	33	34	35	36	37
子供年齢(2人目)	(歳)										
売上		2,376	2,352	2,328	2,064	2,040	2,016	1,992	1,968	1,944	1,920
満室時家賃	(年額/千円)	2,400	2,400	2,400	2,400	2,400	2,400	2,400	2,400	2,400	2,400
礼金・更新料	(年額/千円)	114	114	114	114	114	114	114	114	114	114
(空室期間相当額)	(年額/千円)	-114	-114	-114	-114	-114	-114	-114	-114	-114	-114
(家賃下落相当額)	(年額/千円)	-24	-48	-72	-336	-360	-384	-408	-432	-456	-480
費用		3,334	1,941	1,917	1,621	1,591	1,574	1,574	1,574	415	415
固定運営費(税金・保険料)	(年額/千円)	110	110	110	110	110	110	110	110	110	110
固定運営費(税金・保険料以外)	(年額/千円)	180	180	180	180	180	180	180	180	180	180
入居者変更時諸経費・修繕費	(年額/千円)	125	125	125	125	125	125	125	125	125	125
借入金利子	(年額/千円)	389	366	342	47	17	0	0	0	0	0
減価償却費	(年額/千円)	1,159	1,159	1,159	1,159	1,159	1,159	1,159	1,159	0	0
初年度費用	(年額/千円)	B 1,370	0	0	0	0	0	0	0	0	0
想定損益（単年）	(千円)	-958	411	411	443	449	442	418	394	1,529	1,505
想定損益（累積）	(千円)	-958	-546	-135	4,519	4,968	5,410	5,827	6,221	7,750	9,255
＜参考＞簿価(建物等の分/年度末時点)	(千円)	19,545	18,385	17,226	4,472	3,313	2,153	994	0	0	0
＜参考＞簿価(土地の分/年度末時点)	(千円)	10,352	10,352	10,352	10,352	10,352	10,352	10,352	10,352	10,352	10,352

　図6-2-5を見てください。想定CF（単年）の推移「**A**」は、投資2年目に黒字化した後、投資15年目まで逓減し、投資16年目以降は急増しています。

　また図6-2-6を見ると、想定損益（単年）の推移「**B**」は、同じく投資2年目に黒字化した後、投資18年目まで増減を繰り返し、投資19年目に急増しています。

　もう説明不要かもしれませんが、「**A**」の動きは経年による家賃収入の減少と借入金返済の終了によるもの、「**B**」の動きは経年による家賃売上と借入金利子の減少ペースのバランスが、借入金返済の終了と減価償却費の費用計上の終了により崩れたことによるものです。

　むしろ注目すべきは、投資1年目から「**A**＜**B**」の不等式が成立しており、デッドクロスの発生が予測されることです。

■デッドクロスの発生を減価償却費から予測する

　デッドクロスについて、第5章では元利均等返済の仕組みと減価償却費の関係を中心にご説明しましたが、本章ではテーマに沿って、減価償却費の内部をもう少し深堀して考えてみます。

第6章　収益計算シミュレーションの比較分析（減価償却費）

今回のモデルケースは、「借入期間（15年）＜減価償却費の費用計上期間（18年）」で、減価償却費の費用計上期間中に借入返済が先に終了するはずであり、一見すると問題ないようにも思えます。

しかし、図6-2-7のとおり、減価償却費の費用計上期間が長いということは、1年あたりの償却率が低下することと同義です。借入金の元本分が大きい場合、「1年あたりの減価償却費　＜1年あたり借入金元本」となり、減価償却費の計上期間であっても、デッドクロスが発生することがあります。

図6-2-7　償却期間と償却率・減価償却費の関係

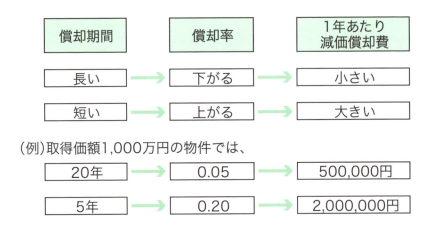

もっとも、デッドクロスの予測に関しては、こうした理屈を頭で理解できていても、実際の影響は計算してみないと分かりません。

暗算や電卓でこれら複雑な計算をするのは大変ですから、やはり収益計算シミュレーションの計算式に頼るのが便利で現実的だと思います。

■試算結果の読み方（試算結果シート内、⑤⑥の各表）

次は、売却時のCF計算と損益計算のシミュレーションを並べて確認します。

6-2 「償却金額：大、償却期間：長、償却率：低」のモデルケース分析

図6-2-8 CF計算シミュレーション（売却）の画面キャプチャ

⑤CF計算シミュレーション（売却）

		1	2	14	15	16	17	18	19	20
投資年数	(年目)	1	2	14	15	16	17	18	19	20
築年数	(年目)	5	6	18	19	20	21	22	23	24
本人年齢	(歳)	45	46	58	59	60	61	62	63	64
配偶者年齢	(歳)	43	44	56	57	58	59	60	61	62
子供年齢(1人目)	(歳)	18	19	31	32	33	34	35	36	37
子供年齢(2人目)	(歳)									
収入	(千円)	25,000	25,000	25,000	25,000	25,000	25,000	25,000	25,000	25,000
売却価額	(千円)	25,000	25,000	25,000	25,000	25,000	25,000	25,000	25,000	25,000
支出	(千円)	19,736	18,558	2,419	891	891	891	891	891	891
売却時支出	(千円)	891	891	891	891	891	891	891	891	891
購入資金(借入金残債)	(千円)	18,845	17,667	1,528	0	0	0	0	0	0
想定CF(売却時点)	(千円)	5,264	6,442	22,581	24,109	24,109	24,109	24,109	24,109	24,109

図6-2-9 損益計算シミュレーション（売却）の画面キャプチャ

⑥損益計算シミュレーション（売却）

		1	2	14	15	16	17	18	19	20
投資年数	(年目)	1	2	14	15	16	17	18	19	20
築年数	(年目)	5	6	18	19	20	21	22	23	24
本人年齢	(歳)	45	46	58	59	60	61	62	63	64
配偶者年齢	(歳)	43	44	56	57	58	59	60	61	62
子供年齢(1人目)	(歳)	18	19	31	32	33	34	35	36	37
子供年齢(2人目)	(歳)									
売上	(千円)	25,000	25,000	25,000	25,000	25,000	25,000	25,000	25,000	25,000
売却価額	(千円)	25,000	25,000	25,000	25,000	25,000	25,000	25,000	25,000	25,000
費用	(千円)	30,788	29,628	15,715	14,556	13,396	12,237	11,243	11,243	11,243
取得費(売却時簿価)	(千円)	29,897	28,737	14,824	13,665	12,505	11,346	10,352	10,352	10,352
譲渡費用	(千円)	891	891	891	891	891	891	891	891	891
想定損益(売却時点)	(千円)	-5,788	-4,628	9,285	10,444	11,604	12,763	13,757	13,757	13,757

　図6-2-8を見てください。売却時のCF計算シミュレーションでは、借入金残債だけが想定CFに対する変動要素です。想定CFの推移「**C**」を見れば、借入金を返済終了する投資15年までは年々増加し、返済終了した投資16年目以降は固定化されることが分かります。

　また、図6-2-9の売却時の損益計算シミュレーションでは、借入金の有無は想定損益に影響しないことは第5章でご説明しました。売却時簿価だけが想定損益に対する変動要素となり、想定損益「**D**」を見れば、減価償却費の費用計上が終わる投資18年までは年々増加し、それ以降はやはり金額は固定化されることが分かります。

　売却時の収益計算では、CF計算と損益計算での変動要素が異なる点に、改めてご注意いただければと思います。

第6章　収益計算シミュレーションの比較分析（減価償却費）　181

■モデルケース「償却金額：大、償却期間：長、償却率：低」の分析

最後は不動産投資の「本当の儲け」を確認しますので、図6-2-10を見てください。

図6-2-10 不動産投資の「本当の儲け」の画面キャプチャ

⑦不動産投資の「本当の儲け」		1	2	3	12	13	14	15	16	17	18	19	34	35
投資年数	(年目)	1	2	3	12	13	14	15	16	17	18	19	34	35
築年数	(歳)	5	6	7	16	17	18	19	20	21	22	23	38	39
本人年齢	(歳)	45	46	47	56	57	58	59	60	61	62	63	78	79
配偶者年齢	(歳)	43	44	45	54	55	56	57	58	59	60	61	76	77
子供年齢(1人目)	(歳)	18	19	20	29	30	31	32	33	34	35	36	51	52
子供年齢(2人目)	(歳)													
購入・賃貸時	(千円)													
給与収入	(千円)	8,000	8,000	8,000	8,000	8,000	8,000	8,000	8,000	8,000	8,000	8,000	8,000	8,000
課税所得金額(給与のみ)	(千円)	4,620	4,620	4,620	4,620	4,620	4,620	4,620	4,620	4,620	4,620	4,620	4,620	4,620
所得税・住民税合算税率(給与のみ)	(千円)	30.42%	30.42%	30.42%	30.42%	30.42%	30.42%	30.42%	30.42%	30.42%	30.42%	30.42%	30.42%	30.42%
所得税・住民税合算額(給与のみ)	(千円)	969	969	969	969	969	969	969	969	969	969	969	969	969
不動産投資の想定CF(単年)	(千円)	-2,009	393	365	153	129	105	81	1,601	1,577	1,553	1,529	1,169	1,145
不動産投資の想定損益(単年)	(千円)	-958	411	411	432	437	443	449	442	418	394	1,529	1,169	1,145
課税総所得金額	(千円)	3,662	5,031	5,031	5,052	5,057	5,063	5,069	5,062	5,038	5,014	6,149	5,789	5,765
所得税・住民税合算税率	(千円)	30.42%	30.42%	30.42%	30.42%	30.42%	30.42%	30.42%	30.42%	30.42%	30.42%	30.42%	30.42%	30.42%
所得税・住民税合算控除額	(千円)	436	436	436	436	436	436	436	436	436	436	436	436	436
所得税・住民税合算税額	(千円)	678	1,094	1,094	1,100	1,102	1,104	1,106	1,103	1,096	1,089	1,434	1,325	1,317
所得税・住民税合算税額(不動産投資のみ) **E**	(千円)	-291	125	125	131	133	135	137	134	127	120	465	356	348
不動産投資の「本当の儲け(単年)」	(千円)	-1,718	267	244	21	-4	-30	-56	1,467	1,450	1,433	1,064	813	797
不動産投資の「本当の儲け(累積)」	(千円)	-1,718	-1,451	-1,207	-117	-122	-152	-208	1,259	2,709	4,142	5,206	19,161	19,958
売却時	(千円)													
不動産投資の想定CF	(千円)	5,264	6,442	7,644	19,616	21,084	22,581	24,109	24,109	24,109	24,109	24,109	24,109	24,109
不動産投資の想定損益	(千円)	-5,788	-4,628	-3,469	6,966	8,126	9,285	10,444	11,604	12,763	13,757	13,757	13,757	13,757
所得税・住民税合算税率	(千円)	39.63%	39.63%	39.63%	20.32%	20.32%	20.32%	20.32%	20.32%	20.32%	20.32%	20.32%	20.32%	20.32%
所得税・住民税合算税額	(千円)	0	0	0	1,415	1,651	1,886	2,122	2,357	2,593	2,795	2,795	2,795	2,795
不動産投資の「本当の儲け」	(千円)	5,264	6,442	7,644	18,200	19,433	20,6 **F**	21,987	21,752	21,516	21,314	21,314	21,314	21,314
不動産投資の「本当の儲け」(TOTAL)	(千円)	3,546	4,992	6,437	18,083	19,311	20,55	21,779	23,011	24,225	25,456	26,520	40,475	41,272

購入・賃貸時の「本当の儲け（単年）」である「**E**」の推移を見てください。先ほど図6-2-5と図6-2-6を比較して、投資1年目からデッドクロスが発生する点に注目しましたが、想定CFに余力があったため、投資2年目から投資12年目までの「**E**」は黒字を維持しています。家賃収入の逓減により、投資13年目に赤字に転じますが、投資16年目には借入返済が終了するため、これ以降は大幅な黒字で推移する見通しです。

設定の投資15年目での売却であれば、「本当の儲け（TOTAL）」の「**F**」は2,178万円と、購入時の投下自己資金1,500万円よりも大きく、一定の運用成果が残せそうです。

このモデルケースでは、減価償却費の計上が終わる投資18年以降も、「本当の儲け（TOTAL）」は黒字が続くため、売却せずにしばらく保有

し続けるのも選択肢に考えられるでしょう（もっとも木造物件なので、どこかで大きな修繕は必要になるのでしょうが）。

■減価償却費と「本当の儲け」の関係

さて、本章では減価償却費と「本当の儲け」の関係について、もう少し詳しくご説明します。

第1章で、減価償却費の計上による「購入・賃貸時の利益圧縮」と、簿価減耗による「売却時の利益増加」は同じ金額となり、減価償却費の正体は「利益の繰り延べ（先送り）」と理解するのが妥当であるとご説明しました。

図6-2-11 減価償却費による節税効果の比較（再掲）

但し、「利益圧縮」の金額と「利益増加」の金額が同じであったとしても、収益計算シミュレーションでの「本当の儲け」への影響が、±ゼロというわけではありません。

ポイントは、所得税・住民税合算税率です。購入・賃貸時の合算税率は、総合課税制度によって15.11％～55.95％の間で決まりますが、売却時の合算税率は、分離課税制度によって20.315％または39.63％と決

められています（ピンと来ない方は、第3章を参照してください）。

　このモデルケースでは、投資1年目〜投資15年目までの間、購入・賃貸時の合算税率は30.42％、売却年度の合算税率は20.315％でした。

　つまり、減価償却費の費用計上によって利益を繰り延べ（先送り）した場合、「購入・賃貸時の利益圧縮」の金額と「売却時の利益増加」の金額が同じとしても、乗じる税率が異なることで税金の金額にも差分が生じ、「本当の儲け」の大小にも影響するということです。

　この関係を整理すると、次のようになります。この税率差を上手にコントロールできるようになれば、本当の意味での節税対策に幅を持たせることができそうですね。

・**購入・賃貸時の税率＞39.63％（短期譲渡の税率）**
減価償却費は、「本当の儲け」の増加に繋がる。

・**39.63％（短期譲渡の税率）＞購入・賃貸時の税率＞20.315％（長期譲渡の税率）**
概ね6年目以降の売却であれば、減価償却費は、「本当の儲け」の増加に繋がる。

・**20.315％（長期譲渡の税率）＞購入・賃貸時の税率**
減価償却費は、「本当の儲け」の増加に繋がらない。

184

6-3 「償却金額:大、償却期間:短、償却率:高」のモデルケース分析

■比較用ファイルの作成

続いての検証は、図6-3-1の組み合わせパターンのうち、「償却金額：大、償却期間：短、償却率：高」のモデルケースです。

マスタファイルでブランクとした各項目に、以下の値を入力してください。あとでシミュレーション結果を比較できるよう、入力後は、ファイル名を『比較（償却２）』などとして、マスタファイルとは別保存しておきましょう。

図6-3-1 「減価償却費」の組み合わせ４パターン（再掲）

変動パラメータ	償却金額（取得価額）	償却期間（耐用年数）	償却率	
組み合わせ	大 / 小	×	長＋低 / 短＋高	＝ 4パターン
構成要素	・建物割合	・建物構造 ・築年数	・建物構造 ・築年数 ・償却方法 （定額法のみ）	

「償却金額：大、償却期間：短、償却率：高」の入力値

・基礎情報シート

「物件名称」：中川ホーム

「築年数」：20年

> ・減価償却シート　　※築年数を入力することで自動計算されます。
>
> 「購入時経過年数」：20年
>
> 「耐用年数」：6年
>
> 「償却率」：0.167

　入力後の画面キャプチャは、図6-3-2、6-3-3のとおりです（網掛け太字部分がマスタファイルとの差分です）。

図6-3-2 購入条件シートの画面キャプチャ

1.基礎情報を入力します。

物件概要	入力欄	備考
物件名称	中川ホーム	正式名称でなくとも可
物件価格(税込)	30,000,000 円	
築年数	20 年	

年齢	入力欄	備考
本人	45 歳	
配偶者	43 歳	
子供(1人目)	18 歳	
子供(2人目)	歳	

図6-3-3 借入シートの画面キャプチャ

6.減価償却費に関する情報を入力します。

取得価額	入力欄	備考
【自動】物件価格	30,000,000 円	
物件価格(建物分)	20,000,000 円	
【自動】物件価格(土地分)	10,000,000 円	物件価格－物件価格(建物分)
【自動】その他取得価額合算分	1,056,000 円	「取得時支出(取得価額に合算)」より引用
【自動】その他取得価額合算分(建物分)	704,000 円	その他取得価額合算分×物件価格(建物分)÷物件価格
【自動】その他取得価額合算分(土地分)	352,000 円	その他取得価額合算分－その他取得価額合算分(建物分)

耐用年数	入力欄	備考
法定耐用年数	22 年	
【自動】購入時経過年数	20 年	「築年数」より引用
【自動】耐用年数	6 年	法定耐用年数内の中古物件取得を前提とした自動計算式

償却率	入力欄	備考
【自動】定額法償却率	0.167	

結果シート用パラメータ	
【自動】減価償却費	3,457,568 円
【自動】簿価(建物等の分)	20,704,000 円
【自動】簿価(土地の分)	10,352,000 円

6-3 「償却金額：大、償却期間：短、償却率：高」のモデルケース分析

■試算結果の読み方（試算結果シート内、①〜④の各表）

　では、試算結果シートの各表を見ていきましょう。試算結果シート内、①〜④のキャプチャは、図6-3-4〜図6-3-6のとおりです。

| 図6-3-4 | 試算結果シート①②の画面キャプチャ |

①物件名称

中川ホーム

②購入条件

必要購入資金	32,426,000 円
物件価格	30,000,000 円
取得時支出（取得価額）	1,056,000 円
取得時支出・費用（初年度計上）	1,370,000 円
購入資金	35,000,000 円
投下可能自己資金	15,000,000 円
借入予定金額	20,000,000 円
購入後の自己資金余力	2,574,000 円

<<参考情報>>

表面利回り	8.0%
実質利回り	7.4%

| 図6-3-5 | CF計算シミュレーション（購入・賃貸）の画面キャプチャ |

③CF計算シミュレーション（購入・賃貸）

		1	2	6	7	15	16	34	35	合計
投資年数	（年目）	1	2	6	7	15	16	34	35	
築年数	（年目）	20	21	25	26	34	35	53	54	
本人年齢	（歳）	45	46	50	51	59	60	78	79	
配偶者年齢	（歳）	43	44	48	49	57	58	76	77	
子供年齢（1人目）	（歳）	18	19	23	24	32	33	51	52	
子供年齢（2人目）	（歳）									
収入		2,376	2,352	2,256	2,232	2,040	2,016	1,584	1,560	68,880
満室時家賃	（年額/千円）	2,400	2,400	2,400	2,400	2,400	2,400	2,400	2,400	84,000
礼金・更新料	（年額/千円）	114	114	114	114	114	114	114	114	4,000
（空室期間相当額）	（年額/千円）	-114	-114	-114	-114	-114	-114	-114	-114	-4,000
（家賃下落相当額）	（年額/千円）	-24	-48	-144	-168	-360	-384	-816	-840	-15,120
支出		4,385	1,959	1,959	1,959	1,959	415	415	415	40,116
固定運営費（税金・保険料）	（年額/千円）	110	110	110	110	110	110	110	110	3,850
固定運営費（税金・保険料以外）	（年額/千円）	180	180	180	180	180	180	180	180	6,300
入居者変更時諸経費・修繕費	（年額/千円）	125	125	125	125	125	125	125	125	4,373
借入返済	（年額/千円）	1,544	1,544	1,544	1,544	1,544	0	0	0	23,166
元本返済分	（年額/千円）	1,155	1,178	1,276	1,302	1,528	0	0	0	20,000
金利返済分	（年額/千円）	389	366	268	242	17	0	0	0	3,166
初年度支出	（年額/千円）	2,426	0	0	0	0	0	0	0	2,426
想定CF（単年）	（千円）	-2,009	393	297	273	81	1,601	1,169	1,145	28,764
想定CF（累積）	（千円）	-2,009	-1,617	-286	-14	1,303	2,904	27,619	28,764	-
<参考>借入金残債（年度末時点）	（千円）	18,845	17,667	12,711	11,409	0	0	0	0	

第6章　収益計算シミュレーションの比較分析（減価償却費）　187

図6-3-6 損益計算シミュレーション（購入・賃貸）の画面キャプチャ

④損益計算シミュレーション（購入・賃貸）

		1	2	6	7	15	16	34	35	合計
投資年数	（年目）	1	2	6	7	15	16	34	35	
築年数	（年目）	20	21	25	26	34	35	53	54	
本人年齢	（歳）	45	46	50	51	59	60	78	79	
配偶者年齢	（歳）	43	44	48	49	57	58	76	77	
子供年齢（1人目）	（歳）	18	19	23	24	32	33	51	52	
子供年齢（2人目）	（歳）									
売上		2,376	2,352	2,256	2,232	2,040	2,016	1,584	1,560	68,880
満室時家賃	（年額/千円）	2,400	2,400	2,400	2,400	2,400	2,400	2,400	2,400	84,000
礼金・更新料	（年額/千円）	114	114	114	114	114	114	114	114	4,000
（空室期間相当額）	（年額/千円）	-114	-114	-114	-114	-114	-114	-114	-114	-4,000
（家賃下落相当額）	（年額/千円）	-24	-48	-144	-168	-360	-384	-816	-840	-15,120
費用		5,632	4,239	4,141	657	432	415	415	415	39,805
固定運営費（税金・保険料）	（年額/千円）	110	110	110	110	110	110	110	110	3,850
固定運営費（税金・保険料以外）	（年額/千円）	180	180	180	180	180	180	180	180	6,300
入居者変更時諸経費・修繕費	（年額/千円）	125	125	125	125	125	125	125	125	4,373
借入金利子	（年額/千円）	389	366	268	242	17	0	0	0	3,166
減価償却費	（年額/千円）	3,458	3,458	3,458	0	0	0	0	0	20,745
初年度費用	（年額/千円）	1,370	0	0	0	0	0	0	0	2,426
想定損益（単年）	（千円）	-3,256	-1,887	-1,885	1,575	1,608	1,601	1,169	1,145	29,075
想定損益（累積）	（千円）	-3,256	-5,143	-12,687	-11,112	1,614	3,215	27,930	29,075	-
＜参考＞簿価（建物等の分/年度末時点）	（千円）	17,246	13,789	0	0	0	0	0	0	
＜参考＞簿価（土地の分/年度末時点）	（千円）	10,352	10,352	10,352	10,352	10,352	10,352	10,352	10,352	

　図6-3-5を見てください。実は、想定CF（単年）の推移「 **G** 」は、先ほどの図6-2-5の「 **A** 」とまったく同じ数字が並んでいます。モデルケースの差分であった築年数の違いは、購入・賃貸時のCF計算シミュレーションには何の影響もないからです。

　その一方で、図6-3-6の想定損益（単年）の推移「 **H** 」は、図6-2-6での「 **B** 」とは大きな差分が生じています。物件の築年数が古いことで償却率が高くなり、毎年の減価償却費は「 **I** 」の346万円にまで増加しました（図6-2-6では116万円でした）。

　これにより、減価償却費の費用計上が終わる投資6年目までは、「想定CF＞想定損益」となり、投資7年目～借入返済の終わる投資15年目までは「想定CF＜想定損益」に、投資16年目以降は「想定CF＝想定損益」となります。

　特に、投資7年目～投資15年目までは、僅かな想定CFに対してデッドクロスが発生し、かなりの税金が発生する予測ですね。（必要に応じて、巻末の全体画面も参照ください）

■試算結果の読み方（試算結果シート内、⑤⑥の各表）

次は、売却時のCF計算と損益計算のシミュレーションを並べて確認します。

図6-3-7 CF計算シミュレーション（売却）の画面キャプチャ

⑤CF計算シミュレーション（売却）		1	2	14	15	16	17	18	19	20
投資年数	（年目）	1	2	14	15	16	17	18	19	20
築年数	（年目）	20	21	33	34	35	36	37	38	39
本人年齢	（歳）	45	46	58	59	60	61	62	63	64
配偶者年齢	（歳）	43	44	56	57	58	59	60	61	62
子供年齢（1人目）	（歳）	18	19	31	32	33	34	35	36	37
子供年齢（2人目）	（歳）									
収入	（千円）	25,000	25,000	25,000	25,000	25,000	25,000	25,000	25,000	25,000
売却価額	（千円）	25,000	25,000	25,000	25,000	25,000	25,000	25,000	25,000	25,000
支出	（千円）	19,736	18,558	2,419	891	891	891	891	891	891
売却時支出	（千円）	891	891	891	891	891	891	891	891	891
購入資金（借入金残債）	（千円） J	18,845	17,667	1,528	0	0	0	0	0	0
想定CF（売却時点）	（千円）	5,264	6,442	22,581	24,109	24,109	24,109	24,109	24,109	24,109

図6-3-8 損益計算シミュレーション（売却）の画面キャプチャ

⑥損益計算シミュレーション（売却）		1	2	14	15	16	17	18	19	20
投資年数	（年目）	1	2	14	15	16	17	18	19	20
築年数	（年目）	20	21	33	34	35	36	37	38	39
本人年齢	（歳）	45	46	58	59	60	61	62	63	64
配偶者年齢	（歳）	43	44	56	57	58	59	60	61	62
子供年齢（1人目）	（歳）	18	19	31	32	33	34	35	36	37
子供年齢（2人目）	（歳）									
売上	（千円）	25,000	25,000	25,000	25,000	25,000	25,000	25,000	25,000	25,000
売却価額	（千円）	25,000	25,000	25,000	25,000	25,000	25,000	25,000	25,000	25,000
費用	（千円）	28,489	25,032	11,243	11,243	11,243	11,243	11,243	11,243	11,243
取得費（売却時簿価）	（千円）	27,598	24,141	10,352	10,352	10,352	10,352	10,352	10,352	10,352
譲渡費用	（千円） K	891	891	891	891	891	891	891	891	891
想定損益（売却時点）	（千円）	-3,489	-32	13,757	13,757	13,757	13,757	13,757	13,757	13,757

図6-3-7を見てください。購入・賃貸時と同様に、売却時の想定CF「**J**」は、先ほどの図6-2-8の「**C**」と全く同じ数字が並んでいます。モデルケースの差分であった築年数の違いは、売却時のCF計算シミュレーションにも何の影響もないからです。

その一方で、図6-3-8の売却時の想定損益「**K**」は、図6-2-9の「**D**」よりも利益が大きくなっています。毎年の減価償却費が増えたことで、

売却時簿価の減少ペースが早まった影響です（図6-3-6を見れば、投資6年目には土地の簿価しか残っていません）。

図6-2-11でご説明したように、毎年の減価償却費による購入・賃貸時の利益圧縮効果は、売却時の利益増加とのトレードオフであることが、このシミュレーション結果からもはっきりと分かりますね。

■モデルケース「償却金額：大、償却期間：短、償却率：高」の分析

最後は、不動産投資の「本当の儲け」を確認しますので、図6-3-9を見てください。

図6-3-9 不動産投資の「本当の儲け」の画面キャプチャ

⑦不動産投資の「本当の儲け」

		1	2	6	7	14	15	16	17
投資年数	(年目)	1	2	6	7	14	15	16	17
築年数	(年目)	20	21	25	26	33	34	35	36
本人年齢	(歳)	45	46	50	51	58	59	60	61
配偶者年齢	(歳)	43	44	48	49	56	57	58	59
子供年齢(1人目)	(歳)	18	19	23	24	31	32	33	34
子供年齢(2人目)	(歳)								
購入・賃貸時									
給与収入	(千円)	8,000	8,000	8,000	8,000	8,000	8,000	8,000	8,000
課税所得金額(給与のみ)	(千円)	4,620	4,620	4,620	4,620	4,620	4,620	4,620	4,620
所得税・住民税合算税率(給与のみ)	(千円)	30.42%	30.42%	30.42%	30.42%	30.42%	30.42%	30.42%	30.42%
所得税・住民税合算税額(給与のみ)	(千円)	969	969	969	969	969	969	969	969
不動産投資の想定CF(単年)	(千円)	-2,009	393	297	273	105	81	1,601	1,577
不動産投資の想定損益(単年)	(千円)	-3,256	-1,887	-1,885	1,575	1,602	1,608	1,601	1,577
課税総所得金額	(千円)	1,364	2,733	2,735	6,195	6,222	6,228	6,221	6,197
所得税・住民税合算税率	(千円)	15.11%	20.21%	20.21%	30.42%	30.42%	30.42%	30.42%	30.42%
所得税・住民税合算控除額	(千円)	0	100	100	436	436	436	436	436
所得税・住民税合算税額	(千円)	206	453	453	1,448	1,456	1,458	1,456	1,449
所得税・住民税合算税額(不動産投資のみ)	(千円)	-763	-516	-516	479	487	489	487	480
不動産投資の「本当の儲け」(単年)	(千円)	-1,246	909	812	-206	-383	-409	1,114	1,097
不動産投資の「本当の儲け」(累積)	(千円)	-1,246	-338	3,056	2,850	705	296	1,410	2,507
売却時	(千円)								
不動産投資の想定CF	(千円)	5,264	6,442	11,398	12,700	22,581	24,109	24,109	24,109
不動産投資の想定損益	(千円)	-3,489	-32	13,757	13,757	13,757	13,757	13,757	13,757
所得税・住民税合算税率	(千円)	39.63%	39.63%	20.32%	20.32%	20.32%	20.32%	20.32%	20.32%
所得税・住民税合算金額	(千円)	0	0	2,795	2,795	2,795	2,795	2,795	2,795
不動産投資の「本当の儲け」	(千円)	5,264	6,442	8,603	9,905	19,786	21,314	21,314	21,314
不動産投資の「本当の儲け」(TOTAL)	(千円)	4,017	6,104	11,660	12,755	20,491	21,610	22,724	23,821

購入・賃貸時の「想定CF（単年）」と「想定損益（単年）」を改めて比較してみましょう。

「L」の部分を見ると、投資2年目から投資6年目までは、大幅な「想定CF（単年）＞想定損益（単年）」の関係で、投資7年目から投資15年目までは大幅な「想定CF（単年）＜想定損益（単年）」に不等式が逆転し、投資16年目以降は同値となっています。

このモデルケースのように、固定資産の償却期間が短い場合、物件購入後の短い期間は、大きな減価償却費の費用計上によって、購入・賃貸時の「本当の儲け」は黒字化しやすい構造です。しかし、減価償却費の計上が終わるのも早いため、中長期で見れば、購入・賃貸時の「本当の儲け」が安定しにくい構造でもあるということです。

また、借入方式に元利均等返済を選ぶことで、この傾向がより顕著となることもあります。元利均等返済については、第1章でもご説明しましたが、図6-3-10のように「返済を進めるほどに、支出でありながら費用計上できない元本返済額が増える」返済方式です。

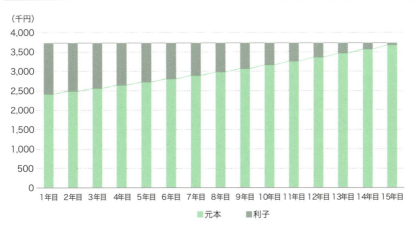

図6-3-10　元利均等返済（借入4,500万円/15年/3％）（再掲）

このモデルケースでは、減価償却費を費用計上できる投資6年目までの間、借入返済における元本返済額が小さいことも、購入・賃貸時の「本当の儲け」を大きくすることに起因していました。

しかし、借入返済終了の投資15年目に近づくほどに元本返済額は大きくなり、減価償却費の計上が終わることと重なりデッドクロスは拡大し、購入・賃貸時の「本当の儲け」を小さくする要因となってしまうのです。

このように、収益計算シミュレーションでは、「借入」と「減価償却費」の2つの動きを追うことが非常に重要となります。

■築古戸建て投資に潜む罠に要注意！

ここ数年、比較的手残りが出しやすいことから、築古戸建て投資が人気を集めています。実は、このモデルケースは、最近ご相談が増えている築古戸建て投資への警笛の意味を込めて設定しました。

築古戸建て投資は、このモデルケースのように建物の耐用年数があまり残っておらず、固定資産の償却期間が短いのが特徴です。また、一般に築古物件への融資は引きにくく、借入先の選択肢はあまりないことから、日本政策金融公庫などから10年～15年程度の元利均等返済で借入をすることが多いようです。

もちろん、築古戸建て投資自体がダメというつもりはありませんが（そもそも本書は特定の投資方法の是非をテーマにしていません）、今ご覧いただいたように、築古物件への投資では、投資開始後しばらくは単年で「想定CF＞想定損益」となりやすく、購入・賃貸時の「本当の儲け」を出しやすい収益構造となっています。

くれぐれも、投資直後の結果でもって、その不動産投資が順調に成功していると誤解しないようにご注意ください。

私への相談事例で実際にあったのは、不動産投資初心者の方がこうした築古戸建て投資を勧められ、順調に成功していると誤解している間に次々と物件を購入し、気付いたときには税金で大変なことになっている…というものです。

物件購入当初の節税効果が肝なので、本業の給与所得と合算して大きな節税効果の見込める、高収入のサラリーマン・公務員などが恰好のターゲットになっているように感じています。

購入前に収益計算シミュレーションを行っておけば、こうした罠には事前に気付くことができますので、是非とも本書の内容を実務でご活用いただければと思います。

以上で、第二部「収益計算シミュレーションの実践」の説明を終わります。第一部・第二部を通じて、収益計算シミュレーションに必要な基礎知識（国語）とそれを活用した計算方法（算数）の理解は、かなり深めていただけたのではないかと思います。

次の第三部では、「雛形書式」は十分ご理解いただいた前提で、使い勝手を更に追及した「簡易版書式」や、法人税率に対応した「法人税版書式」へのカスタマイズ、そして本書を通じて課題となっている税金を抑えるテクニックについて、ご説明していきたいと思います。

第三部

収益計算シミュレーションの
応用

第 7 章

【簡易版】
収益計算シミュレーション

　第三部のテーマは、「収益計算シミュレーションの応用」です。「応用」といっても、さらに複雑で精緻なシミュレーションを極めるということではありません。実務での活用を想定して、より使い勝手の良い「雛形書式」のカスタマイズや、シミュレーション結果を良化させる対策を知ることで、より効率的・合理的に活用していただけることを企図しています。

　第7章のテーマは、収益計算シミュレーションの簡易版です。不動産投資初心者の活用や、本格検討の前段階での活用を想定し、収益計算の重要ポイントは押さえつつ、より使い勝手に特化した書式の作り方をご説明します。

7-1 【簡易版】収益計算シミュレーション書式とは

■【簡易版】収益計算シミュレーション書式の活用

　本書では、不動産投資の収益計算シミュレーションを、『物件購入時に、知識を、"国語"から"算数"に効率的に変換し、合理的な投資判断をサポートするツール』と定義しています。

　第二部では、収益計算シミュレーションの基本形とした「雛形書式」を、「なるべく多くの方にご使用いただける汎用性の高い仕様」を意識して項目を積み上げたため、相応に「複雑」「面倒」「難しい」書式となったことは否めません。

　もちろん、高額な物件購入の判断根拠とする以上は必要なことではありますが、現実的に不動産投資の初心者には入力しづらい項目もありますし、初心者でなくとも、本格的な購入検討の前段階（検討物件の絞り込みなど）での活用には、ややオーバースペックな仕様となったことも確かです。

　そこで本章では、収益計算の重要ポイントは押さえたうえで、より初心者や日常的な活用での使い勝手に特化した、収益計算シミュレーションの簡易版書式（以下、「簡易版書式」といいます）の作り方をご説明していきます。

簡易版書式の活用想定

・**不動産投資をこれから始める方・始めたばかりの方の購入判断**
　不動産投資初心者の方でも扱いやすい、導入版としてのツール

198

・検討物件の絞り込み

「雛形書式」による、本格的な収益計算シミュレーションの前段階で使用するツール

せっかく「雛形書式」があるのに、あえて「簡易版書式」の作成を誘導するような方針に違和感を覚える方もいるかもしれません。

しかし、要は使い分けです。どれほどしっかりしたシミュレーション書式であっても、それを使いこなせなかったり、使う頻度が少なくなってしまうようでは意味がありません。

実際、こうしたシーンで用いるシミュレーションは、単純な利回り計算や、不動産業者の作成した営業バイアスのかかったシミュレーションであることが多かった印象です。これを、簡易版とはいえ収益計算シミュレーションに置き換えることができれば、他の不動産投資家に対する大きなアドバンテージとなるはずです。

■収益計算シミュレーションで絶対に外せない2つの最重要ポイント

簡易版といっても、収益計算シミュレーションを名乗る以上は、絶対に外せない最重要ポイントが2点あります。これまでもお伝えしていますが、ここでも改めておさらいしておきます。

収益計算シミュレーションでの２つの最重要ポイント

・時系列の相関関係が反映できていること
・税金を引いた、「本当の儲け」が計算できること
　⇒物件購入時に合理的な投資判断をするには、この2つの要素が不可欠！

図7-1-1　不動産投資の時系列と相関関係のイメージ（再掲）

図7-1-2　収益計算の流れ（購入・賃貸時）（再掲）

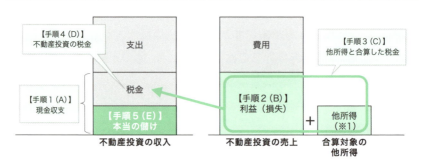

図7-1-3 収益計算の流れ（売却時）（再掲）

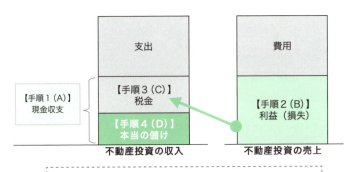

7-2 【簡易版】収益計算シミュレーションの書式の使い方

■「雛形書式」は、「入力シート」「試算結果シート」「引数シート」で構成

　では、「簡易版書式」の作り方のご説明に入ります。入力項目が多い「雛形書式」では、図7-2-1のとおり、8つの入力用シート、1つの試算結果シート、そして自動計算や関数を行うための1つの引数シートの計10シート構成としましたが、「簡易版書式」では図7-2-2のとおり、入力用シート、試算結果シート、引数シートを各1シートの計3シート構成に大幅に簡略化しています。

図7-2-1 雛形書式の構成（再掲）

シートの種類	シートの役割	シート数
入力シート		
1.基礎情報	収益計算シミュレーションに必要な情報を 入力するシート	8シート
2.購入条件		
3.賃貸時の収入・売上		
4.賃貸時の支出・費用		
5.借入		
6.減価償却		
7.売却条件		
8.税金		
試算結果シート		
①物件名称	収益計算シミュレーションの結果を 表示するシート	1シート
②購入条件		
③CF計算シミュレーション（購入・賃貸）		
④損益計算シミュレーション（購入・賃貸）		
⑤CF計算シミュレーション（売却）		
⑥損益計算シミュレーション（売却）		
⑦不動産投資の「本当の儲け」		
引数シート	入力シート、試算結果シートの自動計算・関数を 補佐するシート	1シート

202

7-2 【簡易版】収益計算シミュレーションの書式の使い方

図7-2-2 簡易版書式の構成

シートの種類	シートの役割	シート数
入力シート	収益計算シミュレーションに必要な情報を入力するシート	1シート
1.基礎情報		
2.購入条件		
3.賃貸時の収入・売上		
4.賃貸時の支出・費用		
5.借入		
6.減価償却		
7.税金		
試算結果シート	収益計算シミュレーションの結果を表示するシート	1シート
①物件名称		
②購入条件		
③CF計算シミュレーション（購入・賃貸）		
④損益計算シミュレーション（購入・賃貸）		
⑤CF計算シミュレーション（売却）		
⑥損益計算シミュレーション（売却）		
⑦不動産投資の「本当の儲け」		
引数シート	入力シート、試算結果シートの自動計算・関数を補佐するシート	1シート

■入力シートの項目は大幅に削減

ここからは、簡易版書式の作り方を具体的にご説明していきます。

第5章までと同様、環境の許す方は、是非、実際にパソコンで「簡易

第7章 【簡易版】収益計算シミュレーション　203

版書式」を使いながら本書を読み進めてください（「簡易版書式」のダウンロード方法は本書10ページに掲載しています）。

では、図7-2-3の入力シートを見てください。入力欄がブランクだと分かりづらいため、これ以降は「ルーム中川」という架空物件を購入検討中ということにして、各入力欄に仮定値を入れた入力画面をキャプチャして掲載します。（それぞれの値自体に深い意味はありません）

図7-2-3 「簡易版書式」入力シートの作成

1.関連情報を入力・選択します。

1. 基礎情報	入力・選択欄	備考
物件名称	ルーム中川	正式名称でなくとも可
物件価格(税込)	12,000,000 円	
築年数	25 年	
2. 購入条件	入力・選択欄	備考
購入資金	6,000,000 円	
借入予定金額	8,000,000 円	
3. 収入・売上	入力・選択欄	備考
月額家賃	80,000 円	
▽空室率	低(3%)	高(15%)、中(10%)、低(3%)より選択
▽家賃下落率	中(1%)	高(3%)、中(1%)、低(0.5%)より選択
5. 借入	入力・選択欄	備考
借入予定期間	30 年	
借入想定金利	2.00%	年利
6.減価償却費	入力・選択欄	備考
▽建物割合	中(50%)	大(70%)、中(50%)、小(30%)より選択
▽法定耐用年数	SRC・RC(47年)	SRC・RC(47年)、鉄骨(34年)、木造(22年)より選択
7.売却	入力・選択欄	備考
売却想定価格	9,000,000 円	
8.税金	入力・選択欄	備考
給与収入	8,000,000 円	

シミュレーション計数		
【自動】購入時支出・費用(仲介手数料)	462,000 円	仲介手数料上限を自動計算
【自動】購入時支出・費用(仲介手数料以外)	600,000 円	物件価格の5%を自動計算
【自動】空室率	3.0%	
【自動】家賃下落率	1.0%	
【自動】月額維持費	16,000 円	月額家賃の20%を自動計算
【自動】建物割合	50%	
【自動】取得価額(建物分)	6,231,000 円	(物件価格＋仲介手数料)×建物割合
【自動】法定耐用年数	47 年	
【自動】耐用年数	27 年	
【自動】償却率	0.038	
【自動】給与所得控除	1,900,000 円	
【自動】給与所得	6,100,000 円	
【自動】所得控除	1,200,000 円	給与収入の15%を自動計算
【自動】課税所得金額	4,900,000 円	
【自動】所得税・住民税の合算税率	30.42%	
【自動】所得税・住民税の合算控除額	436,478 円	
【自動】所得税・住民税の合算税額	1,054,102 円	

結果シート用パラメータ		
【自動】満室時家賃	960,000 円	
【自動】空室期間相当額	-28,800 円	
【自動】家賃下落相当額	-9,600 円	
【自動】年間維持費	192,000 円	
【自動】減価償却費	236,778 円	
【自動】簿価(建物等の分)	6,231,000 円	
【自動】簿価(土地の分)	6,231,000 円	
【自動】売却価額	9,000,000 円	
【自動】給与収入	8,000,000 円	
【自動】課税所得金額	4,900,000 円	
【自動】所得税・住民税の合算税率	30.42%	
【自動】所得税・住民税の合算税額	1,054,102 円	

結果シート用パラメータ			1	2	3	4	5	6	7	8	9	10	11	12	13	14	15	
返済年数																		
【自動】借入返済額			355	355	355	355	355	355	355	355	355	355	355	355	355	355	355	
	うち、元本分		197	201	205	209	213	217	222	226	231	235	240	245	250	255	260	
	うち、金利分		158	154	150	146	142	138	133	129	124	119	115	110	105	100	95	

204

「簡易版書式」での入力欄は、収益計算シミュレーションの計算結果に、特に影響の大きな影響のある項目に絞っています。

また、購入時の仲介手数料を上限額と仮定して自動計算したり、賃貸時の月額維持費を家賃の20％で自動計算するなど、シミュレーション上は外せない項目についても、一定条件における自動化を取り入れ、入力作業を限界まで簡略化しています。それぞれの計算仕様の詳細は、図7-2-3の備考欄および実際のExcelファイルを参照してください。

■一部の入力項目は選択肢形式に変更

もう1つ、入力作業を簡略化するため、「建物割合」など一部項目については、数値入力ではなく値をプルダウン選択する仕様としました（図7-2-3の項目名の頭に「▽」マークがある項目が該当します）。

実際、検討物件の絞り込みの段階では、正確な建物割合が分からないことは少なくありませんし、「空率率」「家賃下落率」の設定にはある程度の経験や相場感覚が必要で、初心者の方には妥当な値を設定するのは難しいかもしれません（正確な数値は、本格的な購入検討の段階で改めて「雛形書式」で行えばよいわけです）。

なお、概算であっても、エリア事情や不動産投資の手法によっては、「簡易版書式」の選択肢を変更したい場合もあると思います。その場合は、以下の要領でカスタマイズしてください。

Excelの解説とコツ！

・選択肢のカスタマイズについて

プルダウンで表示される選択肢は、Excelの「データの入力規則」で変更可能です。なお、プルダウンで選択した値は文字列のため、「シミュレーション計数」欄で、IF関数により数値に置きなおして、試算結果シートにリンクする仕様としています。選択肢をカスタマイズした場合は、忘れずに「シミュレーション計数」欄の関数も変更してください。

その他の仕様は、基本的には第4章でご説明した「雛形シート」の計算式・関数を用いて作成しています。必要に応じて第4章の説明もご参照ください。

■試算結果シートの書式はほぼ「雛形書式」と同様

図7-2-4に、簡易版書式の試算結果シート抜粋の画面キャプチャを掲載しています（巻末に全体画面を掲載しています）。

図7-2-4 「簡易版書式」試算結果シートの作成

①物件名称
ルーム中川

②購入条件

必要購入資金	13,062,000	円
物件価格	12,000,000	円
取得時支出(取得価額)	462,000	円
取得時支出・費用(初年度計上)	600,000	円
購入資金	14,000,000	円
投下可能自己資金	6,000,000	円
借入予定金額	8,000,000	円
購入後の自己資金余力	938,000	円

<<参考情報>>

表面利回り	8.0%
実質利回り	6.4%

③CF計算シミュレーション（購入・賃貸）

投資年数	(年目)	1	2	3	4	5	6	7	34	35	合計
築年数	(年目)	25	26	27	28	29	30	31	58	59	
収入		922	912	902	893	883	874	864	605	595	26,544
満室時家賃	(年額/千円)	960	960	960	960	960	960	960	960	960	33,600
(空室期間相当額)	(年額/千円)	-29	-29	-29	-29	-29	-29	-29	-29	-29	-1,008
(家賃下落相当額)	(年額/千円)	-10	-19	-29	-38	-48	-58	-67	-326	-336	-6,048
支出		1,609	547	547	547	547	547	547	192	192	18,427
年間維持費	(年額/千円)	192	192	192	192	192	192	192	192	192	6,720
借入返済	(年額/千円)	355	355	355	355	355	355	355	0	0	10,645
元本返済分	(年額/千円)	197	201	205	209	213	217	222	0	0	8,000
金利返済分	(年額/千円)	158	154	150	146	142	138	133	0	0	2,645
初年度支出	(年額/千円)	1,062	0	0	0	0	0	0	0	0	1,062
想定CF(単年)	(千円)	-687	365	356	346	336	327	317	413	403	8,117
想定CF(累積)	(千円)	-687	-322	33	379	716	1,043	1,360	7,714	8,117	-
<参考>借入金残債(年度末時点)	(千円)	7,803	7,603	7,398	7,189	6,976	6,759	6,537	0	0	-

④損益計算シミュレーション（購入・賃貸）

投資年数	(年目)	1	2	3	4	5	6	7	34	35	合計
築年数	(年目)	25	26	27	28	29	30	31	58	59	
売上		922	912	902	893	883	874	864	605	595	26,544
満室時家賃	(年額/千円)	960	960	960	960	960	960	960	960	960	33,600
(空室期間相当額)	(年額/千円)	-29	-29	-29	-29	-29	-29	-29	-29	-29	-1,008
(家賃下落相当額)	(年額/千円)	-10	-19	-29	-38	-48	-58	-67	-326	-336	-6,048
費用		1,187	583	579	575	571	566	562	192	192	16,358
年間維持費	(年額/千円)	192	192	192	192	192	192	192	192	192	6,720
借入金利子	(年額/千円)	158	154	150	146	142	138	133	0	0	2,645
減価償却費	(年額/千円)	237	237	237	237	237	237	237	0	0	6,393
初年度費用	(年額/千円)	600	0	0	0	0	0	0	0	0	1,062
想定損益(単年)	(千円)	-265	329	323	318	313	307	302	413	403	10,186
想定損益(累積)	(千円)	-265	64	387	705	1,018	1,325	1,627	9,783	10,186	
<参考>簿価(建物等の分/年度末時点)	(千円)	5,994	5,757	5,521	5,284	5,047	4,810	4,574	0	0	
<参考>簿価(土地の分/年度末時点)	(千円)	6,231	6,231	6,231	6,231	6,231	6,231	6,231	6,231	6,231	

⑤CF計算シミュレーション（売却）

投資年数	(年目)	1	2	3	4	5	6	7	34	35
築年数	(年目)	25	26	27	28	29	30	31	58	59
収入		9,000	9,000	9,000	9,000	9,000	9,000	9,000	9,000	9,000
売却価額	(千円)	9,000	9,000	9,000	9,000	9,000	9,000	9,000	9,000	9,000
支出	(千円)	7,803	7,603	7,398	7,189	6,976	6,759	6,537	0	0
購入資金(借入金残債)	(千円)	7,803	7,603	7,398	7,189	6,976	6,759	6,537	0	0
想定CF(売却時点)	(千円)	1,197	1,397	1,602	1,811	2,024	2,241	2,463	9,000	9,000

⑥損益計算シミュレーション（売却）

		1	2	3	4	5	6	7	34	35
投資年数	（年目）	1	2	3	4	5	6	7	34	35
築年数	（年目）	25	26	27	28	29	30	31	58	59
売上	（千円）	9,000	9,000	9,000	9,000	9,000	9,000	9,000	9,000	9,000
売却価額	（千円）	9,000	9,000	9,000	9,000	9,000	9,000	9,000	9,000	9,000
費用	（千円）	12,225	11,988	11,752	11,515	11,278	11,041	10,805	6,231	6,231
取得費（売却時簿価）	（千円）	12,225	11,988	11,752	11,515	11,278	11,041	10,805	6,231	6,231
想定損益（売却時点）	（千円）	−3,225	−2,988	−2,752	−2,515	−2,278	−2,041	−1,805	2,769	2,769

⑦不動産投資の「本当の儲け」

		1	2	3	4	5	6	7	34	35
投資年数	（年目）	1	2	3	4	5	6	7	34	35
築年数	（年目）	25	26	27	28	29	30	31	58	59
購入・賃貸時										
給与収入	（千円）	8,000	8,000	8,000	8,000	8,000	8,000	8,000	8,000	8,000
課税所得金額（給与のみ）	（千円）	4,900	4,900	4,900	4,900	4,900	4,900	4,900	4,900	4,900
所得税・住民税合算税率（給与のみ）	（千円）	30.42%	30.42%	30.42%	30.42%	30.42%	30.42%	30.42%	30.42%	30.42%
所得税・住民税合算税額（給与のみ）	（千円）	1,054	1,054	1,054	1,054	1,054	1,054	1,054	1,054	1,054
不動産投資の想定CF（単年）	（千円）	−687	365	356	346	336	327	317	413	403
不動産投資の想定損益（単年）	（千円）	−265	329	323	318	313	307	302	413	403
課税総所得金額	（千円）	4,635	5,229	5,223	5,218	5,213	5,207	5,202	5,313	5,303
所得税・住民税合算税率	（千円）	30.42%	30.42%	30.42%	30.42%	30.42%	30.42%	30.42%	30.42%	30.42%
所得税・住民税合算税額	（千円）	973	1,154	1,152	1,151	1,149	1,148	1,146	1,180	1,177
所得税・住民税合算控除額	（千円）	436	436	436	436	436	436	436	436	436
所得税・住民税合算税額（不動産投資のみ）	（千円）	−81	100	98	97	95	93	92	126	123
**　不動産投資の「本当の儲け」（単年）**	（千円）	−607	265	257	249	241	233	225	287	281
**　不動産投資の「本当の儲け」（累積）**	（千円）	−607	−341	−84	165	406	640	865	4,738	5,018
売却時	（千円）									
不動産投資の想定CF	（千円）	1,197	1,397	1,602	1,811	2,024	2,241	2,463	9,000	9,000
不動産投資の想定損益	（千円）	−3,225	−2,988	−2,752	−2,515	−2,278	−2,041	−1,805	2,769	2,769
所得税・住民税合算税率	（千円）	39.63%	39.63%	39.63%	39.63%	39.63%	20.32%	20.32%	20.32%	20.32%
所得税・住民税合算税額	（千円）	0	0	0	0	0	0	0	563	563
**　不動産投資の「本当の儲け」**	（千円）	1,197	1,397	1,602	1,811	2,024	2,241	2,463	8,437	8,437
不動産投資の「本当の儲け」（TOTAL）	（千円）	590	1,056	1,518	1,976	2,430	2,881	3,327	13,175	13,456

　試算結果シートは、収益計算シミュレーションの要ですので、年齢表示の削除と、一部支出・費用の集約以外は、ほぼ「雛形書式」と遜色ないレベルのシミュレーション結果が表示されます（試算結果の計算式や考え方も、「雛形書式」に準じています）。

■収益計算シミュレーションの幹と枝葉

　本章の冒頭に、「簡易版書式」は次のような活用シーンを想定したとご説明しました。

簡易版シミュレーション書式の活用想定

・検討物件の絞り込み

「雛形書式」のような、本格的な収益計算シミュレーションの前段階で使用するツール

・不動産投資をこれから始める方・始めたばかりの方の購入判断

不動産投資初心者の方でも扱いやすい、導入版としてのツール

目的に照らして、入力項目を大幅に削減したり、選択肢形式にしたり
と、書式を簡略化する工夫を凝らしたわけですが、当然ながら収益計算
シミュレーション自体の正確性は、「雛形書式」よりも劣ります。

　しかし、これまで第一部・第二部を読んできた方であれば、この「簡
易版書式」には、収益計算シミュレーションの重要なポイントは、しっ
かり網羅されていることを実感していただけたはずです。

　収益計算シミュレーションの重要ポイントを幹とすれば、正確性を上
げるための細かい項目は、いわば枝葉です。幹がしっかりしてさえいれ
ば、あとはどこまで枝葉を茂らせるか（正確性を上げるか）という点が、
カスタマイズで考えるポイントとなるわけです。

　「簡易版書式」は、枝葉を落とした1つの書式の作成事例に過ぎませ
ん。この幹と枝葉の関係が見えていれば、いかようにもカスタマイズで
きるはずですので、是非ご自身に最適なオリジナル書式へ改良してみて
ください。

　次の章では、法人税に対応した収益計算シミュレーション書式の作り
方についてご説明していきます。

208

第 **8** 章

【法人税対応版】
収益計算シミュレーション

　第8章では、不動産投資の事業の法人化を想定して、収益計算シミュレーションで前提とする税金を、個人に対する所得税・住民税ではなく、法人に対する法人税等とした場合の「本当の儲け」を計算するカスタマイズ方法をご説明します。

　収益計算シミュレーションの基本的な考え方は個人と変わりませんが、法人税の計算では、税率の差分だけでなく、その計算手順にも違いがあります。多くの不動産投資家にとって、投資規模を拡大するうえで法人化の検討は避けられませんので、法人化のメリット・デメリットを算数で計算できるスキルを身に付けておきましょう。

8-1 【法人税対応版】収益計算シミュレーション書式とは

■【法人税対応版】収益計算シミュレーション書式の活用

　これまでご説明してきた収益計算シミュレーションは、基本的に個人（個人事業主）として行う不動産投資を前提にしており、「雛形書式」「簡易版書式」のいずれも、個人に課せられる税金（所得税・住民税）を計算する仕様でした。

　しかし、不動産投資で順調に利益を出し、その投資規模を拡大するほどに、個人に課せられる所得税・住民税の負担は重くなり、「本当の儲け」の拡大が難しくなる構造にあることは、これまで説明のとおりです。

　個人でできる税金対策もたくさんありますが、総合課税制度と超過累進課税制度のダブルコンボは重く、そのコンボを回避できる抜本対策としての法人化は、ある程度規模の大きな不動産投資家であれば、一度は検討することになるはずです。

　次ページの図8-1-1を見てください。不動産投資における法人化には、一般に「資産管理方式」と「資産保有方式」の2つがあるとされています（資産管理方式のなかでも、単純に管理委託とする場合と、サブリースによる管理委託とする場合があります）。

　それぞれの方式の特徴は第10章で改めてご説明しますが、一般に最も効果が大きく、税務上の指摘リスクが低いとされるのは、2つ目の「資産保有方式」です。

　資産保有方式とは、個人でなく法人で物件を保有（購入・賃貸・売却）し、自分はその法人の役員や従業員となって、役員報酬や給与の形で、

8-1 【法人税対応版】収益計算シミュレーション書式とは

図8-1-1 法人化の2つの方式

	方式		概要
1	資産管理方式	管理委託	物件購入・賃貸・売却時に発生する各種作業を、自分の法人に外注して、業務委託費を支払う方式
		サブリース	物件を、自分の法人に一括借り上げさせ、サブリース委託費を支払う方式
2	資産保有方式		自分の法人で、物件を保有(物件購入・賃貸・売却)する方式

法人の利益を受け取る方式のことです。不動産投資を行う主体者が、個人でなく法人となるため、課される税金は、「所得税・住民税」ではなく、「法人税」を中心とした各種税金となります。

　私が相談を受けたなかでは、法人化している方の大多数がこの資産保有方式を中心としていたので(私自身もそうですが、法人化前に取得した個人所有の物件に、資産管理方式を併用する方もいます)、これ以降は、資産保有方式を前提にした「雛形書式」のカスタマイズ例についてご説明することといたします。

■個人と法人の税金計算の違い

　資産保有方式で法人化した場合、個人ではできなかった「本当の儲け」を増やすための様々な対策を選択肢に持てるようになります(所有物件の売却損を別物件の賃貸収入と相殺したり、社会保険や経営セーフティ共済に加入したり…など。詳細は第10章で改めてご説明します)。

　しかし、法人化による最大のメリットといえば、ほとんどの場合において「個人と法人の税率差による節税」だと考えて、まず間違いないでしょう(但し、税率差だけに着目して、法人化するべきではありません。第9章・第10章も読み進めていただいたうえで、総合的に法人化の是非は判断してください)。

第8章 【法人税対応版】収益計算シミュレーション　211

これをご理解いただくために、個人の税率をおさらいしておきます。
個人の場合、不動産投資の利益に対する所得税・住民税合算税率は、「購入・賃貸時」と「売却時」で異なっており、それぞれの税率は、図8-1-2・図8-1-3のとおりでしたね（個人の税率に関する知識が不安な方は、第3章を改めて参照してください）。

図8-1-2　所得税・住民税合算税率の速算表（総合課税）（再掲）

課税所得	税率	控除額
0円〜　1,950,000円	15.11%	0
1,950,001円〜　3,300,000円	20.21%	99,548
3,300,001円〜　6,950,000円	30.42%	436,478
6,950,001円〜　9,000,000円	33.48%	649,356
9,000,001円〜18,000,000円	43.69%	1,568,256
18,000,001円〜40,000,000円	50.84%	2,854,716
40,000,001円〜	55.95%	4,896,716

図8-1-3　所得税・住民税合算税率（分離課税/譲渡所得（不動産））

課税区分	税率
長期譲渡所得	20.315%
短期譲渡所得	39.63%

　これに対して、法人の場合には、「購入・賃貸時」と「売却時」で税率に違いはありません。もっと言えば、法人では「購入・賃貸時」と「売却時」の利益をそもそも区別しません。あくまでも、「購入・賃貸・売却」全てを合計した年間の法人所得に対して、所定の税率が課される点を覚えておきましょう。

8-1 【法人税対応版】収益計算シミュレーション書式とは

個人と法人の税金計算の違い

<個人>
・「購入・賃貸時」と「売却時」の利益は別に計算する
・「購入・賃貸時」と「売却時」の税率は異なる

<法人>
・「購入・賃貸時」と「売却時」の利益は別に計算しない（区別しない）
・「購入・賃貸時」と「売却時」の税率は同じ（区別しない）

次に、課税される税金の種類です。

法人に課される税金は、正確には法人税だけではありません。個人でも、所得税と住民税の合算税率で計算するのと同じように、法人でも、法人税・地方法人税・法人住民税・法人事業税等の合算税率である「法人税実効税率」で計算します。

収益計算シミュレーションで計算する税金の範囲

<個人>
所得税、住民税

<法人>
法人税実効税率（法人税・地方法人税・法人住民税・法人事業税等）

では、肝心の法人税実効税率はどのくらいなのでしょうか？

法人税実効税率は、個人と異なり少しずつ引き下げられており、令和2年7月現在の税率は次ページの図8-1-4のとおりです。

個人の場合、特に「購入・賃貸時」の税率は、図8-1-2のとおり最大55.95％まで上昇してしまう悩ましさがありましたが、法人化することで、税率は最大33.58％に抑えられるわけで、その税率差は大きいですよ

第8章 【法人税対応版】収益計算シミュレーション 213

図8-1-4 中小法人の法人税実効税率（令和2年7月現在）

法人所得	実効税率
～4,000,000円	21.37%
4,000,001円～8,000,000円	23.17%
8,000,001円～	33.58%

ね（特に、会社員や公務員のように高い給与収入がある方ほど、総合課税制度によって、不動産投資の規模が小さいうちから個人の税率が高くなってしまうため、法人化による節税効果は大きくなる傾向にあります）。

　本章でご説明する収益計算シミュレーション書式では、個人の所得税・住民税に替えて、この法人税実効税率を用いて計算することになります。

【法人税対応版】収益計算シミュレーションの書式の使い方

■「法人税対応版書式」のシート構成

では、法人税対応版の収益計算シミュレーション書式（以下、「法人税版書式」と言います）の作り方の説明に入ります。

書式の構成はほぼ「雛形書式」と同じですが、個人と異なり給与所得等の他所得との合算を考慮する必要がないため、入力シートのうち税金シートは不要です。

そのため、図8-2-1のとおり「法人税版書式」は、7つの入力用シート、1つの試算結果シート、1つの引数シートの計9シート構成となります。

図8-2-1　「法人税版書式」の構成

シートの種類		シートの役割	シート数
入力シート	1.基礎情報	収益計算シミュレーションに必要な情報を入力するシート	7シート
	2.購入条件		
	3.賃貸時の収入・売上		
	4.賃貸時の支出・費用		
	5.借入		
	6.減価償却		
	7.売却条件		
試算結果シート	①物件名称	収益計算シミュレーションの結果を表示するシート	1シート
	②購入条件		
	③CF計算シミュレーション（購入・賃貸）		
	④損益計算シミュレーション（購入・賃貸）		
	⑤CF計算シミュレーション（売却）		
	⑥損益計算シミュレーション（売却）		
	⑦不動産投資の「本当の儲け」		
引数シート		入力シート、試算結果シートの自動計算・関数を補佐するシート	1シート

なお、本書10ページに「雛形書式」と「法人税版書式」のダウンロード方法を掲載しています。計算式や関数は、実際のExcelファイルを見ながらの方が分かりやすいと思いますので、環境の許す方は是非、実際にパソコンで「雛形書式」と「法人税版書式」を見ながら本書を読み進めてください。

■試算結果シートの差分①（売却年度以外）

　前述のとおり、「雛形書式」と「法人税版書式」の入力シートの差分は、税金シートの有無だけです。そのため、入力シートのご説明は割愛して、試算結果シートに絞ってご説明します（試算結果シートの全量は巻末に掲載しますので、必要に応じてご参照ください）。

　試算結果シートでの差分は、図8-2-2の「⑦不動産投資の本当の儲け」欄です。「法人税版書式」での購入・賃貸時の「本当の儲け」は、想定損益に法人税実効税率を乗じた金額（税額）を、想定CFから引くだけのシンプルな計算できます（値がブランクだと分かりづらいため、第4章のモデルケースを引用した値を入れています）。

　参考として、同じ条件設定における「雛形書式」での計算結果を、図8-2-3に掲載しました。税金計算の手順・「本当の儲け」の計算手順の違いは明らかですね。

図8-2-2 【法人】購入・賃貸時の「本当の儲け」

⑦不動産投資の「本当の儲け」

投資年数	(年目)	1	2	3	4	5	6	7	8	9	10
築年数	(年目)	12	13	14	15	16	17	18	19	20	21
本人年齢	(歳)	40	41	42	43	44	45	46	47	48	49
配偶者年齢	(歳)	35	36	37	38	39	40	41	42	43	44
子供年齢(1人目)	(歳)	10	11	12	13	14	15	16	17	18	19
子供年齢(2人目)	(歳)										
購入・賃貸時											
不動産投資の想定CF（単年）	(千円)	-1,345	-58	-68	-77	-87	-97	-106	-116	-125	-135
不動産投資の想定損益（単年）	(千円)	-635	166	166	167	168	169	171	173	175	177
法人税	(千円)	-136	35	36	36	36	36	37	37	37	38
不動産投資の「本当の儲け」（単年）	(千円)	-1,209	-94	-103	-113	-123	-133	-143	-153	-163	-173
不動産投資の「本当の儲け」（累積）	(千円)	-1,209	-1,303	-1,406	-1,519	-1,642	-1,775	-1,918	-2,071	-2,233	-2,406

8-2 【法人税対応版】収益計算シミュレーションの書式の使い方

図8-2-3 【参考比較用（個人）】購入・賃貸時の「本当の儲け」

⑦不動産投資の「本当の儲け」

		1	2	3	4	5	6	7	8	9	10
投資年数	(年目)	1	2	3	4	5	6	7	8	9	10
築年数	(年目)	12	13	14	15	16	17	18	19	20	21
本人年齢	(歳)	40	41	42	43	44	45	46	47	48	49
配偶者年齢	(歳)	35	36	37	38	39	40	41	42	43	44
子供年齢(1人目)	(歳)	10	11	12	13	14	15	16	17	18	19
子供年齢(2人目)	(歳)										
購入・賃貸時											
給与収入	(千円)	8,000	8,000	8,000	8,000	8,000	8,000	8,000	8,000	8,000	8,000
課税所得金額(給与のみ)	(千円)	4,620	4,620	4,620	4,620	4,620	4,620	4,620	4,620	4,620	4,620
所得税・住民税合算税率(給与のみ)	(千円)	30.42%	30.42%	30.42%	30.42%	30.42%	30.42%	30.42%	30.42%	30.42%	30.42%
所得税・住民税合算税額(給与のみ)	(千円)	969	969	969	969	969	969	969	969	969	969
不動産投資の想定CF(単年)	(千円)	−1,345	−58	−68	−77	−87	−97	−106	−116	−125	−135
不動産投資の想定損益(単年)	(千円)	−635	166	166	167	168	169	171	173	175	177
課税所得金額	(千円)	3,985	4,786	4,786	4,787	4,788	4,789	4,791	4,793	4,795	4,797
所得税・住民税合算税率	(千円)	30.42%	30.42%	30.42%	30.42%	30.42%	30.42%	30.42%	30.42%	30.42%	30.42%
所得税・住民税合算控除額	(千円)	436	436	436	436	436	436	436	436	436	436
所得税・住民税合算税額	(千円)	776	1,019	1,019	1,020	1,020	1,020	1,021	1,021	1,022	1,023
所得税・住民税合算税額(不動産投資のみ)	(千円)	−193	50	51	51	51	51	52	53	53	54
不動産投資の「本当の儲け」(単年)	(千円)	−1,152	−109	−118	−128	−138	−148	−158	−168	−179	−189
不動産投資の「本当の儲け」(累積)	(千円)	−1,152	−1,260	−1,379	−1,507	−1,645	−1,793	−1,951	−2,120	−2,299	−2,488

　なお、今後も法人税実効税率は変更（引き下げ）が予想されます。以下に、Excelの計算式の考え方を記載しますので、カスタマイズの参考にしてください。

Excelの解説とコツ！

・法人税実効税率の計算式について

図8-1-4の法人税実効税率を、以下の計算式に加工したうえで、法人税の欄にIF関数を使用し、法人所得に応じた法人税実効税率を自動計算しています。

［法人所得が400万円以下の年度］

法人所得×21.37%

※そのままです

［法人所得が400万円超800万円以下の年度］

法人所得×23.17% −（400万円×（23.17%−21.37%））

＝法人所得×23.17% − 72,000円

※法人所得400万円以下の部分は税率21.37%のため、その差分を調整しています

第8章 【法人税対応版】収益計算シミュレーション　217

> **[法人所得が800万円超の年度]**
>
> 法人所得×33.58％－（400万円×（33.58％－21.37％））－（400万円×（33.58％－23.17％）
>
> ＝法人所得×33.58％－488,400円－416,400円
>
> ＝法人所得×33.58％－904,800円
>
> ※法人所得400万円以下の部分は税率21.37％、同800万円以下の部分は税率23.17％のため、その差分を調整しています
>
>
> **[使用している計算式]**
>
> ```
> IF(N>8000000,N*0.3358-904800,IF(N102>4000000,N*0.2317-
> 72000,N*0.2137))
> ```

■試算結果シートの差分②（売却年度）

　続いて、「法人税版書式」における売却をご説明します。実は、「法人税版書式」では、売却時だけの法人税や「本当の儲け」を計算する意味はほとんどありません。

　これまでの「雛形書式」では、個人での売却時には分離課税制度で課税されるため、「本当の儲け」の算出にあたり、「購入・賃貸時の税金」「売却時の税金」を別々に計算したうえで、売却年度の想定CFから引き算する必要がありました。

　しかし、前述したとおり、法人税は年間法人所得の合計に対する課税であって、売却年度の「購入・賃貸・売却」の内訳を区別しません。

　結果として、売却年度以外では「購入・賃貸時」の法人所得が課税対象となり、売却年度においては「購入・賃貸・売却時」の法人所得が課税対象となるのです（仮に、年初に物件売却すれば、実務上は売却年度の法人所得は売却益だけとなりますが、本書でのシミュレーションは"年度"単位のため、いずれにせよ計算結果に影響を与えません）。

8-2 【法人税対応版】収益計算シミュレーションの書式の使い方

```
┌─────────────────────────────────────────────┐
│           物件売却年度の税金の求め方              │
├─────────────────────────────────────────────┤
│ ・個人の場合                                    │
│   「購入・賃貸時」の利益×税率（総合課税）＋売却時の利益×税 │
│   率（分離課税）                                │
│                                             │
│ ・法人の場合                                    │
│   「購入・賃貸・売却時」の利益×税率（法人税実効税率）     │
└─────────────────────────────────────────────┘
```

　こうした事情から、図8-2-4のとおり、「法人税版書式」は「雛形書式」から書式の体裁を変更しています（参考比較のため、図8-2-5に同じ条件での「雛形書式」も掲載しておきます）。

図8-2-4　【法人】購入・賃貸・売却時の「本当の儲け」

⑦不動産投資の「本当の儲け」

		1	2	3	4	5	6	7	8	9	10
投資年数	(年目)	1	2	3	4	5	6	7	8	9	10
築年数	(年目)	12	13	14	15	16	17	18	19	20	21
本人年齢	(歳)	40	41	42	43	44	45	46	47	48	49
配偶者年齢	(歳)	35	36	37	38	39	40	41	42	43	44
子供年齢(1人目)	(歳)	10	11	12	13	14	15	16	17	18	19
子供年齢(2人目)	(歳)										
購入・賃貸時											
不動産投資の想定CF(単年)	(千円)	-1,345	-58	-68	-77	-87	-97	-106	-116	-125	-135
不動産投資の想定損益(単年)	(千円)	-635	166	166	167	168	169	171	173	175	177
法人税	(千円)	-136	35	36	36	36	36	37	37	37	38
不動産投資の「本当の儲け」(単年)	(千円)	-1,209	-94	-103	-113	-123	-133	-143	-153	-163	-173
不動産投資の「本当の儲け」(累積)	(千円)	-1,209	-1,303	-1,406	-1,519	-1,642	-1,775	-1,918	-2,071	-2,233	-2,406
購入・賃貸・売却時 (TOTAL)	(千円)										
不動産投資の想定CF	(千円)	-2,317	-631	-230	181	603	1,035	1,479	1,935	2,402	2,881
不動産投資の想定損益	(千円)	-2,317	-1,341	-1,164	-987	-809	-632	-454	-276	-97	82
法人税	(千円)	-495	-287	-249	-211	-173	-135	-97	-59	-21	17
不動産投資の「本当の儲け」(売却年度)	(千円)	-1,822	-344	19	392	776	1,171	1,576	1,994	2,422	2,863
不動産投資の「本当の儲け」(累計)	(千円)	-1,822	-1,553	-1,284	-1,014	-743	-472	-199	76	352	630

第8章　【法人税対応版】収益計算シミュレーション　219

図8-2-5 【参考比較用（個人）】購入・賃貸・売却時の「本当の儲け」

⑦不動産投資の「本当の儲け」

投資年数	(年目)	1	2	3	4	5	6	7	8	9	10
築年数	(年目)	12	13	14	15	16	17	18	19	20	21
本人年齢	(歳)	40	41	42	43	44	45	46	47	48	49
配偶者年齢	(歳)	35	36	37	38	39	40	41	42	43	44
子供年齢(1人目)	(歳)	10	11	12	13	14	15	16	17	18	19
子供年齢(2人目)	(歳)										
購入・賃貸時											
給与収入	(千円)	8,000	8,000	8,000	8,000	8,000	8,000	8,000	8,000	8,000	8,000
課税所得金額(給与のみ)	(千円)	4,620	4,620	4,620	4,620	4,620	4,620	4,620	4,620	4,620	4,620
所得税・住民税合算税率(給与のみ)		30.42%	30.42%	30.42%	30.42%	30.42%	30.42%	30.42%	30.42%	30.42%	30.42%
所得税・住民税合算税額(給与のみ)	(千円)	969	969	969	969	969	969	969	969	969	969
不動産投資の想定CF(単年)	(千円)	-1,345	-58	-68	-77	-87	-97	-106	-116	-125	-135
不動産投資の想定損益(単年)	(千円)	-635	166	166	167	168	169	171	173	175	177
課税総所得金額	(千円)	3,985	4,786	4,786	4,787	4,788	4,789	4,791	4,793	4,795	4,797
所得税・住民税合算税率		30.42%	30.42%	30.42%	30.42%	30.42%	30.42%	30.42%	30.42%	30.42%	30.42%
所得税・住民税合算税控除額	(千円)	436	436	436	436	436	436	436	436	436	436
所得税・住民税合算税額	(千円)	776	1,019	1,019	1,020	1,020	1,020	1,021	1,021	1,022	1,023
所得税・住民税合算税額(不動産投資のみ)	(千円)	-193	50	51	51	51	51	52	53	53	54
不動産投資の「本当の儲け」(単年)	(千円)	-1,152	-109	-118	-128	-138	-148	-158	-168	-179	-189
不動産投資の「本当の儲け」(累積)	(千円)	-1,152	-1,260	-1,379	-1,507	-1,645	-1,793	-1,951	-2,120	-2,299	-2,488
売却時	(千円)										
不動産投資の想定CF	(千円)	-973	-572	-162	259	690	1,132	1,586	2,051	2,527	3,016
不動産投資の想定損益	(千円)	-1,683	-1,506	-1,330	-1,154	-977	-801	-625	-448	-272	-96
所得税・住民税合算税率		39.63%	39.63%	39.63%	39.63%	39.63%	20.32%	20.32%	20.32%	20.32%	20.32%
所得税・住民税合算税金額	(千円)	0	0	0	0	0	0	0	0	0	0
不動産投資の「本当の儲け」	(千円)	-973	-572	-162	259	690	1,132	1,586	2,051	2,527	3,016
不動産投資の「本当の儲け」(TOTAL)	(千円)	-2,124	-1,833	-1,541	-1,248	-955	-661	-366	-69	229	528

■「本当の儲け」の計算手順

　では、これまでにご説明した法人税の特徴を踏まえて、「法人税版書式」での「本当の儲け」の算出手順についてご説明します。

　収益計算シミュレーションでは、購入・賃貸・売却まで含むトータルでの「本当の儲け」が肝ですから、売却年度における「本当の儲け」の計算が、最も見るべきポイントです。

　仮に、投資10年目に購入物件を売却するとした場合、まずは、図8-2-4の「購入・賃貸・売却時（TOTAL）」の「**A**」欄を見てください。

　「**A**」欄の数字は、売却年度とした投資10年目単年度の「本当の儲け」、すなわち、購入・賃貸・売却全てを合計した想定CFから、購入・賃貸・売却全てを合計した想定損益に法人税実効税率を乗じた法人税を引いた金額です。

　次に、図8-2-4の「**B**」欄を見てください。**B**欄の数字は、売却年度前年までの「購入・賃貸時」の「本当の儲け」の積み上げです。

今回の事例で言えば、「**A**」と「**B**」を合算した金額が、「**C**」の購入・賃貸・売却すべてを網羅した「本当の儲け」ということになります。

「法人税版書式」での「本当の儲け」の算出手順

①売却年度の「購入・賃貸・売却」の想定損益に法人税実効税率を乗じて法人税を計算する

②売却年度の「購入・賃貸・売却」の想定CFから、①を引く
　⇒売却年度の「本当の儲け」が計算される

③売却前年度までの「購入・賃貸」の「本当の儲け」を、②に合算する

以上で、「法人税版書式」についての説明を終わります。

「法人税版書式」はその名前のとおり、不動産投資における、個人と法人の税率差を反映したシミュレーション書式ですが、本章の冒頭に書いたように、法人化のメリット・デメリットは、税率差だけではありません。

本書の第10章でも、法人化に伴う様々な工夫やテクニックについてご説明しますが、ご自身の法人で導入済・導入予定の税金対策があれば、この「法人税版書式」も、どんどんカスタマイズしてみてください。

第8章　【法人税対応版】収益計算シミュレーション　**221**

第 **9** 章
収益計算での「本当の儲け」を最大化する

　ここまでは、不動産投資の収益計算シミュレーションの作り方・使い方を中心にご説明してきました。収益計算シミュレーションを通じて「本当の儲け」が数値化できれば、物件の購入検討時、より適切な投資判断ができることは間違いありません。

　本章では、収益計算の知識をさらに一歩進めて、投資判断を終えた購入予定物件（あるいは既に購入した物件）の「本当の儲け」を最大化することをテーマにご説明していきます。学び甲斐があり、ライバルに差を付けられるテーマですので、しっかり知識を定着させてください。

9-1 「本当の儲け」を最大化するための"節税"

■収益計算の観点から「本当の儲け」を最大化する

これまでも繰り返しご説明していますが、本書における収益計算シミュレーションとは、『物件購入時に、知識を"国語"から"算数"に効率的に変換し、合理的な投資判断をサポートするツール』と定義しています。

ここまでの章では、その定義に準じた不動産投資の収益計算シミュレーションの作り方・使い方をご理解いただくことをテーマにしていましたが、ここからは少し趣向を変えて、収益計算シミュレーションの結果を良化させる方法、即ち「本当の儲け」の最大化をテーマに、ご説明していきたいと思います。

このテーマに対するアプローチとしては、大きく2つあると考えています。1つは、収益計算の観点から、主に節税を通じて「本当の儲け」の最大化を目指すアプローチ、もう1つは、「物件自体をより高い金額で売却する」「商品力を上げて家賃を値上げする」「空室期間を減らして入居率を高める」などの賃貸運営のテクニックやノウハウの習得・活用によって、収益計算シミュレーションの前提となる各パラメータの良化を狙うアプローチです（前提となる各パラメータが良化すれば、結果として「本当の儲け」も良化します）。

「本当の儲け」を最大化するためのアプローチ

・収益計算の観点から、主に節税を通じて実現を図るアプローチ
・賃貸運営のテクニックやノウハウの習得・活用によるアプローチ

224

この2つは不動産投資における両輪のようなもので、どちらも非常に大切な観点ではありますが、本書でこれからご説明するのは、本書の主旨に即した前者、すなわち「収益計算の観点から主に節税を通じて実現を図るアプローチ」です。

後者である賃貸運営のテクニックやノウハウは、不動産投資の対象や考え方によって様々で、それだけで本が数冊は書けてしまいますし、何よりも私より知識・経験がずっと豊富な先人によって、すでに至るところで有益な情報公開がなされています。ご自身の不動産投資のスタイルに応じて、それぞれの専門の場で、本書とは別で学習いただければと思います。

■現金収支と税金の大小が、「本当の儲け」を決定する

「本当の儲け」の最大化を考えるにあたり、そもそも「本当の儲け」がどのように計算されるのかを、おさらいしておきましょう。

図9-1-1、図9-1-2を見てください。

図9-1-1　収益計算の流れ（購入・賃貸時）（再掲）

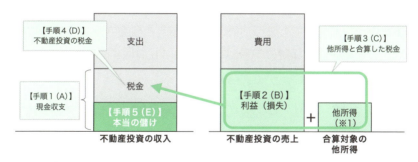

図9-1-2 収益計算の流れ(売却時)(再掲)

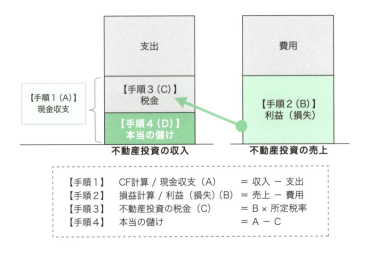

「購入・賃貸時」と「売却時」で収益計算の流れは異なるものの、共通しているのは、CF計算による現金収支から税金を引いたものが「本当の儲け」であるという点です。

つまり、「本当の儲け」を最大化するためには、現金収支を大きくするか、税金を小さくすれば良いというわけです。

前者＝現金収支を大きくするには、先ほど触れた賃貸運営のテクニックやノウハウが有効でしょう。その一方、後者＝税金を小さくするには、これからご説明する節税の知識がきっと役に立つはずです。

■節税とは、支払う税金の最小化・還付される税金の最大化

ここからは、「本当の儲け」の最大化をテーマに節税に関する説明に入るのですが、そもそも"節税"とは何なのでしょうか？

収益計算シミュレーションでは、中長期の数字を分析するため、毎年の「本当の儲け」を複数年度並べて考えてきましたが、実務では税金は1年単位に計算します。

図9-1-3のように、1年単位での「本当の儲け」を分解してみましょう。

図9-1-3　1年単位での「本当の儲け」

CF計算における当年1月～12月の収入と支出の差分が、これまで繰り返しご説明してきた収益計算での現金収支です。

同じ期間中の損益計算における損益（売上と支出の差分）を、確定申告の期限（翌年3月15日）までに計算し、損益がプラスであれば支払う税金が、損益がマイナスであれば還付される税金が確定します。

この構造を前提に、本書における"節税"とは、各年度において、「支払う税金を最小化すること」「還付される税金を最大化すること」と定義することとします。

本書における"節税"の定義
・各年度の支払う税金を最小化すること
　　または
・各年度の還付される税金を最大化すること

■節税ポイントを整理するためのフレームワーク

節税のポイントをご理解いただくにあたり、まずは図9-1-4のとおり、その基本フレームワークをご説明します。

本書をこれまで読み進めた読者の方にとっては、おさらい的な内容ではありますが、節税の基本中の基本ですので改めて確認してください。

図9-1-4 節税の基本フレームワーク

税金の計算をするわけですから、節税のフレームワークで前提とするのは、CF計算でなく損益計算です。損益計算における「売上」「費用」を構成する要素、および自分に関係する「所得控除」の種類によって、「課税総所得」と「税率」が決まり、これらの数字の組み合わせによって税金の金額が決まる構造です。

つまり、損益計算において「売上はより少なく！」「費用はより多く」「所得控除はより多く！」が実行できれば、結果的に課税総所得が減り、節税に繋がることになります（この構造と計算式は、これ以降のご説明の前提となります。知識面で不安のある方は、先に第3章をおさらいしてください）。

節税を考えるうえでのポイント
損益計算をするうえで… ・「売上」はより少なく ・「費用」はより多く ・「所得控除」はより多く

■合法的な節税には2つの手法がある

　誤解のないようにお断りしておきますが、"節税"と"脱税"はまったく違います。当然ながら、本書でご説明する内容は税法に則った合法的な手法です。

　個別相談をお受けしていると、たまに、「●●●という臨時の収入があった。これは売上計上しなければダメか？」などと質問を受けることがありますが、申告対象の収入であれば、然るべき所得区分に収入・売上計上するのは当然です（まあ質問の意図は、売上計上しなくてもバレないか（バレにくいか）という話なのでしょうが、脱税の助長に繋がるような回答をできるはずもありません）。

　逆に、「▲▲▲という支出を不動産事業に計上してよいか？」という質問も多くあります。これも同様で、それが不動産投資事業の継続に必要な経費であれば、支出・費用計上すればよいですし、そうでないなら計上してよいはずがありません（「費用な経費」の線引きはナーバスで、税務調査で本人の考え方が否定された話もよく聞きます。税務の世界は個別論が原則ですから、書籍やセミナーでの一般論で是非を判断するのではなく、個別に税理士相談した方がよいと思います）。

　さて、本書で説明する合法的な"節税"についてですが、大きく2つの手法に分けて考えることができます。1つは、青色申告特別控除のような「納税額そのものを小さくする手法」、もう1つは、減価償却費の計上によって課税を繰り延べしたような「課税時期をずらす手法」です。

　前者はダイレクトに「本当の儲け」の最大化に寄与しますが、手法は限定的で、後者との組み合わせが不動産投資家の腕の見せ所となります。
　是非、「そもそも知識として知らなかったものはないか」「知ってはいたが活用しきれていないものがないか」という目線で読み進めてください。

図9-1-5 節税手法のタイプ分け

	節税タイプ	代表例
1	納税額そのものを小さくする手法	青色申告特別控除
2	課税時期をずらす手法	減価償却費の計上

⇒どちらかではなく、両者の組み合わせが腕の見せどころ！

9-2 売上をより少なくする

■発生主義と現金主義

　図9-1-4でご説明した節税のフレームワークに沿って考えた場合、1つ目のポイントとなるのが「売上はより少なく！」です。

　売上を減らすだけなら簡単なのですが、当然ながら、売上を減らした分の収入が減ったのでは本末転倒です。節税によって「本当の儲け」を最大化しようと思えば、「収入は増えても売上は増やさない」「収入の減少以上に売上を減らす」のいずれかを実現しなければなりません。

　しかし結論を先にいえば、そうした恣意的な収入・売上のコントロールは、殆どの場合において脱税とみなされるリスクがあり、このポイントでの合法的な節税は、残念ながら現実的ではありません。

　強いて挙げれば、発生主義で会計処理をしている場合における、売上計上時期のズレによる差分くらいではないかと思います。

　発生主義とは会計処理の計上タイミングを決める方式の1つで、ご存じの方も多いかもしれません。以下に、よく比較される現金主義との違いを簡単に整理しました。

発生主義と現金主義の違い

- **発生主義**
  現金の動き（入出金）に関係なく、取引が発生した時点で売上計上する。
- **現金主義**
  取引発生時点に関係なく、実際に現金の動き（入出金）があった時点で売上計上する。

第9章　収益計算での「本当の儲け」を最大化する　231

> **（例）2020年2月の家賃8万円を、前月1月末に受領した場合**
> 【発生主義】家賃8万円は、2020年2月に売上計上
> 【現金主義】家賃8万円は、2020年1月に売上計上

　一般的な会計処理では発生主義が主流、不動産投資家の間でも発生主義が主流で、発生主義での会計処理は、後述する青色申告特別控除で65万円の控除を受けるための条件にもなっています（一定条件に該当する小規模事業者で、青色申告特別控除を10万円とする場合、現金主義での帳簿付けでも問題ありません）。

■前払い家賃の受領による節税

　会計処理に発生主義を選択している場合、実際の現金の動きと売上計上時期のズレに起因して、次のように前払い家賃の受領をする場合などには、節税に繋がるケースが発生します。

　図9-1-5のタイプ分けでいえば、「課税時期をずらす手法」に分類されるものです。

前払い家賃の受領による節税ケース事例

・家賃設定毎月8万円の部屋を賃貸中
・2020年12月に、入居者都合による2021年分の家賃全額96万円の支払いを受領した

図9-2-1 発生主義にて家賃の前払い受領を行った場合

	収入	売上
2020年度	96万円	0円
2021年度	0円	96万円

9-2 売上をより少なくする

　収入が増えれば現金収支は増える一方、売上が増えなければ税金の根拠となる損益は増えないため、2020年度は節税になり、結果として「本当の儲け」は増加します（現金主義であれば、収入と売上の計上時期は同じで節税にはなりません）。

　但し、家賃の前払いは入居者側の都合で、大家たる不動産投資家自身でコントロールできるものではなく、実用性としては乏しいかもしれません（詳しくは後述しますが、入居者側にも家賃を前払いするメリットはあり、税金に詳しいテナント・事務所などが入居者の場合、実際にこうした事例はあります。とはいえ、多発する事例とはいえません）。

　強いて事例を挙げても、こうしたごく限定的なケースとなりますので、冒頭のとおり、合法的に「売上をより少なく！」は現実的には難しいと言わざるを得ません。

第9章　収益計算での「本当の儲け」を最大化する　233

9-3 費用をより多くする

■青色申告特別控除(10万円)による節税

　前述のとおり、節税のアプローチから合法的に「売上をより少なく！」することは難しいのですが、図9-1-4の節税フレームワークにおいて、2つ目のポイントにあたる「費用をより多く！」では様々な手段がありますので、主だったものをご紹介していきます。

図9-3-1　節税の基本フレームワーク（囲んでいる部分について説明）

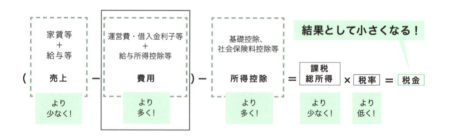

　まずは、図9-1-5での「納税額そのものを小さくする」タイプの代表例ともいえる「青色申告特別控除」です。青色申告特別控除には、控除額65万円の制度と10万円の制度があるのですが、先に誰でも利用可能な控除額10万円の制度からご説明します。

　青色申告特別控除（10万円）の最大の特徴は、その使いやすさです。なにしろ、税務署に「開業届」と「青色申告承認申請書」を提出して、確定申告時に、簡易帳簿（現金主義でもOK）を根拠とした青色申告決

算書（損益計算書のみ）を作成するだけで、不動産所得から毎年10万円の控除（＝費用計上）が認められてしまうのです。

　控除額は小さいものの、ノーリスクかつ手間も殆どかかりませんので、法人化や事業的規模に至る前の不動産投資家にとっては、使わない手はない節税手法といえるでしょう。

図9-3-2 青色申告特別控除（10万円）を適用した場合

	支出	費用
通常の税務ルール	0円	0円
「青色申告特別控除（10万円）」の適用あり	0円	10万円

　なお、たまに誤解している方もいるので補足しておきますが、この控除額は利益の範囲内に限り適用可能です。例えば、2020年の利益が5万円だった場合の控除額は5万円となり、利益がマイナスだった場合には控除額は0円となります。

■青色申告特別控除（65万円）による節税

　次は青色申告特別控除（65万円）です。青色申告特別控除といえば、一般的にはこちらをイメージする方が多いかもしれません。

　この制度は、10万円控除の要件に加えて「所有する物件が5棟10室以上であること」「帳簿を複式簿記により記帳していること（実務的には専用会計ソフトの使用が必要）」「青色申告決算書に貸借対照表を添付すること」などが適用要件です。

　この要件に該当する方であれば、不動産投資の事業を法人化してしまうケースが多いためか、不動産投資に限れば、意外とこの制度を使用している方は多くない印象です。

第9章　収益計算での「本当の儲け」を最大化する　235

なお、税制改正により2020年度より、e-Taxによる電子申告などの条件を満たさない場合、控除額が55万円に引き下げられました。

図9-3-3　青色申告特別控除（65万円）を適用した場合

	支出	費用
通常の税務ルール	0円	0円
「青色申告特別控除（65万円）」の適用あり ※e-Taxによる電子申告時	0円	65万円
「青色申告特別控除（65万円）」の適用あり ※e-Taxによる電子申告等以外	0円	55万円

　控除額10万円の場合と同様、この65万円の控除額も利益の範囲内に限り適用可能です。例えば、2020年の利益が30万円だった場合の控除額は30万円となり、利益がマイナスだった場合には控除額は0円となります。

■青色事業者専従者給与による節税

　不動産投資の規模が拡大していくと、所有する物件の巡回や入居者対応、あるいは帳簿付けや入金管理なども次第に煩雑になっていきますので、同居するご家族に、その実務の一部を手伝ってもらうことも多いでしょう。そして、手伝ってもらった対価として、給与を支給することも珍しくないはずです。

　しかし税務上は、同居家族への給与支払分を費用計上することは認められていません。不動産投資の事業継続に必要な手伝いであれば、ここは費用計上を認めてほしいところかと思います。

9-3 費用をより多くする

そこで活用するのが、「青色事業者専従者給与」です。青色申告特別控除（65万円）の適用要件を満たす場合、事前に「青色事業専従者給与に関する届出書」を提出することで、例外的に、同居家族に支払った給与分の費用計上を認めてもらうことができます。

図9-3-4 同居家族に100万円の給与支払いをした場合

	支出	費用
通常の税務ルール	100万円	0円
「青色事業者専従者給与」の適用あり	100万円	100万円

但し、給与支給する家族は、文字通り「専業」として不動産投資の事業を手伝っていることが前提で、パート・アルバイトであっても兼業はできません。また、給与を支払う家族が配偶者の場合、配偶者控除の適用は受けられなくなる点にも注意が必要です。

なお、「青色事業専従者給与」は、利益の範囲内を超えて支払給与全額を費用計上できます。例えば、2020年の利益が200万円、給与支給が250万円だったとしても、250万円全額が費用計上できます（但し、手伝っている事業内容に対して、給与支給額が過剰とみなされる場合は、脱税と判断される可能性があります。高額な給与支給を行う場合には、事前に税理士相談する方がよいでしょう）。

給与を支払うことで所得が分散し、本人は超過累進課税制度の税率が下がり、給与を受け取った同居家族には給与所得控除が使えるため、上手に使えば大きな節税に繋がる制度です。

第9章 収益計算での「本当の儲け」を最大化する　237

■固定資産税・都市計画税による節税

ここからは、図9-1-5で整理した節税タイプのうち、「課税をずらす手法」に分類されるものをご紹介します。

まずは、固定資産税・都市計画税（以下、「固都税」といいます）を使った節税です。固都税とは、1月1日時点の不動産所有者に対して課せられる地方税です（詳しくは第3章をご参照ください）。

節税観点でのポイントとしては、発生主義で会計処理をしている場合、1月1日時点に当該不動産を所有さえしていれば、実際に税金を支出していなくても、その全額が費用になるという点です。

固都税は一括納付のほか、4回までの分割納付ができますので、これを活用して、次のような節税を行うことができます。

固都税の分割納付による節税ケース事例

・当該物件の2020年度固定資産税は40万円。分納時には、各回10万円ずつの納付
・納付期限は、1回目：4月末、2回目：7月末、3回目：12月末、4回目：2月末

図9-3-5　発生主義にて固都税の分割納付を行った場合

	支出	費用
2020年4月末	10万円	10万円
2020年7月末	10万円	10万円
2020年12月末	10万円	10万円
2021年2月末	0円（未到来）	10万円

これに関連して、節税ではありませんが不動産取得税にも触れておきます。不動産取得税とは、不動産購入時に課せられる地方税で、物件購入後半年〜1年程度で納税通知が送られてきます（詳しくは、第3章をご参照ください）。

不動産取得税の費用計上は、物件購入時点や納税通知の受領時点ではなく、納税時点とする税務ルールがあるため、固都税のように、年度を跨いだ支出と費用の計上タイミングにズレが生じることはありません。

収益計算シミュレーションでは、サラっと投資1年目に支出・費用を計上していましたが、実務におけるこうした特徴についても覚えておいて損はないでしょう。

■自動車の購入による節税

次は、「課税をずらす手法」の節税のなかでも王道と言われる、自動車を使った節税です。

もちろん、自動車の購入が、不動産投資の事業継続に必要であることが大前提ですが（なにを以って必要といえるのかは、後で税務署と見解が相違しないよう、事前に税理士相談しておきましょう）、自動車の購入に伴う支出も、不動産投資の費用に計上することができます。

実務では、不動産投資の事業専用に自動車を使用するケースよりも、日常生活との両方で自動車を使用することが多いと思いますが、その場合、支出・費用計上できる金額は、購入金額のうち、その使用割合で按分した金額だけです。例えば、500万円の自動車を購入し、不動産投資事業での使用割合が40％とすれば、不動産投資で支出・費用計上できる金額は200万円（500万円×40％）です。

そして、自動車購入年度に200万円を全額支出・費用計上できるかといえば、そうではありません。一般に、自動車は減価償却資産として扱うことが必要だからです。

第9章　収益計算での「本当の儲け」を最大化する　239

例えば、2020年12月に、耐用年数が2年（定額法償却率：0.5）の自動車を購入した場合、購入年度に計上できる支出と費用は、次のとおりです。

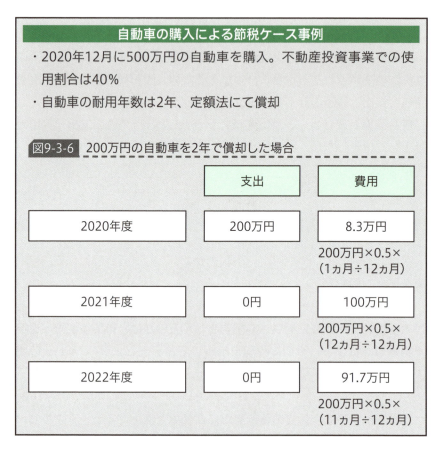

　収益計算シミュレーションの「雛形書式」では、減価償却費は12ヵ月分全てを計上する仕様ですが（シミュレーション目的であれば、それが妥当です）、購入後に節税対策を考えるにあたっては購入「月」によっても大きな差が出ることが、お分かりいただけるかと思います。
　不動産投資の当期以降の利益を予測すれば、自動車の購入や買い替えサイクルを工夫することで、大きな節税効果を期待できるというわけですね。

9-3 費用をより多くする

■なぜ、節税対策には「4年落ちのベンツ」なのか？

　少し横道に逸れますが、節税対策といえば、「4年落ちのベンツ」という有名な格言は、ご存じの方も多いのではないでしょうか。

　これは、自動車の償却率を逆算したもので、意外にも（？）、税法上の根拠がある格言だったりするのです。

　第2章でご説明した、簡便法による耐用年数の計算式を思い出してください。中古車であっても同じ計算式で耐用年数を計算します（普通乗用車の法定耐用年数は6年です）。

簡便法による、中古自動車の耐用年数の計算式

・「経過年数＞法定耐用年数」の場合

　耐用年数＝法定耐用年数×20％

・「経過年数＜法定耐用年数」の場合

　耐用年数＝法定耐用年数－経過年数＋経過年数×20％

　※計算結果のうち、1年未満の端数は切り捨て

　※計算結果が2年未満となった場合、2年とする

　この計算式に4年落ちのベンツを当てはめると、次のとおり耐用年数は2年となり、償却率0.5で計算できるのです（耐用年数は最低2年のため、償却率は0.5が最大です）。

耐用年数＝法定耐用年数－経過年数＋経過年数×20％

　　　　＝6年－4年＋4年×20％

　　　　＝2.8年

※耐用年数は、2年（1年未満の端数は切り捨て）

　耐用年数は最低2年がルールのため、5年落ち以降でも耐用年数は同

第9章　収益計算での「本当の儲け」を最大化する　241

じく2年です。同じ耐用年数なら新しい方がいいでしょうから、「4年落ちベンツを狙え」といわれているというわけです（さらにいえば、定率法で償却して全額を初年度に費用計上して、毎年ベンツを買い替えることで、理屈上は半永久的に節税効果を継続させることもできます）。

但し、自動車（特にベンツなどの高級外車）の購入金額を費用計上するのであれば、それがご自身の不動産投資の事業継続に必要なのか、必要であることを客観的に証明できるのか、くれぐれも事前に税理士に相談してくださいね。

■前払い家賃の支払いによる節税

先ほど、「前払い家賃の受領による節税」でご紹介した事例の逆パターンです。意外と知られていないのですが、家賃の前払いは、入居者側に節税効果が生じることがあります。

発生主義では、当年度に翌年度の家賃を前払いで支払っても、当年度に費用計上できないことが原則ではありますが、税務上の例外的な扱いとして、「短期前払費用」という制度があります。

「支払日から1年以内に役務提供があること」「同一役務を継続して受けること」「契約で前払いの取り決めがあること」などの適用要件を満たした場合、税法上、当年度に支払った翌年度1年分の家賃を、当年度に費用計上することが認められています。

前払い家賃の支払いによる節税ケース事例
・不動産投資事業の事務所等の用途で、家賃設定毎月8万円の部屋を賃借中
・2020年12月に、2021年分の家賃全額96万円を支払った

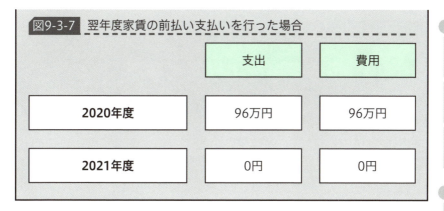

なお、「短期前払費用」制度は、家賃以外にも地代・駐車場代・保険料などでも条件を満たせば活用可能で、上手く使えば大きな節税効果が期待できます。単年での制度活用は基本的にNGなどの制約条件もありますので、関心のある方は、事前に税理士に相談してください。また、翌年度一年分の家賃を一括支払いすることになりますので、資金繰りには十分な注意が必要です。

9-4 所得控除をより多くする

■所得控除とは

ここまで「売上の減らし方」「費用の増やし方」についてご説明してきましたが、そもそもの目的は、課税総所得を減らすことによって最終的に節税を実現することです。

もう一度、節税の基本フレームワークを確認してください。

図9-4-1 節税の基本フレームワーク(囲んでいる部分について説明)

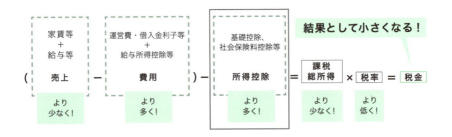

税金計算の直接的な根拠となる課税総所得をより少なくするためには、損益計算上の不動産投資の利益を構成する「売上」「費用」に加えて、基礎控除・社会保険料控除などの「所得控除」もポイントとなります。

所得控除については第3章でもご説明しましたが、不動産投資の利益や損失とは直接関係なく、個々人やそのご家族等の個別事情に配慮して、社会政策上の観点から一定条件のもと課税総所得を引き下げようという制度です。

9-4 所得控除をより多くする

　収益計算シミュレーションで「物件の購入検討時点」では、不動産投資の成果とは無関係、かつその適用可否が毎年判定される性質を鑑みて、確度の高い所得控除以外は、シミュレーションに計上しない方が無難とご説明しました（不確実性の高い所得控除の適用ありきでの購入判断では、中長期的に悪い方向に倒れた際のリスクが許容できない恐れがあるためです）。

　しかし本章のテーマは、投資判断を終えた購入予定物件（あるいは既に購入した物件）の「本当の儲け」を最大化することです。この観点においては、たとえ今年だけ・来年だけであっても、適用できる所得控除がないか、しっかり確認していくことが大事であることはいうまでもありません。

■主な所得控除は年末調整で計算済み

　不動産投資家のなかには、会社員や公務員と兼業している、いわゆるサラリーマン大家も多いと思いますが、サラリーマン大家の場合には、勤務先の年末調整で多くの所得控除は計算済になっています。

　図9-4-2が所得控除の一覧です。

図9-4-2　所得控除の一覧（再掲）

1	基礎控除	8	配偶者控除
2	社会保険料控除	9	配偶者特別控除
3	医療費控除	10	扶養控除
4	生命保険料控除	11	障害者控除
5	地震保険料控除	12	寡婦(夫)控除
6	寄付金控除	13	勤労学生控除
7	小規模企業共済等掛金控除	14	雑損控除

第9章　収益計算での「本当の儲け」を最大化する　　245

例えば、「1.基礎控除」「2.社会保険料控除」「4.生命保険料控除」「5.地震保険料控除」「8.配偶者控除」といった、一般に多くの方に適用可能な所得控除は、勤務先の年末調整で申請することになっています。不動産投資によって増減することもありませんので、確定申告をしても追加で控除を受けられることは、基本的にはありません。

　また、たまに誤解している方がいるのですが、「5.地震保険料控除」の対象になるのは、自宅に対する地震保険料のみで、収益物件に対する火災保険料・地震保険料は、所得控除の対象にはなりません（収益物件に対する保険料は、不動産所得を計算する際の費用に計上できます）。
　サラリーマン大家の方については、これらの所得控除が、勤務先の年末調整時に漏れずに計上されていることの確認が第一歩となります。

■医療費控除の適用要件は意外と広い

　その一方、勤務先での年末調整では計上されず、適用条件を満たす年度については、各自で確定申告を行う必要のある所得控除もあります。
　具体的には、「3.医療費控除」「6.寄付金控除」「14.雑損控除」の3つで、これらは年末調整ではなく、確定申告によって控除の申請を行う必要があります。

　「3.医療費控除」については、ファイナンシャルプランナーの方の書かれた家計の節約コラムなどでもよく取り上げられていますが、ざっくりいえば、年間10万円を超える医療費を支払った場合、その10万円を超える部分が所得控除として認められる制度です。自分自身だけでなく、扶養家族の医療費や、一定条件下での医療機関までの交通費なども対象にできます。
　また、2017年から新たに始まった「セルフメディケーション税制」では、ドラッグストアなどの店頭で市販されている医薬品の購入費用も、一定条件下において対象に追加され、実質的に医療費控除の適用条

件が緩和されました。扶養家族の多い方、持病をお持ちの方や通院中の方などは、詳しく調べてみるとよいでしょう。

　もっとも、医療費控除は、病気や怪我によりやむを得ず支払った金銭の補填的な意味合いの制度で、積極的に利用できるものではありません。その意味で、節税手法としての扱いには違和感があるかもしれませんが、有事の際には確実に控除申請できるよう、適用要件はしっかりチェックしておいて損はありません。

■積極的に利用できる寄付金控除

　各自で申告する所得控除の2つ目は、「6.寄付金控除」です。医療費控除と異なり、積極的に利用を狙える貴重な所得控除です。

　寄付金控除といってもピンと来ないかもしれませんが、「ふるさと納税」によって、その活用機会は飛躍的に拡大しました。

　ふるさと納税については、様々な書籍やWEBサイトなどで詳しく説明されていますので、本書では概要の説明に留めますが、ざっくりいえば、好きな自治体に寄付をすると、一定条件下において、寄付した金額から自己負担2,000円を引いた金額が所得税・住民税から還付・控除される制度です。

　制度名に「ふるさと」とありますが、これまで一度も居住したことも、訪れたこともない自治体への寄付でも適用を受けることができ、多くの自治体が寄付額に応じた返礼品（地元特産品）を用意しています。上手に使えば、節税によって自己負担2,000円で全国の特産品を貰えるという、なんともお得な制度です。

　また、確定申告を避けたい方に向けて、「ワンストップ特例」という確定申告を省略できる制度もあります。私の周囲でも、年末調整だけで毎年の税金処理を終える会社員の方を中心に好評のようですが、「ワンストップ特例」には、寄付できる自治体を年間5自治体までとする制約

第9章　収益計算での「本当の儲け」を最大化する　247

があります。

　ほとんどの不動産投資家は、ふるさと納税とは関係なく元々確定申告を行うはずですから、わざわざ制約のある「ワンストップ特例」を使うメリットはほとんどありません（確定申告の書類作成の手間はほとんど変わりません）。

　その意味でも、不動産投資家に相性のよい所得控除といえるでしょう。

ふるさと納税の申請方法

・**ワンストップ特例**
　確定申告は不要だが、寄付先の自治体は年間5自治体まで。
　⇒受け取れる返礼品（特産品）の種類が限られる

・**確定申告**
　確定申告は必要だが、寄付先の自治体数に制限なし。
　⇒制度の上限金額内であれば、受け取れる返礼品（特産品）の種類に制限を受けない
　⇒元々、ほとんどの不動産投資家は確定申告をするため、こちらがオススメ

　ふるさと納税の活用には、所得に応じた上限金額の設定など、実際にはいくつかの細かい制約があります。

　多くのふるさと納税の専門WEBサイトなどでは、細かい条件の説明や無料で使用可能なシミュレーターが公開されていますので、是非活用してみてください。

■有事の際の雑損控除

　各自で申告する所得控除の3つ目は、「14.雑損控除」です。

　雑損控除とは、災害・盗難・横領によって、資産の損害を受けた場合等に適用される所得控除です。医療費控除と同様、なるべくなら申請対

象になるような事態に遭遇したくはありませんし、積極的に節税を狙いにいける制度ではありません。

しかし、2019年に起きた大規模な台風被害も記憶に新しいところですし、制度としてこうした救済措置があることは知っておいて損はないでしょう。

■個人での生命保険料控除の効果は限定的

最後に、「4.生命保険料控除」について少しだけ説明しておきます。

生命保険料控除については、平成24年にルールが変わり、介護医療保険料控除が新設されました。また、それに合わせて、図9-4-3の金額に控除額の見直しがなされています

図9-4-3 生命保険料控除の上限金額

生命保険等の種類	控除金額（上限）	
	所得税	住民税（※）
一般生命保険料控除	4万円	2.8万円
介護医療保険料控除	4万円	2.8万円
個人年金保険料控除	4万円	2.8万円

（※）住民税控除額は全体で7万円が上限

変更後の控除額は各4万円が上限、所得控除の額は最大12万円までとなっており、決して大きな金額ではありません。

余談ですが、このように個人の生命保険料控除が小さいことから、法人向けの全額損金保険が、不動産投資家の間でも人気を集めていました。

しかし、本来の目的から逸脱した節税目的での保険加入が目立ち過ぎたためか、2019年に国税庁が法人向け保険の課税方法見直しを発表し、現在ではほとんどの保険商品が販売中止となっているようです。

9-5 課税総所得をより少なく、税率をより低くする

■購入・賃貸時の課税総所得・税率は、給与所得を合算する

ここまでで、「売上の減らし方」「費用の増やし方」「所得控除の増やし方」をご説明してきました。改めて、節税の基本フレームワークを確認してください。残るは「課税総所得の減らし方」「税率の下げ方」となります。

図9-5-1 節税の基本フレームワーク（囲んでいる部分について説明）

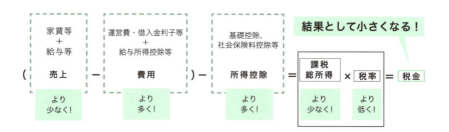

第3章でご説明したとおり、購入・賃貸時の税金は総合課税制度による計算が必要です。具体的には、不動産所得と合算対象の他所得（給与所得等）から所得控除を引いた金額が、税金計算の直接の根拠となる課税総所得となります。

つまり、売上を減らし、費用を増やし、所得控除を漏れなく申請している前提においては、合算対象とする他所得、とりわけ一般に金額が大きいであろう給与所得が、課税総所得・税率を決める、大きな変動要素

9-5　課税総所得をより少なく、税率をより低くする

となります。

　また、所得税の税率は図9-6-2のとおり、超過累進課税制度により、課税総所得の金額が大きくなるほど、加速度的に負担が増加する仕組みです（住民税は、所得税とは所得控除の計算式に多少の違いはあるものの、おおよそ一律10％程度となります）。

図9-5-2 所得税・住民税合算税率の速算表（総合課税）（再掲）

課税所得	税率	控除額
0円～ 1,950,000円	15.11%	0
1,950,001円～ 3,300,000円	20.21%	99,548
3,300,001円～ 6,950,000円	30.42%	436,478
6,950,001円～ 9,000,000円	33.48%	649,356
9,000,001円～18,000,000円	43.69%	1,568,256
18,000,001円～40,000,000円	50.84%	2,854,716
40,000,001円～	55.95%	4,896,716

　この給与所得との合算が、節税を工夫するうえでの最後の難関なのですが、現実的には給与所得控除以外に給与所得を下げる方法は殆どありません。

　結果として、不動産所得が同じであれば、勤務先からの給与所得の大きい方ほど税額は重くなり、ここに個人における節税の限界があります（もちろん、個別論としての更なる節税の余地は否定しませんが）。

■売却時の税率は、所有期間に応じて決まる

　前述のとおり、所得税の総合課税制度・累進課税制度の壁は高く、購入・賃貸時の節税には大きな制約となります。しかし、売却時にはこれらの制約はありません。

第９章　収益計算での「本当の儲け」を最大化する　251

第3章でもご説明しましたが、物件売却時の課税所得・税率は、申告分離課税制度によって、他の所得からは切り離されて計算するためです。

譲渡所得の計算

譲渡所得＝売却価額－取得費（売却時の簿価）－譲渡費用

譲渡所得の税率

・**長期譲渡所得**
　売却した年の1月1日において所有期間が5年を超えるもの
　税率：20.315％（所得税15.315％、住民税 5％）

・**短期譲渡所得**
　売却した年の1月1日において所有期間が5年以下のもの
　税率：39.63％（所得税30.63％、住民税 9％）

但し、総合課税制度・累進課税制度の制約がない一方、売却物件を所有していた期間によって税率が大きく変わるという、別の制約が存在します。この制約もまた厄介で、短期譲渡所得における所得税・住民税合算税率は、実に39.63％にも達してしまいます。

申告分離課税制度では、これまでご説明してきた節税フレームワークによる工夫の余地も少なく、個人においては、購入・賃貸時にも、売却時にも税率の壁に直面してしまうのです。

9-6 節税の抜本的な対策は法人化

■法人化によって、課税所得・税率は大きく下がる

　これまで見てきたように、個人で不動産投資を続けた場合、不動産投資による売上・費用を合法的な範囲で調整し、所得控除を漏れなく計上したとしても、纏まった金額の給与所得が合算されてしまう以上、購入・賃貸時の節税には限界があります。

　また売却時においても、所有期間という節税余地のない要素により税率が決定されてしまうことは、多くの不動産投資家を悩ませてきました。そこで、節税の抜本対策として、多くの不動産投資家が選択するのが、不動産投資の事業を「法人化」することです。

　第8章にて、法人化には「資産管理方式」と「資産保有方式」の2つがあることをご説明しましたが、例えば最も一般的な資産保有方式で法人化した場合、不動産投資の売上・費用は全て法人に帰属します。

　図9-6-1のように、不動産投資による課税所得は給与所得と分離しますので、給与の大きい人ほど課税所得の下げ幅は広がり、大きな節税効果が期待できます。

図9-6-1　法人化による課税対象の変化

		課税対象	
		法人化前	法人化後
個人	購入・賃貸時	給与所得＋不動産所得	給与所得のみ
個人	売却時	譲渡所得	なし
法人	購入・賃貸・売却時	なし	不動産投資の利益（購入・賃貸・売却の合計）

また税率についても、個人と法人では多くの場合、法人の方が低い税率となります。

図9-5-2のとおり、個人の所得税・住民税合算税率は最大55.95％まで上昇しますが、図9-6-2のとおり法人税実効税率は最大33.58％ですから、その税率差は歴然です。

図9-6-2 中小法人の法人税実効税率（2020年7月現在）（再掲）

法人所得	実効税率
〜4,000,000円	21.37%
4,000,001円〜8,000,000円	23.17%
8,000,001円〜	33.58%

個人の所得税・住民税合算税率が法人税実効税率の33.58％を超えるラインは、課税総所得が900万円超ですから、税率差だけでいえば、ここが法人化の1つの目安になるでしょう。

但し、売却時は事情が異なり、長期譲渡所得になる物件を売却する場合には、「所得税・住民税の合算税率＜法人税実効税率」となります。特に、売却時の利益が大きい場合や、売却年度の購入・賃貸時利益が大きい場合には、法人税実効税率が最高33.58％まで到達するため、単純な税率差でいえば、個人で不動産投資を続けた方が有利です。

不動産投資の戦略として、物件の売却サイクルを長期に考える方は、この売却時の税率差も踏まえて法人化の是非を判断した方がよいでしょう。

■法人化による節税効果の概算①（計算手順）

ここからは、不動産投資を個人で続けた場合と、資産保有方式で法人化した場合とを比較して、どの程度の節税効果が期待できるのかを数値化していきます。

これまでの説明と重複する部分もありますが、法人化前後での、税額の計算手順を改めて整理しましたので、図9-6-3、図9-6-4を見てください。

9-6 節税の抜本的な対策は法人化

図9-6-3　個人で続けた場合の税金計算手順

【購入・賃貸時】

不動産投資：　　売上　　−　　費用　　＝　**不動産所得**
　　　　　　　　（家賃等）　　（運営費等）　　（総合課税）

給与：　　給与収入　−　給与所得控除　＝　**給与所得**
　　　　　　　　　　　　　　　　　　　　（総合課税）

　　　　　　　　　　　　　　　　　　合計所得

　　　　　　　　　　　　　　　−　**所得控除**

　　　　　　　　　　　　　課税総所得　×　所得税・住民税合算税率　＝　**税額①**
　　　　　　　　　　　　　　　　　　　（超過累進課税：15.11%〜55.95%）

【売却時】

不動産投資：　　売上　　−　　費用　　＝　**譲渡所得**　×　所得税・住民税合算税率　＝　**税額②**
　　　　　　　　（売却価額）　（取得費・売却費用）　（分離課税）　（短期：39.63%、長期：20.315%）

∴　**合計税額（A）＝ 税額① × 所有年数 ＋ 税額②**

図9-6-4　法人化後の税金計算手順

【購入・賃貸・売却時】

不動産投資：　　売上　　−　　費用　　＝　**所得金額**　×　**法人税実効税率**　＝　**税額③**
　　　　　　　　（家賃等）　　（運営費等）　　　　　　（21.37%〜33.58%）　（売却年度以外）

　　　　　　　　売上　　−　　費用　　　**所得金額**
　　　　　　　　（売却価額）　（取得費・売却費用）

　　　　　　　　　　　　　　　　　　合計所得　×　**法人税実効税率**　＝　**税額④**
　　　　　　　　　　　　　　　　　　　　　　　（21.37%〜33.58%）　（売却年度のみ）

【勤務先からの給与】

給与：　　給与収入　−　給与所得控除　＝　**給与所得**
　　　　　　　　　　　　　　　　　　　　（総合課税）

　　　　　　　　　　　　　−　**所得控除**

　　　　　　　　　　　　　課税総所得　×　所得税・住民税合算税率　＝　**税額⑤**
　　　　　　　　　　　　　　　　　　　（超過累進課税：15.11%〜55.95%）

∴　**合計税額（B）＝ 税額③ ×（所有年数 − 1年）＋ 税額④ ＋（税額⑤ × 所有年数）**

第9章　収益計算での「本当の儲け」を最大化する　255

購入・賃貸時と売却時の利益を別計算する個人と異なり、法人では不動産投資の事業全体を1つに合算してから、課税所得と税率が決定されます。

そのため、図9-6-4のとおり、法人の税額を計算するには、売却年度以外と売却年度を分けて計算する必要があるのです。

また、法人化した後も、個人としての給与収入は残るわけですが、給与所得と合算する不動産所得が法人の課税所得に移ったことで、給与所得に対する税率も変わります。

こうした点に注意しながら、モデルケースを用いて実際に税額を計算し、その節税効果を数字化してみましょう。

■法人化による節税効果の概算②（個人で不動産投資を続けた場合）

では、以下のモデルケース設定における、個人で不動産投資を続けた場合と、法人所有方式で法人化した場合の税額を実際に計算してみます（本来は、収益計算シミュレーションの「雛形書式」のように各年度の変動要素を盛り込むべきですが、論点をシンプルにするため、ここでは各年度の数値を固定化しています。ご了承ください）。

以下、モデルケース設定と次ページの図9-6-5を見てください。

モデルケースの設定

・不動産所得：200万円/年（売上900万円/年、費用700万円/年）

・給与収入：1,195万円/年

・所得控除：250万円/年

・譲渡所得（物件売却時）：500万円（売上5,000万円、費用4,500万円）

※物件所有期間は3年間。所有期間中の金額は上記金額で固定とする。

※確定申告は白色申告とする。

このモデルケースの場合、物件の購入・賃貸〜売却までの3年間で、合計972万円の所得税・住民税を支払う計算となりました。不動産所得200万円に、給与所得1,000万円（給与収入1,195万円）が合算されたことで、総合課税の税率は43.69％まで上昇し、売却時にも短期譲渡所得39.63％の税率が適用された結果です。

図9-6-5 モデルケースでの税額計算（個人）

【購入・賃貸時】

不動産投資：	売上 900万円	−	費用 700万円	=	不動産所得 200万円			
給与：	給与収入 1,195万円	−	給与所得控除 195万円	=	給与所得 1,000万円			

合計所得
1,200万円

所得控除
− 250万円

課税総所得 950万円	×	所得税・住民税合算税率 43.69％-1,568,256円	=	税額① 約258万円

【売却時】

不動産投資：	売上 5,000万円	−	費用 4,500万円	=	譲渡所得 500万円	×	所得税・住民税合算税率 39.63％	=	税額② 約198万円

∴ 合計税額（A）＝ 税額① × 所有年数 ＋ 税額②
972万円　　　258万円 × 3年 ＋ 198万円

では、仮に法人所有方式で法人化し、法人で物件を購入・売却したとしたら、この税額はどうなるでしょうか？

■法人化による節税効果の概算③（法人化した場合）

先ほどと全く同じモデルケースでの物件購入・売却で計算してみます。次ページの図9-6-6を見てください。

第9章　収益計算での「本当の儲け」を最大化する　257

図9-6-6 モデルケースでの税額計算（法人）

【購入・賃貸・売却時】

不動産投資 ： 　売上 　　−　　費用 　　=　　所得金額 　　×　　法人税実効税率 　　=　　税額③
　　　　　　　　　900万円 　　　　　700万円 　　　　200万円 　　　　　21.37% 　　　　　約43万円

　　　　　　　　　売上 　　−　　費用 　　=　　所得金額
　　　　　　　　5,000万円 　　　4,500万円 　　　500万円
　　　　　　　　　　　　　　　　　　　　　　　合計所得 　　×　　法人税実効税率 　　=　　税額④
　　　　　　　　　　　　　　　　　　　　　　　700万円 　　　　〜400万円分：21.37% 　　約155万円
　　　　　　　　　　　　　　　　　　　　　　　　　　　　　　〜700万円分：23.17%

【勤務先からの給与】

給与 ： 　給与収入 　　−　　給与所得控除 　　=　　給与所得
　　　　　1,195万円 　　　　195万円 　　　　　　1,000万円

　　　　　　　　　　　　　　　　　　　　　　　所得控除
　　　　　　　　　　　　　　　　　　　−　　　250万円

　　　　　　　　　　　　　　　　　　　課税総所得 　　×　所得税・住民税合算税率 　=　税額⑤
　　　　　　　　　　　　　　　　　　　750万円 　　　33.48%-649,356円 　　　約186万円

∴ **合計税額（B）= 税額③ ×（所有年数 − 1年）+ 税額④ +（税額⑤ × 所有年数）**
　799万円 　　　43万円 ×（3年 − 1年）+ 155万円 + 186万円 × 3年

　このモデルケースの場合、物件の購入・賃貸〜売却までの3年間で、合計799万円の法人税等を支払う計算となりました。

　不動産投資の事業について、売却年度以外は、課税所得200万円に対して法人税実効税率は21.37%（個人と比較して約半分の税率）、売却年度でも最大23.17%の税率に抑えられています。また、給与所得に関しても、不動産投資の利益と分離されたことで総合課税の税率が下がり、所得税・住民税合算税率は33.48%まで下がりました。

　結果として、図9-6-5での個人と比べた3年間での税額差は合計173万円、これが法人化した場合の期待節税効果ということになります。

■法人化・法人設立に向けて

　先ほどのモデルケースで見たように、勤務先からの給与が多い方であれば、不動産投資の規模がそれほど大きくなくても、法人化による節税効果が期待できます。

　また、所得税の総合課税制度・超過累進課税制度の仕組みを考えれば、勤務先からの給与が少ない方でも、不動産投資の規模が大きければ、やはり法人化した方が節税で有利になりますし、給与も不動産投資の規模もどちらも大きい方であれば、より大きな節税効果が期待できます。

　法人化の損益分岐点は一概には言えませんが、一般論としては、勤務先からの給与増加や不動産投資の規模拡大が見込まれる方であれば、定期的に節税効果を計算し、法人化の是非を検討することが、「本当の儲け」を最大化する近道となるはずです。

　しかし、実務を考えると、個人事業主にはない面倒な作業や検討事項が増えることも、忘れずにお伝えしておかねばなりません。

　例えば、法人設立時には法人所在地や資本金などを決めなければなりませんし、法人設立後には、毎年会計ソフトを使った決算書の作成が必須となります。人によっては、顧問税理士との契約や加入する生命保険・社会保険（厚生年金・雇用保険等）の見直しも必要になるかもしれませんし、備え付ける帳簿の種類も増えることになります。

　もちろん、こうした実務作業・検討事項の大半は外注することもできますが、その分のコストは増えることになりますので、節税効果だけでなく、ご自身が不動産投資にかけられる手間やリソースと天秤にかけた検討が必要になるでしょう。

　最終章となる次の第10章では、法人化するうえでのこうした手続きや注意点、税率差以外の節税テクニックについて、より詳しくご説明していきます。なお、第10章のみ、本文の執筆者は私ではなく、不動産投資事業の法人化について、おそらく日本で一番詳しい専門家の1人である、監修者の稲垣浩之税理士です。

第10章

「本当の儲け」を増やすための不動産投資法人化

　本書の最終章にして、第3部「応用編」のラストは、「法人化」がテーマです。収益計算シミュレーションを通じて、不動産投資における税金対策の重要性は、既に十分にご理解いただけたと思いますが、「法人化」は不動産投資の節税における切り札ともいうべき対策です。

　本章のみ、執筆は私、中川理ではなく、本書監修者の稲垣浩之税理士です。稲垣氏は、多くの不動産投資家に対して、法人設立・運営の支援を行っておられ、おそらく日本で一番、不動産投資の法人化に詳しい専門家の一人です。これまでに投資家から多く寄せられた「悩み」「疑問」「注意点」を交えながら、法人設立の実務を詳しくご説明いただきましたので、ぜひ参考にしてください。

10-1 法人化のメリット・デメリット

■法人化の究極のメリットは税金

法人化のメリットを列挙すると、以下のようになります。

① 個人よりも、事業体として存在する法人の方が融資を受けやすい。

② 会社の代表役員（代表取締役）としての名刺を持つことによって、アクティブに行動できる。

③ 給与収入が高額の場合（年1,000万円以上）、不動産賃貸利益額・売却利益額の多少にもよるが、個人の場合よりも税金が安くなる。

まずは①ですが、確定申告における提出義務書類について、所有物件が5棟10室以下の業務的規模たる個人の場合、単式簿記による簡易な記帳を根拠とする損益計算書のみですが、法人の場合には5棟10室以下の業務的規模であっても、複式簿記による損益計算書に加えて、貸借対照表の提出も対象となります（実務上は、複式簿記による記帳には、会計ソフトによる取引入力が必要です）。

融資する銀行の立場で考えてみましょう。その他条件が同一とすれば、損益計算書での売上高や費用の金額という局地的な情報しか得られない個人と、決算日現在の現預金有高、借入金残高、所有不動産の簿価など貸借対照表の情報が得られる法人を比較すれば、法人に対しての方が融資しやすいことは明白かと思います（但し、個人に対する融資のみとするルールがあったりと、各銀行の方針によっても融資の受けやすさは異なります）。

次に②ですが、長年勤めた会社を退職（ないしはリタイア）した後は、会社の代表者もしくは役員としての名刺を持つことになります。悲しいかな、男は肩書の生き物です。娘の結婚式や、何十年ぶりの同窓会の際、その名刺は効果を発揮することでしょう。

そして、法人化の最大のメリットは③です。「本当の儲け」を増やすためのポイントが節税にあることは明確ですが、法人化は長期的・構造的、かつ合法的にできる究極の節税方法なのです。

その理由は、【税率】です。個人の所得の特徴である[合算]（給与所得と不動産所得の合算）と[累進税率]という不合理さを、法人の税率は見事に解消しています。

参考として、図10-1-1に令和2年5月1日現在の法人税等の実効税率表を掲げておきます。個人の税率表と比較してみると、よく理解できると思います。

図10-1-1 法人の税率一覧表

法人税等（法人税・法人都民税・県民税・市民税、法人事業税）実効税率表

区分	税率
年400万円以下の所得	21.37%
年400万円超　800万円以下の所得	23.17%
年800超の所得	33.58%

※例）900万円の所得が生じた際の法人税等の税額計算

400万円 × 21.37% ＝ 　85.48万円
400万円 × 23.17% ＝ 　92.68万円
100万円 × 33.58% ＝ 　33.58万円
　　　　計　　　　 211.74万円

所得900万円に対する実質税率は23.52％！（211.74万円 / 900万円）

個人課税の場合、高額な給与収入に比例して合算対象となる不動産賃貸利益額に対する税率も上昇し、かつ、その税率を総課税所得金額全額に対して乗じることになります。

第10章　「本当の儲け」を増やすための不動産投資法人化　263

このような個人課税制度に関して、法人課税制度がいかに緩やかな税率であることに気づかれることでしょう。法人化の税金メリットの根拠が体感いただけると思います。

■法人化のデメリット

メリットばかりをお話してしまいましたが、法人化にも次のようなデメリットも存在します。

---

① 法人として登記するための手数料がかかる。
② 儲かっている、儲かっていないにかかわらず、年間約7万円の均等割という名の税金を毎期、支払わなければならない。
③ 法人の確定申告を税理士に依頼する場合が多い。即ち、税理士に対する申告報酬が生じる。

---

①ですが、法人設立時には会社謄本への登記が必要です。会社謄本は、物件購入時や借入時、または物件売却時の絶対必要書類となります。

法人所在地を統括する法務局に赴き登記するのですが、一般的には司法書士・行政書士に設立登記を依頼することが多く、そのための手数料が発生します（最近では、これら士業に登記依頼せず、インターネットの情報や登記方法をフォローしてくれ最終的に自分で登記まで完了することのできる士業によるネットサービスによって安価に法人設立する方も、経験上見受けられます）。

次に②ですが、法人税及び地方法人税（国に対する税金、個人でいえば所得税）は、利益が出た期に利益に対して課税される税金で、利益が計上されない期（損失が生じた期）には税金を支払う義務自体がありません（支払う義務はなくとも申告する義務は生じます）。

しかし、法人都民税・県民税・市民税（地方自治体に対する税金、個人でいえば住民税）に関しては、計上された利益について課税されるの

に加えて、利益が出ていない期（損失が生じた期）においても、均等割という名の税金を支払わなければなりません。

以下は、東京都の均等割税額表の抜粋です。

> ・資本金が1,000万円以下で従業員が50人以下：70,000円
> ・資本金が1,000万円超1億円以下で従業員が50人以下：180,000円

不動産投資の場合、出資者・役員の構成からいってプライベートな法人が多く、資本金は1,000万円以下でかつ従業員は50人以下という法人が殆どでしょう。その場合、たとえ儲かっていなくとも、年間7万円の均等割は、法人の維持コストとして支出せざるを得ません。

最後に③ですが、私自身、個人の確定申告、それも単式簿記での記帳が認められている業務的規模（5棟10室以下）の場合には、税理士に申告書作成を依頼する必要性をあまり感じません（税理士を生業としている私が言うのも何ですが…）。

しかし法人の場合は、複式簿記による記帳（＝会計ソフトによる取引入力）が必須で、申告書に添付する決算書作成には、税務知識を加味した上での決算書作成能力が要求されます。AI化が進んできている昨今、簿記や税務の知識がなくとも、会計ソフトへの入力自体は可能かもしれませんが、やはり法人の確定申告では、税務対策を含んだ決算書作成に手慣れた税理士に依頼した方が得策です。

これは、私が税理士業を営んでいるから、営業的に言っているわけではありません。法人の確定申告は面倒くさ過ぎます。税理士の申告報酬は年間30万円くらいが相場ですが、自らが孤軍奮闘して無駄に時間を費やすよりも、税理士に記帳を含め、作成依頼した方が最終的にコストは安くあがるのではないかと思います。

①〜③は、いずれも金銭的なデメリットです。本書特典の個人・法人のシミュレーション書式を活用して、法人化による長期的・構造的な節税効果と、①〜③の現金支出とを秤にかけて、法人化の決断を下して貰いたいと思います（①〜③以外には、個人所有物件を自らの法人に売却する際、個人から法人に物件名義を変えるコストがありますが、これは10-5で改めてお話します）。

10-2　資産保有法人と資産管理会社

10-2　資産保有法人と資産管理会社

■資産管理会社とは？

　賃貸物件の名義が「個人」or「法人」によって、設立後の法人の役割は異なり、かつ不動産投資における法人は、「資産管理会社」「資産保有会社」の2種類に大別できます。

　1つずつ図表で説明しますが、まずは次ページの図10-2-1に表した資産管理会社をご覧ください。

　資産管理会社では、賃貸物件の名義（所有者）は個人のため、賃借人との賃貸契約は個人が締結し、法人は管理会社として賃借人との間に入ります。この場合、賃借人は個人ではなく法人に家賃を振り込み、法人は家賃から個人の物件を管理する対価としての管理手数料を差し引いた金額を、個人に振り込むこととなります。

　個人は、自分の法人に管理手数料を支払いますが、この管理手数料は費用に計上できるため個人の節税に寄与します。また、管理手数料の支払先は自分の法人ですから、支払った管理手数料も、回りまわって自分の懐に入るというシステムです（もちろん、法人は管理手数料を売上に計上して申告します）。

　ここで注意すべきは、管理手数料の金額です。仮に、家賃額の40％の管理手数料を支払えば、個人が売上に計上する家賃額は実質60％に圧縮され、個人としては、大きな節税になるはずですが、そんな美味しい話はありません。

第10章　「本当の儲け」を増やすための不動産投資法人化　267

図10-2-1 資産管理会社とは？

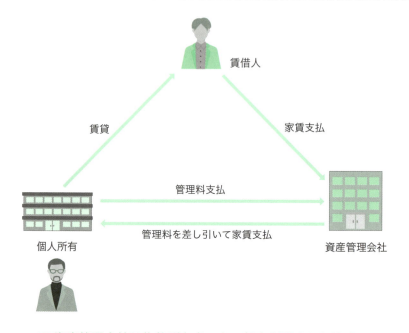

※ 資産管理会社は物件所有者である個人が設立した法人

　税理士としての今までの経験（幾多の税務調査に立ち会った結果です）から、税務署が許容してくれる管理手数料は、世間相場に照らした以下の範囲だと思われます。この範囲を超える管理手数料の支払は、税務上認められないケースが多いと思ってください。

- 物件所有者である個人が自らの資産管理会社に支払う管理手数料
  ⇒家賃額の7〜10％くらい

- 物件所有者である個人が自らの資産管理会社とサブリース契約を締結した際の管理手数料
  ⇒家賃額の10〜15％くらい

「サブリース契約」とは、個人と法人が物件の一括借上げ契約を締結し、賃借人と法人間で賃貸契約を結ぶ契約を言います。

個人と法人との間では一括借り上げ契約ですから、たとえ空室が生じても、法人は個人に対して、契約によって定められた一括借り上げ額たる家賃を支払わなければなりません。法人がこうしたリスクを負うことから、管理手数料も一般的な料率より高率であっても、まま税務的に許容されているようです。

■資産保有会社とは？

続いて、資産保有会社を説明します。図10-2-2をご覧ください。

図10-2-2　資産保有会社とは？

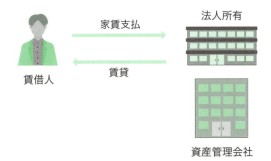

※ 家賃は物件所有者である法人に帰属する！

賃貸物件の名義（所有者）は法人ですので、賃借人との賃貸契約は法人が締結し、家賃は直接、自らの法人の口座に振り込まれます。即ち、家賃収入は法人の売上として計上されることになります。費用についても、物件所有者が負担する固定資産税や、毎月の管理手数料などは、物

件名義人の法人に対して請求され、法人の費用として計上されます。

このように売上も費用も全て法人で計上されたうえで、「売上－費用」の算式で利益が計算され、法人税法上の調整を加えた後の利益金額が所得金額となり、この所得金額に対して、図10-1-1に掲げた法人の税率が適用されることになります。つまり、資産保有会社を活用することで、個人の給与所得との「合算」、合算額に適用される「累進税率」の制約から解き放たれることが可能となるのです。

これは明らかに、資産管理会社よりも資産保有会社の方が、税金上有利だということです。煎じ詰めれば、ある程度の給与高所得者が賃貸物件を購入するなら、個人で購入するより法人で購入する方が、より多くの「本当の儲け」を獲得できる可能性が高いということになります。

■最初は資産管理会社、徐々に資産保有会社に移行してゆくパターン

とはいえ、既に個人名義にて幾多の賃貸物件を購入している方も多いでしょう。個人で賃貸物件を購入し、順調に利益は伸びていても、不動産所得と給与所得合算に伴う累進課税率の上昇による予想外の税負担に頭を悩ませている投資家さんには、次のスキームをお勧めします（図10-2-3も合わせてご確認ください）。

・個人での物件購入は現状にとどめ、個人所有物件の管理を自らの
　設立法人に委託
　管理手数料を支払うことで、少しでも節税を実行する。

・今後の購入物件は、自らが設立した法人による購入を目指す
　物件名義を法人にすることで、全体の税負担を低減させることを
　目標とする。
　⇒まずは資産管理法人の設立・運用を行う。

図10-2-3　資産保有会社と資産管理会社を兼ねる場合

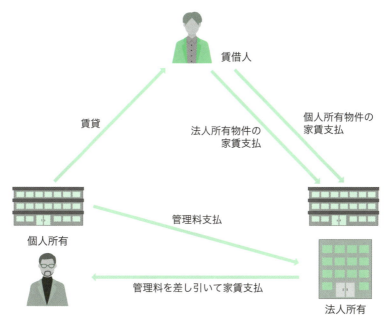

※ 法人は、個人所有の管理手数料収入及び、自らが所有している物件家賃収入を得る

　なお、個人の借入残額が減少してきた時点で、もしくは借入残高が0円となった時点で、対象物件を個人から法人へ売却することにより個人所有物件の名義を法人名義に変更し、完全なる資産保有会社への移行の完成を目指すパターンを実行する投資家さんも少なからずおられるということを、付け加えておきます。

■どちらの形態が節税に貢献するのか

　節税への貢献度は、いうまでもなく資産保有会社が有利です。資産管理会社では、最大でも家賃収入額の10％（サブリース契約でも15％）の管理手数料が費用として節税に貢献するのみですが、資産保有会社では、収受する家賃収入から費用を差し引いた利益（課税所得）の全額が、前述した法人税法による税率の適用を受けることになります。

　現在ある程度の給与収入を得ている方が、法人化を前提とした不動産投資の第一歩を踏み出すならば、迷うことなく資産保有会社による物件取得を目指すべきでしょう。
　では、実務的に不動産投資に適した法人形態には、どのようなものがあるのでしょうか？
　次項では、その代表的な法人形態たる株式会社、合同会社の2形態について、ご説明していきたいと思います。

10-3 いよいよ法人設立! 合同会社と株式会社のどちらが良いのか

10-3 いよいよ法人設立! 合同会社と株式会社のどちらが良いのか

■合同会社と株式会社

　法人を設立する場合、合同会社と株式会社のどちらが良いのでしょうか?

　これら法人形態は、法人という器（ビーグル）の種類で、前項でお話した法人の役割である資産管理ないしは資産保有は共に、この器においてなされることになります。

　不動産投資においては、合同会社もしくは株式会社の設立が殆どです。それぞれの特徴を、図10-3-1にまとめましたのでご覧ください。

図10-3-1　合同会社と株式会社の特徴

	合同会社	株式会社
設立費用	安い	高い
所有と経営の分離	分離していない	分離している
対外的信用度	得られにくい	得られやすい
ランニングコスト	安い	高い
税務メリット	両社とも変わらない	
融資の受けやすさ	両社とも変わらない	

■設立費用について

　司法書士・行政書士に法人設立を依頼した場合、合同会社設立で12〜15万円程度、株式会社設立で30万円前後が相場です。士業に依頼せず自分で設立する場合でも、登録免許税等は必要ですので、合同会社で

第10章　「本当の儲け」を増やすための不動産投資法人化　273

11万円前後、株式会社で21万円前後の費用は生じます。

■所有と経営の分離について

合同会社の場合、会社の所有者は出資者（株式会社でいうところの株主です）で、出資者である社員は自らが経営を行うことになります。

株式会社の場合、会社の所有者は基本的に株主です。その所有者から経営を委託され、実際に経営をするのが取締役会となります。その取締役会を代表するのが「代表取締役」、すなわち「社長」というわけ訳です。

このように、株式会社は所有と経営が分離されています。

■対外的信用度について

対外的信用度は、株式会社に軍配が上がるでしょう。会社といえば株式会社とイメージされるくらい、会社形態としての認知度は合同会社より高いと言えます。

対外的な取引先からしても、合同会社より株式会社の方がイメージ的には取引しやすいと言えるでしょう。また肩書についても、株式会社は「代表取締役」と世間的にもポピュラーな呼称に対し、合同会社は「代表社員」という一見わかりくい呼称となります。

■ランニングコストについて

ランニングコストとは、設立後にかかる登記費用です。

株式会社の場合、所有と経営が分離されています。所有者である株主は株主総会によって経営を行う取締役を選任しますが、取締役の任期は2年内です。取締役は登記事項のため、仮に変更がなくても2年に一回登記し直すこととなり、株式会社では、その登記費用が必要不可欠なランニングコストとなるのです。

ただし、非公開会社（株主の譲渡制限を定めている会社）の場合、取

締役の任期を10年内とすることが可能で、この場合、10年に一回登記をすれば良いことになります（変更があった場合は、登記しなければなりません）。

　不動産投資における株式会社は、意思決定をするオーナー1人を代表取締役とする非公開会社（株式の譲渡制限を定めている会社）としている場合が多いようです。

　これに対し、合同会社は役員の任期がないため、代表社員の変更がなければ、基本的に法人設立後のランニングコスト（登記費用）は発生しません。

■税務メリットについて

　合同会社、株式会社とも、税務メリットの差は生じません。共に、法人税法等に沿って申告することになります。

■融資の受けやすさについて

　現在では、合同会社、株式会社とも、融資の受けやすさに違いはありません。

　10年位前、合同会社という法人形態が制定されて間もなかった頃には、銀行の融資担当者から「できれば合同会社ではなく、株式会社を設立してほしい。その方が上司に通しやすい」と言われたこともありました。しかし、既に銀行はもとより、世間でも合同会社の法人形態はすっかりポピュラーな存在です。加えて、不動産投資という一般事業と比較して閉鎖的な事業は、所有と経営が分離している株式会社と比較して、所有と経営が一致している合同会社という法人形態の方が、銀行としては融資しやすいという点に今更ながら気づいたということが言えるかもしれません。

■不動産投資において、どちらの法人形態が良いのか

　不動産投資以外の業務を考えている方（例えば、不動産投資と合わせてコンサルティング業を営もうと考えている等）は、対外的信用度の高い株式会社の方が望ましいといえます。

　しかし、不動産投資のみを専業で考えている方には、間違いなく合同会社の方がオススメです。以下に、その理由を挙げていきます。

合同会社を薦める理由
・**設立費用** 12〜15万程度。株式会社と比較して、15〜18万円程度安い。
・**所有と経営の分離** 所有と経営の一体化により、プライベートカンパニーの色合いが強く、不動産投資との相性が良い。
・**対外的信用度** 不動産投資を専業とするならば、不特定多数の対外的信用度はあまり必要ない。
・**ランニングコスト** 設立後は役員変更時以外、ほぼ生じないと見て問題ない。
・**税務メリット** 株式会社と変わらない。
・**融資の受けやすさ** 株式会社と変わらない。

　「税務メリット」「融資の受けやすさ」が株式会社と変わらないのであれば、「設立費用」「ランニングコスト」は安いに越したことはありません。

　あとは不動産投資以外の兼業有無が判断材料となりますが、もし兼業を行う場合には、くれぐれも、銀行への返済原資となる家賃収入を、不動産投資以外に使用しないように注意してください。

例えば、兼業として物販を営むとして、不動産投資の物件購入用に融資を受けておきながら、返済原資である家賃収入を物販の仕入れに回してしまうようなケースでは、銀行は返済が滞ることを不安視してしまうでしょう。であれば、兼業は個人で、もしくは別に法人を設立して行うかにした方が、銀行の受けは良さそうです。

10-4 法人を設立するにあたって、決めなければならないこと

■出資金はいくらにしたら良いのか？

　法人設立にあたっては、決めなければならない事項がいくつかあります。そこで、これまで実際に不動産投資家さんから多く寄せられた質問に回答するQ＆A形式で、合同会社を例にしてお話していきたいと思います。まずは、「出資金はいくらにしたら良いのか？」です。

　前項でご説明したように、基本的に合同会社の所有者は出資者です（株式会社でいうところの株主です）。設立時において個人は、いくらかの現金（現物不動産を含みます。これについては次項で詳しく説明します）を会社に出資し、現金の拠出を受けた会社は出資者から出資された現金を元手に、不動産投資業を営むべく行動を開始するのです。
　では、その出資金の額はいくらが妥当でしょうか？

　拠出された、出資された金額を元手に不動産投資を始めるのですから、多ければ多いに越したことはないようにも思えます。
　しかし、資本金の額が1000万円を超えると、10-1でも述べたように、儲かっても儲からなくても毎期支払わなければならない均等割額の金額が増加してしまうのです（10-1で掲げた表を再掲します）。

> ・資本金が1,000万円以下で従業員が50人以下：70,000円
> ・資本金が1,000万円超1億円以下で従業員が50人以下：180,000円

　拠出金額による均等割額は、それぞれ7万円と18万円で、10年間では

110万円の開きが生じてしまいます。

税金対策を考えれば、この均等割額が極端に増加する1,000万円以下の出資に留めたいところですが、多くの投資家さんは「設立時の出資金が足りなくなったら事業が立ち行かなくなるのでは？」を気にされるようです。

しかし、後々に出資金が足りなくなれば、足りない分はあなた個人から会社たる法人が一時的にお金を借りればいいのです（詳しくは、10-7でご説明します）。

結論としては、出資金は1円以上であれば登記上は問題なく、あとは銀行の顔色を窺いながら、自分が適当と思う金額を出資金額とすれば良いでしょう（銀行としては、「出資金1円」と記載された会社謄本を手にしたら、不安に駆られるかもしれませんので）。

ちなみに、実際に私共に設立を依頼して頂いた投資家さんの実例では、出資レンジは5万円～300万円くらいでした。

■社員たる出資者は誰にしたら良いのか？

基本的には、あなたが100％出資しても問題ありません。

ここでも私共に設立を依頼された投資家さんの実例から申し上げると、50％以上は投資家さん本人が出資し、残額の50％以下の部分の出資は投資家さんの配偶者、子供、両親、義理の父母等の身内が出資する場合が多いようです。

いずれにしても、プライベートカンパニーという性格を色濃く反映する合同会社においては、出資者は自分を含め身内に限定しておくべきでしょう。

■役員たる代表社員は誰にしたら良いのか？

勤務先の社員規則などで、「他の法人の取締役（合同会社でいう執行

第10章　「本当の儲け」を増やすための不動産投資法人化　279

社員）に就任してはならない」という制約がない場合、不動産投資家さん自身が合同会社の代表社員に就任しても問題ないでしょう。近々では副業が推奨される世の中でもあります。遠慮せずに胸を張って、不動産投資法人の代表者として勤務先以外で活躍すべきではないでしょうか。

しかし、本職である会社員としての勤務先が上場企業だったり、国だったり、半官半民である場合、今までのキャリアを捨ててまで不動産投資法人の代表社員に就任する必要性は感じません。そんな場合は、配偶者ないしは両親、義理の両親を代表社員にする場合が多いようです。

ポイントとなるのは、実質の合同会社の経営者たるあなた以外に会社の決定権を奪われないように配慮し、代表社員を選定することです。

■どのタイミングで合同会社を設立すれば良いのか？

物件を所有していないにもかかわらず、どうせ物件購入をするのだから先に法人を設立する方が効率が良いだろうと、既に法人を設立しているというケースもあります。

ここで考えるべきは、銀行からの見え方です。銀行の融資の是非は基本的に、会社の実績によって決定します。多くの銀行は、「利益が計上できている法人」の観点から、融資の是非を決定します。

もし、合同会社を設立後、物件取得までに1年以上経過していたら、その合同会社の第1期の実績は売上0円、設立費用その他の費用計上によって利益は0円以下（損失の15万円とか）でしょう。

これが、合同会社設立と同時に物件購入したらどうなるでしょうか？

既に入居者のいる中古物件のオーナーチェンジ取得であれば、第1期の実績から売上が計上されることになります。設立費用・物件購入費用等の初期費用は多額に計上されるため、第1期の利益がプラスには至らないかもしれませんが、それでも、第2期以降は利益がプラスになる可能性が大です（次物件を追加購入したら、この限りではありません）。

だったら、最初から銀行に対し、「購入と同時に合同会社を設立し、その合同会社に融資を受ける心積もりであること」「購入初年度は家賃収入たる売上は計上されるものの、初期費用が嵩むため赤字決算となるが、第2期以降は黒字決算となるであろうこと」を伝え、物件取得資金の融資の可能性を見出すことの方が有利ではないでしょうか。

合同会社は、いつでも作れます。後々の物件取得を考慮し、銀行が融資をしやすいような実績を積み上げることを設立当初から考えていくことが、規模拡大を目指す不動産投資家にとって大事なのです。

10-5 個人物件を合同会社名義に変更するには?

■最初から物件を合同会社で購入する

効果的な節税対策とは、どのようなものでしょうか?

例えば、「個人で賃貸物件を購入して、順調に利益が出ている。個人としての節税対策もしっかり講じている。でも、いざ確定申告をしてみると、あまりの支払税金の多さに驚いた」といった相談を受けた場合、私は「個人所有の物件を合同会社名義に変更することで、比較的税率の低い法人税による課税となるので、個人課税の必要悪である【給与所得との合算】【累進課税制度】の呪縛から解き放たれるかもしれません」とお答えしています。

目標とする不動産投資の規模が大きいのであれば、一番望ましいのは、最初から法人を設立し法人名義で物件を購入することです。しかし、投資家さんの実情としては「ゆくゆくは自らの合同会社で物件を増やすにせよ、まずは個人名義で物件買って賃貸業を始めてしまおう」という方が多いようです(税負担の重さに後悔しても、後の祭りです)。

では、個人物件を購入した後に、物件を合同会社名義にする方法はあるのでしょうか?

■個人⇒合同会社の物件名義変更は簡単にできるのか

個人所有の物件を合同会社名義に変更することは、単純に司法書士に依頼すれば実現するものではありません。

合同会社への名義変更には、以下の「名義変更する理由」が必要です。

282

① 【売却】を原因として、個人⇒法人に物件名義を変更する
② 【贈与】を原因として、個人⇒法人に物件名義を変更する

　そして、いずれの場合も「みなし譲渡課税」という税法上の制約を受けることになります。

「みなし譲渡課税」とは？

次のいずれかに当たる場合は、物件の時価相当額の代金を受け取ったものとみなされ、個人贈与した、または譲渡した個人に対して譲渡所得課税がなされること。
・個人が法人に贈与した場合
・物件時価の半額未満で譲渡した場合

　よって【贈与】の場合、個人には譲渡益課税が、合同会社には受贈益課税がなされるため、実務的に採用されるのは【売却】が殆どです。
　そして、個人から法人に売却する際に最も注意すべきは、個人と合同会社の間で結ぶ売買契約書に記載する「譲渡金額」です。「譲渡金額」を、物件時価の50％以上としなければ、上記「みなし譲渡課税」が適用され、時価相当額での譲渡所得が課税されてしまうためです（個人での所有期間が約6年未満であれば短期譲渡所得が、約6年以上であれば長期譲渡所得の税率によって譲渡益に対して所得税等が課されます）。

　では、「譲渡金額（＝物件時価）」は、どのように決定されるのでしょうか？
　税務署からは、個人と合同会社は限りなく同一人物として見られると思って差し支えなく、税務署にも説明できる公平な価格とせねばなりません。
　一般的には、以下の金額であれば税務署も公平な価格とみなしてくれるのですが、ここは多少お金を払っても、不動産鑑定士、税理士等の専門家の手を借りた方がリスクは少ないと思います。

・建物については：固定資産税評価額
・土地等については：相続税評価額÷0.8

■法人への物件名義変更は、銀行からの借入がない物件が望ましい

　個人が銀行からの借入によって購入した物件であれば、「みなし譲渡課税」をクリアする前に、銀行との関係をクリアする必要があります。

　ほとんどの場合、銀行が、物件購入に伴う借入金の担保として個人名義たる物件に抵当権を設定しており、物件の名義が法人に変わるのであれば、銀行は借入金の担保権も個人から法人に変更しなければならないからです。ないしは、個人の借入金の全額返済がなされた後、物件が法人名義となり、改めて法人への借入を発生させたところで、法人名義たる物件に担保権を設定するのが自然ではないでしょうか。
　これを「借換え」と呼びます。

■銀行が借換えに応じてくれるなら、法人への名義変更は可能

　ここで「借換え」のスキーム図をご紹介しましょう。図10-5-1を見てください。

　賃貸物件は、A銀行からの借入により個人が購入しています。毎月の家賃収入から、A銀行に毎月定額の返済額を実行しています。

図10-5-1　個人から合同会社への借換えスキーム

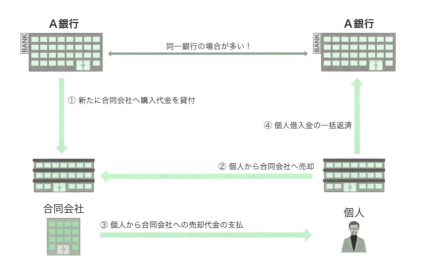

① 合同会社は、A銀行から個人からの物件購入代金を借入
② 個人は、個人課税の重税を解消すべく自ら設立した合同会社に物件を売却
③ 売却対価として、合同会社はA銀行からの借入金を原資として個人に対価支払
④ 個人は合同会社への物件売却代金をA銀行の借入金に充て、全額返済完了

　以上のフローをもって、無事に物件名義は個人から合同会社に移り、家賃収入は合同会社に帰属することとなり、法人税制の恩恵を享受することになるのです。

　但し、そもそもの話として、A銀行がこの借換えスキームに同意してくれることが大前提です。銀行が借換えに同意しても良いと考える要素（属性の良さ、例えば勤務先が東証一部上場の有名会社・自分ないしは両親の資産背景の大きさ・年収の多さ）によって成否が左右されることに注意してください。

また、借換えスキームを実行すると、不動産流通税等（不動産取得税、司法書士への所有権変更手数料等）は再度、合同会社が負担することになります。

　これら銀行との交渉や合同会社が負担する費用と、法人化による長期的な税務メリットの天秤を充分検討したうえで、この「借換え」スキームを実践したいところです。

■個人名義物件を合同会社に移すための「現物出資」という方法

　個人所有から合同会社所有にするためのスキームとして、「現物出資」を最後に紹介しましょう。この方法は元々、親が借入のない賃貸物件を所有していた場合で自らが相続した場合、ないしは、現金で購入した借入のない賃貸物件を所有している場合に有効です。

　10-4でご説明した通り、合同会社の所有者は出資社員ですが、出資金（現金）ではなく、個人所有している賃貸物件そのものを拠出することで、出資社員たる地位を獲得することができます。

　ここで、図10-5-2をご覧ください。

　この場合の出資相当額は、前項で申し上げた物件の時価相当額となります。個人所有の物件を、現金という対価の代わりに（通常の譲渡が該当します）自らの合同会社の出資額（株式会社でいうところの資本金に該当します）を対価として、個人所有物件を売却することになるわけですから、譲渡所得に該当します。

　なお、現物出資も「みなし譲渡課税」の制約を受けますので、物件の時価相当額の算定には専門家の手を借りた方が安全であること、出資額に相当する物件時価相当額が1,000万円を超える場合、均等割額は年間約18万円となってしまう点にはご注意ください。

図10-5-2 現物出資とは？

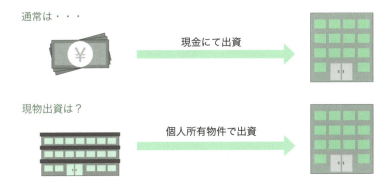

※ 現物出資の場合の出資は現金で行うのではなく、賃貸物件をもって出資とする。
要は、現金の代わりに物件を対価として、合同会社の社員（株式会社でいうところの大株主）の地位を得る。
物件名義は個人から合同会社に変わる

10-6 合同会社名義で、物件を購入〜賃貸するまでの注意点

■合同会社名義での物件購入前の前提条件

合同会社での物件購入に重要なのが、以下4つの作業です。これらを仲介不動産業者とタイミングを測りながら行っていくことになります。

合同会社での物件取得に重要な4つの作業
①売主との売買交渉
②融資を受ける銀行への根回し
③合同会社の設立
④税務署への青色申告承認申請

これらを順番に説明していく前に、大切な前提条件があります。それは、本書のテーマである「収益計算シミュレーション」です。

収益計算シミュレーションを自らの手で作成せずに物件購入することは、絶対に避けてください。

収益計算シミュレーション作成のポイントを、以下にまとめます。

・予想購入価格（指値を含む）、購入時の初期コスト、過去のレントロール・ランニングコストを仲介不動産会社から資料収集する。
・自らの属性を勘案しながら、銀行からの借入額、金利、返済期間の予想値を算定する。
・上記、収集した情報を数値化し、本書の無料特典である「雛形書式」「法人税版書式」、あるいはそれらをカスタマイズした書式を

活用して、収益計算シミュレーションに落とし込む。そして、購入の是非、並びに購入するのなら個人・法人どちらかの形態での購入の有利不利を判断し、購入意思を決定する（この例では、収益計算シミュレーション結果により法人購入の方が有利と判断した結果、合同会社による購入を決断したと仮定します）。

　以上、面倒くさいとも思える作業を検討物件ごとに粛々と行い、数々の物件を選りすぐった上で、合同会社名義で購入すべき物件を決定することになります。

　それでは、購入物件の当てが付いたとして、合同会社での物件取得に重要な4つの作業について説明していきます。

■①売主との売買交渉

　売主宛に「買付証明書」（売主に対して〇〇〇万円で購入したい旨の書面。法的拘束力はない）を、仲介不動産業者を介して提出することにより、売主に対する具体的な金額を提示し購入意思表示を行います。
　念のため、売主には個人ではなく、法人たる合同会社で購入したい旨も伝えておいた方が良いでしょう。売主が個人ないしは法人であるかによって、売主側の消費税の納税に影響を及ぼす恐れが生じるからです（とはいえ、過度に神経質にならなくても大丈夫なケースが大半だとは思います）。

　買主側である当方にとって大事なことは、事前のシミュレーションに近い価格で購入すべく、仲介不動産業者に交渉を進めてもらうことです。交渉の結果、許容範囲の購入価格での売買が成立したら売買契約書の締結、および②の銀行への根回しに移ります。

■②融資を受ける銀行への根回し

　現金購入であれば別ですが、物件購入代金の大部分を銀行からの借入で考えているなら、この「融資を受ける銀行への根回し」は、①と同じくらい大事な要素だと考えてくだい。

　①では、購入価格に対して、物件の儲けの基礎たる毎月の家賃収入がどれだけ入ってきて、毎月どれだけのコスト（外注管理費ほか諸経費）がかかって、おおよそどれくらいの儲けが残るのかを確定させる作業です。しかし、実際の手残りは、上記残高から毎月の銀行への返済額（利息含む）を控除した残高です。②での毎月の返済額が確定しなければ、いくら手許に現金が残るかも皆目見当がつかないことになります。

　したがって、①の交渉と同時に、②についても仲介不動産業者の協力を得て進めていかなければならないことになります。

　以下に、融資を受ける銀行に対して、物件引渡までに交渉・内諾を受けなければならないポイントをまとめます。

銀行から交渉・内諾を受けるべきポイント

・そもそも、設立する合同会社に物件購入資金を融資してくれるのか
・物件の銀行担保評価はどれくらいなのか。その評価により、いくら貸して貰えるのか
・金利、返済方法、返済期間の具体的数値は？

　どれも銀行が、合同会社の実質的オーナーたるあなた個人の属性・資産背景、融資対象となる購入物件の担保評価額を総合的に勘案・検討して決定します。

　特に、「設立する合同会社に物件購入資金を融資してくれるのか」は重要です。これを確認せずに先走って設立した合同会社では、融資も受けられず、物件購入もできず、さしあたり個人の資産管理会社ぐらいしか利用価値のない法人を設立することになってしまいます。

効率よく合同会社での物件取得を目指すなら、②→①の順に対応して、両方がOKとなってからゆっくり合同会社を設立するのもありでしょう。

また、法人（合同会社）の借入は無理だけれど、個人名義での購入なら融資OKという場合もあるでしょう。その際は、再度シミュレーションを行い、個人名義で所有しても十分現金が残せる見通しであれば、さしあたり今回は個人での取得を目指してもOKです。

■③合同会社の設立

一番手軽な方法は、司法書士・行政書士に合同会社の設立を依頼することでしょう。10-4でお話したように、資本金や社員（役員）事業年度を検討・決定し、会社設立の登記をすることになります（この時点で合同会社の顧問税理士が決定しているのならば、上記資本金等に関して的確なアドバイスを貰えると思われます）。

繰り返しになりますが、設立登記の実務は、取得すべき物件の条件が整い、融資を受ける銀行の合同会社への融資の確約がとれた後でも遅くはありません。できれば、売買契約書締結前の設立が望ましいですが、引渡し直前、銀行との金銭消費貸借契約書締結までに設立していれば問題ないのです。

■④所轄税務署への青色申告承認申請

税理士としての経験上、投資家さんは物件の取得・銀行からの借入・会社の設立ばかりに気を取られ、この青色申告承認申請について失念する方が余りに多いので、ここで説明しておきたいと思います。

個人でも青色申告者として所轄税務署に申請することにより、数々の税務メリットを受けることができますが、法人でも個人同様、「青色申告承認申請書」を税務署に申請することにより、数々の青色申告法人と

第10章　「本当の儲け」を増やすための不動産投資法人化　291

しての税務メリットを受けることができます。

　数ある税務メリットの中でも、必ず合同会社として受けた方が良いと思われるメリットが、「欠損金繰越控除」です。簡単に、この規定の内容を説明します。

「欠損金繰越控除」の規定とは？

・欠損金とは、決算において生じた税務上の赤字の金額である（ある年度の利益が△100万円になれば、欠損金は100万円）

・「欠損金繰越控除」とは、欠損金が生じた翌期以降10年間の内に利益がプラスになった場合、ある年度の欠損金と利益を相殺できる制度である（現在までの赤字（欠損金）によって、将来の黒字（利益）が相殺可能）

　購入物件の規模にもよりますが、一般的には、合同会社の設立年度（第1期）に賃貸物件を購入した場合、初期費用（所有権移転に伴う名義書換費用、不動産取得税等）が、その年度の家賃収入たる売上を超えてしまい、決算は赤字（＝欠損金が計上）となります。

　その一方、翌期以降は（新たな物件取得をしなければ）順調に黒字たる利益が計上される可能性が大ではないでしょうか？

　そこで、上記の「欠損金繰越控除」制度を活用するのです。

　具体例を見ていただきましょう。

・購入初年度たる第1期は、初期費用も多額に計上され、赤字△200万円で決算が確定した

第1期：売上高500万－費用700万円＝△200万円（欠損金200万円）

・第2期は、新規購入物件もなく順調に推移し利益100万円で決算が確定した

第2期：売上高600万円－費用500万円＝100万円（利益100万円）

> ・第2期の課税所得は以下のとおり
>
> **利益100万円 − 200万円（第1期の欠損金）＝△100万円（第3期への繰越欠損金）**
>
> *第2期の課税所得は0円（法人税の納税は0円となります）。欠損金残額100万円は、第3期に繰り越されます。

　いかがでしょうか？　この「欠損金繰越控除」制度を活用しない手はないと思いませんか？

　但し、設立第1期の決算においてこの「欠損金繰越控除」の適用を受けるには、「青色申告の承認申請」を、当該合同会社の設立日から3か月以内に合同会社の所在地を所轄する税務署に提出する必要があります。

　もし、「青色申告の承認申請」提出が設立日から3ヵ月を超えてしまえば、上記例の第1期の△100万円の欠損金は税務上計上されることなく、第2期の利益100万円に対しての法人税を支払わなければならないことは言うまでもありません。

　だから是非、「青色申告の承認申請」は合同会社の設立登記とセットであることを、肝に命じておいてください。

10-7 合同会社が個人から借入、または個人が合同会社から借入

■合同会社に現金がないのなら、あなた個人から合同会社が借りればいい

　10-6でご説明した「合同会社での物件取得に重要な4つの作業」が滞りなく完了すれば、あとは売主からの引渡しを待つのみです。

　ただ、この段階で「銀行借入と出資金（資本金）を合わせても、合同会社に、購入初期費用分の現金が足りない。増資とかしないといけないのだろうか？」と考える方もいるかもしれません。

　しかし、無闇に資本金を増加（増資）して、資本金が1,000万円を超えてしまうと、均等割額が増加してしまい毎年の現金支出が増えてしまう可能性が生じます。
　では、どうしたら良いのでしょうか？

　実はこれ、簡単な話です。合同会社に現金がないのなら、合同会社があなた個人から現金を借りればいいだけなのです（あなた個人が合同会社に現金を貸し付けます）。
　図10-7-1を見てください。
　この不足額490万円を、あなた個人からの借入金で賄うとした場合の、合同会社の貸借対照表（B/S）は図10-7-2のとおりです。

10-7　合同会社が個人から借入、または個人が合同会社から借入

図10-7-1　合同会社において、資金が不足するケース①

EX) 1億円の中古賃貸物件を合同会社名義で購入予定。
　　購入に伴う諸費用500万円（全額費用計上分とする）は引渡し時に支出予定。

引渡時には銀行から1億円の融資が下りる。しかし購入諸費用500万円については、
合同会社設立時に社員から受け入れた10万円を使用するにしても、490万円の現金が不足している。

必要資金　内訳		調達資金	
物件価格	1億円	銀行借入	1億円
購入諸費用	500万円	資本金	10万円
計	105,000千円	計	100,100千円

不足金額：　　　490万円

> ※ 不足分の490万円については、個人が合同会社に
> 　 貸し付ける形をとるのがポピュラー

図10-7-2　図10-7-1の簡易貸借対照表（B/S）

(単位：千円)

簡易貸借対照表（B/S）

資産		負債・資本	
土地・建物	100,000千円	銀行借入金 個人借入金 （役員借入金）	100,000千円 4,900千円
		負債　計	104,900千円
		資本金 利益剰余金	100千円 △5,000千円
		資本　計	△4,900千円
資産　計	100,000千円	負債・資本　計	100,000千円

※銀行借入1億に個人からの借入490万円が加わり借入金総額は1億490万円になる

　なお、「銀行以外の借入金が490万円増加することで、銀行の印象が悪くなってしまうのでは？」という不安を感じる方も多いと思いますが、それは心配ありません。

　この借入490万円は、ほかの金融機関などからの借入ではなく、この合同会社の実質的オーナーである、あなた個人からの借入です。銀行か

第10章　「本当の儲け」を増やすための不動産投資法人化　295

ら見れば、毎月の家賃収入から優先して返済すべき借入金は、まず銀行返済であって、間違ってもオーナー個人からの返済ではないだろうと考えるのです（万一、個人返済を優先するようなことがあれば、それこそ銀行は今後の物件購入時の融資には、二の足を踏まざるを得ないことでしょう。個人返済は、経営が安定し、合同会社に潤沢な現金が留保されてからでも遅くはないのですから、実際に合同会社が優先すべきは、銀行返済で間違いないはずです）。

　さらにいえば、会社設立時の費用等は、オーナー個人が設立以前より合同会社に代わって立て替えているはずですし、物件購入後も経費（不動産業者との接待飲食代など）を合同会社に代わってオーナー個人が立て替えることも多くなるといえます。オーナー個人からの借入金が増加せざるを得ず、私共のクライアントの合同会社さんでも、オーナー借入金が1千万円を超えてしまっている会社が多いのが現状です。あまり神経質になる必要はありません。

　もう1つ、銀行が個人借入金の増加をあまり問題にしていない理由として、「合同会社の個人借入金は、借入金の形式であっても、実際は借入金でない」という認識を持っているからだと思われます。
　よく考えてみてください。合同会社のオーナー個人の借入金は、万が一、会社が危機的状況になったとしても、最終的に返済しなくてもいい借入金だと考えられませんか？　銀行から見たら、借入金というよりも「返済しなくていい借入金」、借入金というよりも「実質的には、資本金という会社が返済しなくていいお金」という意味合いの方が強いと思いませんか？　個人借入金は、借入金ではなく自己資本として見ている銀行もあるくらいです。

　こうした背景から、オーナー個人の合同会社に対する貸付については、金融機関はそんなに悪い印象を与えないのです。

但し、あまりに個人借入金が多額にのぼってしまい、貸借対照表（B/S）上において債務超過という状態に陥ってしまうという事態は避けた方がいいようです。

債務超過の原因がオーナー個人の借入金であることを銀行は理解しているにしろ、債務超過は債務超過です。基本、債務超過状態である法人に融資をする銀行はありません。なるべく早めに解消することを、心掛けておいた方がいいでしょう。

■オーナー個人からの借入金を、税務署はどう見るのか

金融機関は比較的好意的な目で見てくれる「オーナー個人からの個人借入金」ですが、税務署はこれをどう見るのでしょうか？

実は、税務署の見方についても、税務上のリスクはあまりないと考えて問題ありません。とはいえ、注意すべき点が2つあります。

> ① 個人借入金に対する利息計上には注意が必要
> ② 個人借入金の貸先である個人が亡くなった場合には注意が必要

①についてですが、この個人借入金について、貸付元である個人（役員であるあなた）と合同会社間において、無利息で融資すること、受けることを契約・同意していれば、利息の授受は必要ありません。「法人が利益追求した結果、オーナー個人という無利息でお金を貸してくれた融資先を単にみつけた」という解釈になるのです。

その一方で、無利息での契約・同意をしなければ、合同会社に支払利息を請求することもできます。その場合、合同会社では支払利息を費用計上できるため、その金額分は利益圧縮に繋がりますが、相対してお金を貸したオーナー個人には受取利息という利益が計上されてしまいます。

個人では、この受取利息は「雑所得」となりますが、第3章でご説明したように、雑所得は総合課税制度の合算対象です。つまり、今まで繰

り返し申し上げた、給与所得等との【合算】、合算額による【累進課税制度】の制限を受けてしまうのです。

②についてですが、合同会社において借入金は債務という位置付けですが、オーナー個人については貸付金という資産、いわば財産を所有しているという位置付けになります。

この金額が、当初は500万円程度でも期を重ねるごとに数千万円規模になってしまうことがあります（2棟目以降の物件購入の度に、自己資金を合同会社に貸し付ける場合。会社の経費を個人が立替ることによる借入金増加。等の理由による）。

縁起でもないですが、もしここでオーナー個人たるあなたが、不慮の事故により亡くなったとしたら、残された遺族はあなたの相続税の計算をすることになります。その際、現金預金、個人所有不動産、当該合同会社の株価等の相続財産から、個人借入金等の負債を控除した残額を基礎として相続税を計算します。この計算において、死亡時における合同会社に対する貸付金残高が相続財産に加算されることになるのです。

相続税を納税しなければならない程、相続財産（現金預金、不動産、合同会社の株価等）規模が多額にのぼる場合、加えて合同会社に対する貸付金残高も相続財産として追加計上することにより、相続税が思ったより高額になってしまう場合があるのです。

■個人貸付金に対する金融機関の見方

ここでは、合同会社がオーナー個人に現金を貸し付けるケースを見ていきましょう。

前述したとおり、物件を購入した第1期は、多額の購入初期費用によって会計上は損失を計上、且つキャッシュフロー的にも合同会社にお金が残らない状態となることが多いようです。しかし第2期以降からは、着実に合同会社に現金が積み重なってきます。

本来、会社の現金は、経費の支払、役員等への給料支払等に使われるのが「法の人」たる法人の正しいお金の使い方ですが、この場合は、合同会社の現金をオーナー個人に対して貸し付ける処理です。

ここで、図10-7-3をご覧ください。

図10-7-3 合同会社がオーナー個人に貸し付けた場合の簡易貸借対照表（B/S）

（単位：千円）

簡易貸借対照表（B/S）

資産		負債・資本	
土地・建物 （減価償却後）	85,000千円	銀行借入金	90,000千円
		負債　計	90,000千円
個人貸付金 （役員貸付金）	10,000千円	資本金 利益剰余金	100千円 4,900千円
		資本　計	5,000千円
資産　計	95,000千円	負債・資本　計	95,000千円

※賃貸オペレーション自体は順調に推移し利益も生じているが、本来会社に残っているべき1千万の現金がオーナー個人に対する貸付にまわってしまっている。

これは、合同会社が家賃収入から負担すべき費用・法人税等を支払った後、本来なら1千万円の現金が会社に残っていたであろうにもかかわらず、この1千万円をオーナー個人に貸し付けたという処理をした場合の簡易貸借対照表（B/S）です。

銀行は、融資先である合同会社に対して毎期、決算終了後、申告書一式（申告書・決算書・科目内訳明細書）の提出を要請します。

その際、図のような貸借対照表（B/S）の提出された場合、銀行は提出元である合同会社をどのように見ると思いますか？

正直、銀行としては良くない印象を持つと思います。余程、会社の経営上、オーナー個人に貸さざるを得ない事情があるならともかくとして、次物件購入の融資に関しては消極的な態度をとらざるを得ないでしょう。

オーナー個人に対する貸付金は、合同会社の資産（財産）としてカウントされます。貸付金は基本的に現金と同じです。上記の例でいえば、「現金1,000万円を返してもらえる権利」と言い換えることができます。貸借対照表上、貸付金1,000万円は現金1,000万円ということと同義なのです。

ところが、合同会社に融資をしている銀行は、そう素直には見てくれません。合同会社が1,000万円貸している相手は、合同会社の実質的オーナーです。銀行は合同会社とオーナー個人を同一視します。つまり、「自分（合同会社）が自分（オーナー個人）に貸したお金を、自分（オーナー個人）は自分（合同会社）にまともに返済するだろうか？」という疑いの目で見るのです。

オーナー個人の真意がどうであれ、銀行が「現金同様の財産として【貸付金】は、貸借対照表上カウントされているものの、会社がオーナー個人から返済されない可能性もある。したがって、計上されている【貸付金】に1千万円の価値を見出せない」という結論に結び付けてしまうと、この合同会社では、次の物件購入資金の融資を積極的に進められないということにもなりかねません。

税理士としての今までの経験から言っても、銀行との融資関係上、合同会社のオーナー個人に対する貸付金は「百害あって一利なし」といえます。多少の課税は生じても、給与（役員報酬）により会社のキャッシュは個人に還流した方が無難でしょう。

■個人貸付金に対する税務署の見方

合同会社のオーナー個人に対する貸付金は、金融機関から見ると決して印象は良くありません。では、税務署はこのオーナー個人に対する貸付金をどう見るのかというと、やはり税務署も厳しい見方をします。

本来、会社に積みあがったキャッシュを個人に還流する方法として

は、給料（役員報酬）の支払いが一般的です。しかし、この給料（役員報酬）が曲者なのです。役員報酬は、決算終了後の社員総会（株式会社でいうところの株主総会）の決議により、翌期1年間の役員に対する報酬を事前に決定し、月割した報酬額を毎月支払っていくことになっており、社員総会で定めた月額報酬額を超えて支払ったとしても、その超過額は税務上の費用として計上できません。また、給与（役員報酬）の支払を受けた側については所得税・住民税が課税されますし、合同会社として社会保険の加入義務も生じることになります。

　このように、給与支給には様々な制約があるため、「だったら、給料を支払うのではなく、会社から同額の現金を借りた方が簡単だし早い」との結論に落ち着くのも、わからなくはありません。

　しかし、もしこのような状態で合同会社に税務調査が入った場合、「オーナー個人が貸付金を返済するつもりがないのだったら、貸付ではなくて、実質、役員報酬ないしは役員賞与ですよね。だったら、貸付金ではなく、給料として課税させていただきます」という事態になりかねません。

　少し専門的になってしまいますが、この場合の法人税法上の取り扱いは、役員報酬ないし役員報酬として是正された金額全額は税務上費用として計上されず、かつオーナー個人に対しては役員報酬ないしは役員賞与として所得税・住民税が課されるWパンチの課税、尚且つペナルティもついて回るという悲惨な状態になってしまうのです。

　一般企業のように経理職を常に置いているわけではないので、どうしても小規模企業はいわゆる「どんぶり勘定」になってしまいがちです。

　合同会社のオーナー個人に対する貸付金も、オーナー個人からの借入金も、小規模な合同会社のような法人にとっては便利な処理方法なのですが、結局はお金の貸し借りです。創業時は致し方ないのかもしれませんが、なるべく早い時点での解消が望ましいでしょう。

10-8 最低限知っておきたい「合同会社の節税」の注意点

■個人より法人の方が経費化できるのか

職業柄、多くの不動産投資家さんと接する中で感じるのは、「個人より法人の方が費用を認められやすい」と認識している方が多いということです。しかし実は、私は「個人より法人の方が費用を認められにくい」と感じています。その理由をお話しましょう。

本章の冒頭でお話しましたが、法人については物件数が1戸、1棟でも「複式簿記による記帳（取引の会計ソフトによる入力）」が義務付けられています。

この「複式簿記による記帳」を簡単に定義すると、以下のようになります。

> **複式簿記による記帳とは？**
>
> 事業年度において生じたすべての取引の「仕訳」※を行い、1つ1つの「仕訳」を会計ソフトに入力すると、会計ソフトが「仕訳」を自動集計し、決算書（損益計算書・貸借対照表）が作成される。この一連のプロセスを、複式簿記による記帳という。
>
> ※「資産・負債」・「損益」の2つの側面から、1つ1つの取引を左右に区分けする作業

1つ1つの取引を左右に区分けして「仕訳」を生成し、会計ソフトに入力するという地味で面倒くさい作業を延々と続けた末に、決算書が出来上がるのです。

302

取引⇒仕訳の変換の具体例を、いくつか挙げてみます。

◎2/10：2月分の家賃100,000円から管理料5,000円を差し引いた
95,000円が管理会社より普通預金に振り込まれた。

仕訳：

普通預金	95,000円	家賃収入	100,000円
外注管理費	5,000円		

◎2/5：普通預金から毎月の銀行への借入返済額94,291円（元本返済額52,700円　支払利息額41,591円）が引き落とされた。

仕訳：

長期借入金	52,700円	普通預金	94,291円
外注管理費	41,591円		

これら「仕訳」の作成には、取引の基礎となる普通預金の通帳、支払家賃明細、銀行からの送られてきた借入金の返済予定表等の原始資料が必ず必要になります。経費の入力も例外ではなく、領収証が必要です。

また、取引を「仕訳化」することにより、全ての取引は漏れなく2つの側面（「資産・負債」・「損益」）から、網羅的かつ立体的に記録されることとなります。

このように「複式簿記による記帳」を行うためには、1つ1つの取引について、売上・費用の計上根拠・根拠資料を明らかにせざるを得ないのです。「複式簿記による記帳をしている」ということは、「記帳されている全ての売上・費用の計上根拠・根拠資料が存在している」と同義なのです。

ということは、税務調査が行われた場合、計上根拠の内容・根拠資料の提出を求められるということになります。そこでは、曖昧な根拠、資料の不足があれば追求されることになり、税務的には認められない処理と税務署が判断した場合は、思わぬペナルティを支払うことになる可能性が高いのです。

これに対し、5棟10室以下の業務的規模の個人の記帳方法は、1つの側面（「損益」）による「単式簿記による記帳」です。税務調査が入ったところで、法人の調査のように計上根拠・根拠資料の執拗な追求はないと経験上考える次第です。

　個人には、前章で紹介した「青色申告特別控除」という「複式簿記による記帳」を行うことによって、費用（65万円。10万円控除は単式簿記による記帳で可）が貰える制度を紹介しました。税務署がこのようなメリットを与えるのは、「個人が複式簿記による記帳を行うのであれば、その計上根拠・根拠資料が存在し、正しい決算による、正しい申告となるだろう」と考えるためです。

　対して法人には、そもそも「青色申告特別控除」という規定は存在しません。それは法人にとって、「複式簿記による記帳」は当たり前の作業だからなのです。

■役員報酬を支払う場合の注意点

　ここまでの説明で勘のいい方なら気付いているかもしれませんが、会社に蓄積されたキャッシュを合法的に個人に還流するには、自分個人に役員報酬という形で給料を支払う以外にないのが実情です。
　この場合、誰に支払うか（支払先）によって、税金や社会保険料、基礎控除の影響から最終的な手残り現金（合同会社、個人合わせたところで）の金額も異なってきます。
　以下に、「誰に支払うか」のパターンを列記してみました。

---

①自分に役員報酬（給与）を支払う場合
②自分の身内に役員報酬（給与）を支払う場合
③役員報酬（給与）を一切支払わない場合

---

①の場合、勤務先からの給与所得に加えて、自らの合同会社からの給与所得が増えることとなります。2社分を合算した給与所得により所得税・住民税が算定されますので、法人化せずに、本業である給与所得に不動産所得満額を合算するよりは節税になるかもしれませんが、勤務先の給与所得が高ければ効果は限定的といえます。

②の場合、役員報酬を受け取った自分の身内に所得税・住民税は課されますが、その身内の合計所得額が、本業である給与所得のある自分よりも低ければ、所得を分散できます。

これが俗にいう「所得分散」という考え方で、経験上は多くの合同会社が②のパターンを採用していると思います。但し、役員報酬の金額によっては、オーナー個人の確定申告時で「配偶者控除」「扶養控除」の適用が受けられなくなったり、当該合同会社に社会保険加入義務が生じるので注意が必要です。

最後の③は、役員報酬（給与）を支払うことをせずに、計上された利益に対して素直に法人税等を支払うパターンです。一見、無対策のようにも感じるかもしれませんが、所得金額が800万円以下であれば、法人税等の税率は低税率ですから、「配偶者控除」「扶養控除」の適用可否や社会保険料の加入要否にストレスを感じる時間を考慮すれば、素直に法人税等を負担してしまった方がおトクかもしれません。

■経営セーフティ共済の活用

法人化による節税対策として、前項の役員報酬（給与）による節税と並んで有用なのが、この保険を使った節税です。現在、法人において最も有益であろう「経営セーフティ共済」（中小企業倒産防止掛金制度）を例にとって説明しましょう。

	「経営セーフティ共済」（中小企業倒産防止掛金制度）とは？

- 取引先事業者が倒産した際に、中小企業が連鎖倒産や経営難に陥ることを防ぐための制度
- 掛金月額が5千円～20万円まで選べ、増額・減額ができ、確定申告の際、掛金を費用に計上できる
- 40ヵ月以上掛金を納めていれば、解約の際、今まで納めた掛金全額が戻る

　数年前までは、一般の生命保険会社による支払額全額が費用として計上できる保険商品が存在していたのですが、現在は税法の規制により、そのような保険商品はほぼ無くなってしまいました。

　例を挙げると、200万円の保険料を支払えば、その支払全額が費用計上されます。つまり、200万円の現金支出で、200万円の費用計上ということになります。当たり前の話じゃないか！と思われるかもしれませんね。

　しかし、保険のシステムの面白いところは、毎年200万円を支払って費用として計上し節税を行った後、一定期間を経た後であれば100％に近い解約金が戻ってくるというところです。

　この解約金は売上として課税されてしまうのですが、さしあたり利益が出た期において支払った保険料相当額は費用計上され節税になるという、いわば課税の繰り延べが可能になるのです。

　また、解約金として累積保険料が戻ってきた期（累積保険料を売上に計上する期）に合わせて大規模な修繕を行うことによって（修繕費として多額の費用が計上される期）、損益が相殺され、解約金に相当する売上が計上される期においても節税が行えるというメリットがあるのです。

　上記の「経営セーフティ共済」は、独立行政法人という公的機関で運営されており、支払掛金全額が費用として計上することが可能ですし、40ヵ月以上掛金を納め続けて解約した期においても100％掛金相当額

が戻ってくるというのは大きな魅力です。

　以上、本章では、ここ10数年来「不動産投資専門税理士」としての看板を掲げながら税理士業を営んでいる私が、実際の不動産投資家さんが法人化を実行する上で実務上、直面する疑問点を中心に、なるべく平易な言葉で【法人を設立・運用】の注意点をお話させていただきました。
　あまりに実務的な話なので、不動産投資初心者の方にとっては面食らってしまう場面も多かったと思います。しかし、これが今の不動産投資の現実なのです。

　「本当の儲け」の増大は、全ての投資家にとっての一生の課題だと感じます。
　本書をきっかけに、節税の1手段として「法人化」という方策を頭の隅に留めておいていただけたら、私にとって望外の喜びです。

巻 末 資 料

（第5章〜第8章「試算結果シート」全体画面）

　紙面の都合で抜粋掲載とした、第5章〜第8章の各モデルケースにおける、試算結果シートの全体画面です。本文説明を読み進めるうえで、必要に応じてご参照ください。

▼5-2.「借入なし」の全体画面 ①-④

9.収益計算シミュレーションの試算結果シート

①物件名称
中川ハイツ101号室

②購入条件

必要購入資金	**A**	21,316,000	円
物件価格		20,000,000	円
取得時支出（取得価額）		726,000	円
取得時支出・費用（初年度計上）		590,000	円
購入資金	**B**	25,000,000	円
投下可能自己資金		25,000,000	円
借入予定金額		0	円
購入後の自己資金余力	**C**	3,684,000	円

《参考情報》

表面利回り	5.4%
実質利回り	4.2%

③CF計算シミュレーション（購入・賃貸）

		1	2	3	4	5	6	7	8	9	10	11	12	13	14	15
投資年数	(年目)	1	2	3	4	5	6	7	8	9	10	11	12	13	14	15
築年数	(年目)	20	21	22	23	24	25	26	27	28	29	30	31	32	33	34
本人年齢	(歳)	45	46	47	48	49	50	51	52	53	54	55	56	57	58	59
配偶者年齢	(歳)	43	44	45	46	47	48	49	50	51	52	53	54	55	56	57
子供年齢(1人目)	(歳)	18	19	20	21	22	23	24	25	26	27	28	29	30	31	32
子供年齢(2人目)	(歳)															
収入		1,069	1,058	1,048	1,037	1,026	1,015	1,004	994	983	972	961	950	940	929	918
満室時家賃	(年額/千円)	1,080	1,080	1,080	1,080	1,080	1,080	1,080	1,080	1,080	1,080	1,080	1,080	1,080	1,080	1,080
礼金・更新料	(年額/千円)	51	51	51	51	51	51	51	51	51	51	51	51	51	51	51
(空室期間相当額)	(年額/千円)	-51	-51	-51	-51	-51	-51	-51	-51	-51	-51	-51	-51	-51	-51	-51
(家賃下落相当額)	(年額/千円)	-11	-22	-32	-43	-54	-65	-76	-86	-97	-108	-119	-130	-140	-151	-162
支出		1,678	362	362	362	362	362	362	362	362	362	362	362	362	362	362
固定運営費(税金・保険料)	(年額/千円)	55	55	55	55	55	55	55	55	55	55	55	55	55	55	55
固定運営費(税金・保険料以外)	(年額/千円)	240	240	240	240	240	240	240	240	240	240	240	240	240	240	240
入居者変更時諸経費・修繕費	(年額/千円)	67	67	67	67	67	67	67	67	67	67	67	67	67	67	67
借入返済	(年額/千円)	0	0	0	0	0	0	0	0	0	0	0	0	0	0	0
元本返済分	(年額/千円)	0	0	0	0	0	0	0	0	0	0	0	0	0	0	0
金利返済分	(年額/千円)	0	0	0	0	0	0	0	0	0	0	0	0	0	0	0
初年度支出	(年額/千円)	1,316	0	0	0	0	0	0	0	0	0	0	0	0	0	0
想定CF(単年)	(千円)	-608	697	686	675	664	654	643	632	621	610	600	589	578	567	556
想定CF(累積)	(千円)	**D** -608	**E** 88	774	1,449	2,114	2,767	3,410	4,042	4,663	5,273	5,873	6,462	7,040	7,607	8,163
<参考>借入金残債(年度末時点)	(千円)	0	0	0	0	0	0	0	0	0	0	0	0	0	0	0

④損益計算シミュレーション（購入・賃貸）

		1	2	3	4	5	6	7	8	9	10	11	12	13	14	15
投資年数	(年目)	1	2	3	4	5	6	7	8	9	10	11	12	13	14	15
築年数	(年目)	20	21	22	23	24	25	26	27	28	29	30	31	32	33	34
本人年齢	(歳)	45	46	47	48	49	50	51	52	53	54	55	56	57	58	59
配偶者年齢	(歳)	43	44	45	46	47	48	49	50	51	52	53	54	55	56	57
子供年齢(1人目)	(歳)	18	19	20	21	22	23	24	25	26	27	28	29	30	31	32
子供年齢(2人目)	(歳)															
売上		1,069	1,058	1,048	1,037	1,026	1,015	1,004	994	983	972	961	950	940	929	918
満室時家賃	(年額/千円)	1,080	1,080	1,080	1,080	1,080	1,080	1,080	1,080	1,080	1,080	1,080	1,080	1,080	1,080	1,080
礼金・更新料	(年額/千円)	51	51	51	51	51	51	51	51	51	51	51	51	51	51	51
(空室期間相当額)	(年額/千円)	-51	-51	-51	-51	-51	-51	-51	-51	-51	-51	-51	-51	-51	-51	-51
(家賃下落相当額)	(年額/千円)	-11	-22	-32	-43	-54	-65	-76	-86	-97	-108	-119	-130	-140	-151	-162
費用		1,465	875	875	875	875	875	875	875	875	875	875	875	875	875	875
固定運営費(税金・保険料)	(年額/千円)	55	55	55	55	55	55	55	55	55	55	55	55	55	55	55
固定運営費(税金・保険料以外)	(年額/千円)	240	240	240	240	240	240	240	240	240	240	240	240	240	240	240
入居者変更時諸経費・修繕費	(年額/千円)	67	67	67	67	67	67	67	67	67	67	67	67	67	67	67
借入金利子	(年額/千円)	0	0	0	0	0	0	0	0	0	0	0	0	0	0	0
減価償却費	(年額/千円)	513	513	513	513	513	513	513	513	513	513	513	513	513	513	513
初年度費用	(年額/千円)	590	0	0	0	0	0	0	0	0	0	0	0	0	0	0
想定損益(単年)	(千円)	-395	184	173	162	151	141	130	119	108	97	87	76	65	54	43
想定損益(累積)	(千円)	**F** -39	**G** -212	-39	123	275	415	545	664	772	870	956	1,032	1,097	1,151	1,194
<参考>簿価(建物等の分/年度末時点)	(千円)	15,032	14,519	14,006	13,493	12,980	12,467	11,954	11,441	10,928	10,415	9,902	9,389	8,876	8,363	7,850
<参考>簿価(土地の分/年度末時点)	(千円)	5,182	5,182	5,182	5,182	5,182	5,182	5,182	5,182	5,182	5,182	5,182	5,182	5,182	5,182	5,182

16	17	18	19	20	21	22	23	24	25	26	27	28	29	30	31	32	33	34	35	合計
35	36	37	38	39	40	41	42	43	44	45	46	47	48	49	50	51	52	53	54	
60	61	62	63	64	65	66	67	68	69	70	71	72	73	74	75	76	77	78	79	
58	59	60	61	62	63	64	65	66	67	68	69	70	71	72	73	74	75	76	77	
33	34	35	36	37	38	39	40	41	42	43	44	45	46	47	48	49	50	51	52	
907	896	886	875	864	853	842	832	821	810	799	788	778	767	756	745	734	724	713	702	30,996
1,080	1,080	1,080	1,080	1,080	1,080	1,080	1,080	1,080	1,080	1,080	1,080	1,080	1,080	1,080	1,080	1,080	1,080	1,080	1,080	37,800
51	51	51	51	51	51	51	51	51	51	51	51	51	51	51	51	51	51	51	51	1,800
-51	-51	-51	-51	-51	-51	-51	-51	-51	-51	-51	-51	-51	-51	-51	-51	-51	-51	-51	-51	-1,800
-173	-184	-194	-205	-216	-227	-238	-248	-259	-270	-281	-292	-302	-313	-324	-335	-346	-356	-367	-378	-6,804
362	362	362	362	362	362	362	362	362	362	362	362	362	362	362	362	362	362	362	362	13,974
55	55	55	55	55	55	55	55	55	55	55	55	55	55	55	55	55	55	55	55	1,925
240	240	240	240	240	240	240	240	240	240	240	240	240	240	240	240	240	240	240	240	8,400
67	67	67	67	67	67	67	67	67	67	67	67	67	67	67	67	67	67	67	67	2,333
0	0	0	0	0	0	0	0	0	0	0	0	0	0	0	0	0	0	0	0	0
0	0	0	0	0	0	0	0	0	0	0	0	0	0	0	0	0	0	0	0	0
0	0	0	0	0	0	0	0	0	0	0	0	0	0	0	0	0	0	0	0	1,316
546	535	524	513	502	492	481	470	459	448	438	427	416	405	394	384	373	362	351	340	17,022
8,709	9,243	9,767	10,280	10,783	11,274	11,755	12,225	12,684	13,132	13,570	13,997	14,413	14,818	15,212	15,596	15,968	16,330	16,681	17,022	-
0	0	0	0	0	0	0	0	0	0	0	0	0	0	0	0	0	0	0	0	-

16	17	18	19	20	21	22	23	24	25	26	27	28	29	30	31	32	33	34	35	合計
35	36	37	38	39	40	41	42	43	44	45	46	47	48	49	50	51	52	53	54	
60	61	62	63	64	65	66	67	68	69	70	71	72	73	74	75	76	77	78	79	
58	59	60	61	62	63	64	65	66	67	68	69	70	71	72	73	74	75	76	77	
33	34	35	36	37	38	39	40	41	42	43	44	45	46	47	48	49	50	51	52	
907	896	886	875	864	853	842	832	821	810	799	788	778	767	756	745	734	724	713	702	30,996
1,080	1,080	1,080	1,080	1,080	1,080	1,080	1,080	1,080	1,080	1,080	1,080	1,080	1,080	1,080	1,080	1,080	1,080	1,080	1,080	37,800
51	51	51	51	51	51	51	51	51	51	51	51	51	51	51	51	51	51	51	51	1,800
-51	-51	-51	-51	-51	-51	-51	-51	-51	-51	-51	-51	-51	-51	-51	-51	-51	-51	-51	-51	-1,800
-173	-184	-194	-205	-216	-227	-238	-248	-259	-270	-281	-292	-302	-313	-324	-335	-346	-356	-367	-378	-6,804
875	875	875	875	875	875	875	875	875	875	875	875	875	875	875	875	362	362	362	362	29,150
55	55	55	55	55	55	55	55	55	55	55	55	55	55	55	55	55	55	55	55	1,925
240	240	240	240	240	240	240	240	240	240	240	240	240	240	240	240	240	240	240	240	8,400
67	67	67	67	67	67	67	67	67	67	67	67	67	67	67	67	67	67	67	67	2,333
0	0	0	0	0	0	0	0	0	0	0	0	0	0	0	0	0	0	0	0	0
513	513	513	513	513	513	513	513	513	513	513	513	513	513	513	0	0	0	0	0	15,902
0	0	0	0	0	0	0	0	0	0	0	0	0	0	0	0	0	0	0	0	0
33	22	11	0	-11	-21	-32	-43	-54	-65	-75	-86	-97	-108	-119	-129	373	362	351	340	1,846
1,227	1,249	1,260	1,260	1,249	1,228	1,196	1,153	1,099	1,034	959	872	775	668	549	420	792	1,154	1,505	1,846	-
7,337	6,824	6,311	5,798	5,285	4,772	4,259	3,746	3,233	2,720	2,207	1,694	1,181	668	155						-
5,182	5,182	5,182	5,182	5,182	5,182	5,182	5,182	5,182	5,182	5,182	5,182	5,182	5,182	5,182	5,182	5,182	5,182	5,182		

▼5-2.「借入なし」の全体画面 ⑤-⑦

⑤CF計算シミュレーション（売却）

		1	2	3	4	5	6	7	8	9	10	11	12	13	14	15
投資年数	（年目）	1	2	3	4	5	6	7	8	9	10	11	12	13	14	15
築年数	（年目）	20	21	22	23	24	25	26	27	28	29	30	31	32	33	34
本人年齢	（歳）	45	46	47	48	49	50	51	52	53	54	55	56	57	58	59
配偶者年齢	（歳）	43	44	45	46	47	48	49	50	51	52	53	54	55	56	57
子供年齢(1人目)	（歳）	18	19	20	21	22	23	24	25	26	27	28	29	30	31	32
子供年齢(2人目)	（歳）															
収入	（千円）	18,000	18,000	18,000	18,000	18,000	18,000	18,000	18,000	18,000	18,000	18,000	18,000	18,000	18,000	18,000
売却価額	（千円）	18,000	18,000	18,000	18,000	18,000	18,000	18,000	18,000	18,000	18,000	18,000	18,000	18,000	18,000	18,000
支出	（千円）	660	660	660	660	660	660	660	660	660	660	660	660	660	660	660
売却時支出	（千円）	660	660	660	660	660	660	660	660	660	660	660	660	660	660	660
購入資金(借入金残債)	（千円）	0	0	0	0	0	0	0	0	0	0	0	0	0	0	0
想定CF(売却時点)	（千円）	17,340	17,340	17,340	17,340	17,340	17,340	17,340	17,340	17,340	17,340	17,340	17,340	17,340	17,340	17,340

⑥損益計算シミュレーション（売却）

		1	2	3	4	5	6	7	8	9	10	11	12	13	14	15
投資年数	（年目）	1	2	3	4	5	6	7	8	9	10	11	12	13	14	15
築年数	（年目）	20	21	22	23	24	25	26	27	28	29	30	31	32	33	34
本人年齢	（歳）	45	46	47	48	49	50	51	52	53	54	55	56	57	58	59
配偶者年齢	（歳）	43	44	45	46	47	48	49	50	51	52	53	54	55	56	57
子供年齢(1人目)	（歳）	18	19	20	21	22	23	24	25	26	27	28	29	30	31	32
子供年齢(2人目)	（歳）															
売上	（千円）	18,000	18,000	18,000	18,000	18,000	18,000	18,000	18,000	18,000	18,000	18,000	18,000	18,000	18,000	18,000
売却価額	（千円）	18,000	18,000	18,000	18,000	18,000	18,000	18,000	18,000	18,000	18,000	18,000	18,000	18,000	18,000	18,000
費用	（千円）	20,873	20,360	19,847	19,334	18,821	18,308	17,795	17,282	16,769	16,256	15,743	15,230	14,717	14,204	13,691
取得費(売却時簿価)	（千円）	20,213	19,700	19,187	18,674	18,161	17,648	17,135	16,622	16,109	15,596	15,083	14,570	14,057	13,544	13,031
譲渡費用	（千円）	660	660	660	660	660	660	660	660	660	660	660	660	660	660	660
想定損益(売却時点)	（千円）	-2,873	-2,360	-1,847	-1,334	-821	-308	205	718	1,231	1,744	2,257	2,770	3,283	3,796	4,309

⑦不動産投資の「本当の儲け」

		1	2	3	4	5	6	7	8	9	10	11	12	13	14	15
投資年数	（年目）	1	2	3	4	5	6	7	8	9	10	11	12	13	14	15
築年数	（年目）	20	21	22	23	24	25	26	27	28	29	30	31	32	33	34
本人年齢	（歳）	45	46	47	48	49	50	51	52	53	54	55	56	57	58	59
配偶者年齢	（歳）	43	44	45	46	47	48	49	50	51	52	53	54	55	56	57
子供年齢(1人目)	（歳）	18	19	20	21	22	23	24	25	26	27	28	29	30	31	32
子供年齢(2人目)	（歳）															
購入・賃貸時																
給与収入	（千円）	8,000	8,000	8,000	8,000	8,000	8,000	8,000	8,000	8,000	8,000	8,000	8,000	8,000	8,000	8,000
課税所得金額(給与のみ)	（千円）	4,620	4,620	4,620	4,620	4,620	4,620	4,620	4,620	4,620	4,620	4,620	4,620	4,620	4,620	4,620
所得税・住民税合算税率(給与のみ)		30.42%	30.42%	30.42%	30.42%	30.42%	30.42%	30.42%	30.42%	30.42%	30.42%	30.42%	30.42%	30.42%	30.42%	30.42%
所得税・住民税合算税額(給与のみ)	（千円）	969	969	969	969	969	969	969	969	969	969	969	969	969	969	969
不動産投資の想定CF(単年)	（千円）	-608	697	686	675	664	654	643	632	621	610	600	589	578	567	556
不動産投資の想定損益(単年)	（千円）	-395	184	173	162	151	141	130	119	108	97	87	76	65	54	43
課税総所得金額	（千円）	4,225	4,804	4,793	4,782	4,771	4,761	4,750	4,739	4,728	4,717	4,707	4,696	4,685	4,674	4,663
所得税・住民税率		30.42%	30.42%	30.42%	30.42%	30.42%	30.42%	30.42%	30.42%	30.42%	30.42%	30.42%	30.42%	30.42%	30.42%	30.42%
所得税・住民税額	（千円）	849	1,025	1,022	1,018	1,015	1,012	1,008	1,005	1,002	999	995	992	989	985	982
所得税・住民税合算税控除額	（千円）	436	436	436	436	436	436	436	436	436	436	436	436	436	436	436
所得税・住民税合算税額(不動産投資のみ)	（千円）	-120	56	53	49	46	43	39	36	33	30	26	23	20	16	13
**　不動産投資の「本当の儲け」(単年)**	（千円）	-488	641	633	626	618	611	603	596	588	581	573	566	558	551	543
**　不動産投資の「本当の儲け」(累積)**	（千円）	-488	153	786	1,412	2,030	2,641	3,244	3,840	4,428	5,009	5,582	6,148	6,706	7,256	7,800
売却時	（千円）															
不動産投資の想定CF	（千円）	17,340	17,340	17,340	17,340	17,340	17,340	17,340	17,340	17,340	17,340	17,340	17,340	17,340	17,340	17,340
不動産投資の想定損益	（千円）	-2,873	-2,360	-1,847	-1,334	-821	-308	205	718	1,231	1,744	2,257	2,770	3,283	3,796	4,309
所得税・住民税率		39.63%	39.63%	39.63%	39.63%	39.63%	20.32%	20.32%	20.32%	20.32%	20.32%	20.32%	20.32%	20.32%	20.32%	20.32%
所得税・住民税金額	（千円）	0	0	0	0	0	0	42	146	250	354	458	563	667	771	875
**　不動産投資の「本当の儲け」(単年)**	（千円）	17,340	17,340	17,340	17,340	17,340	17,340	17,298	17,194	17,090	16,986	16,882	16,777	16,673	16,569	16,465
不動産投資の「本当の儲け」(TOTAL)	（千円）	16,852	17,493	18,126	18,752	19,370	19,981	20,542	21,034	21,518	21,995	22,464	22,925	23,379	23,825	24,264

16	17	18	19	20	21	22	23	24	25	26	27	28	29	30	31	32	33	34	35
35	36	37	38	39	40	41	42	43	44	45	46	47	48	49	50	51	52	53	54
60	61	62	63	64	65	66	67	68	69	70	71	72	73	74	75	76	77	78	79
58	59	60	61	62	63	64	65	66	67	68	69	70	71	72	73	74	75	76	77
33	34	35	36	37	38	39	40	41	42	43	44	45	46	47	48	49	50	51	52
18,000	18,000	18,000	18,000	18,000	18,000	18,000	18,000	18,000	18,000	18,000	18,000	18,000	18,000	18,000	18,000	18,000	18,000	18,000	18,000
18,000	18,000	18,000	18,000	18,000	18,000	18,000	18,000	18,000	18,000	18,000	18,000	18,000	18,000	18,000	18,000	18,000	18,000	18,000	18,000
660	660	660	660	660	660	660	660	660	660	660	660	660	660	660	660	660	660	660	660
660	660	660	660	660	660	660	660	660	660	660	660	660	660	660	660	660	660	660	660
0	0	0	0	0	0	0	0	0	0	0	0	0	0	0	0	0	0	0	0
17,340	17,340	17,340	17,340	17,340	17,340	17,340	17,340	17,340	17,340	17,340	17,340	17,340	17,340	17,340	17,340	17,340	17,340	17,340	17,340

16	17	18	19	20	21	22	23	24	25	26	27	28	29	30	31	32	33	34	35
35	36	37	38	39	40	41	42	43	44	45	46	47	48	49	50	51	52	53	54
60	61	62	63	64	65	66	67	68	69	70	71	72	73	74	75	76	77	78	79
58	59	60	61	62	63	64	65	66	67	68	69	70	71	72	73	74	75	76	77
33	34	35	36	37	38	39	40	41	42	43	44	45	46	47	48	49	50	51	52
18,000	18,000	18,000	18,000	18,000	18,000	18,000	18,000	18,000	18,000	18,000	18,000	18,000	18,000	18,000	18,000	18,000	18,000	18,000	18,000
13,179	12,666	12,153	11,640	11,127	10,614	10,101	9,588	9,075	8,562	8,049	7,536	7,023	6,510	5,997	5,842	5,842	5,842	5,842	5,842
12,519	12,006	11,493	10,980	10,467	9,954	9,441	8,928	8,415	7,902	7,389	6,876	6,363	5,850	5,337	5,182	5,182	5,182	5,182	5,182
660	660	660	660	660	660	660	660	660	660	660	660	660	660	660	[J] 660	660	660	660	660
4,821	5,334	5,847	6,360	6,873	7,386	7,899	8,412	8,925	9,438	9,951	10,464	10,977	11,490	12,003	12,159	12,159	12,159	12,159	12,159

16	17	18	19	20	21	22	23	24	25	26	27	28	29	30	31	32	33	34	35
35	36	37	38	39	40	41	42	43	44	45	46	47	48	49	50	51	52	53	54
60	61	62	63	64	65	66	67	68	69	70	71	72	73	74	75	76	77	78	79
58	59	60	61	62	63	64	65	66	67	68	69	70	71	72	73	74	75	76	77
33	34	35	36	37	38	39	40	41	42	43	44	45	46	47	48	49	50	51	52
8,000	8,000	8,000	8,000	8,000	8,000	8,000	8,000	8,000	8,000	8,000	8,000	8,000	8,000	8,000	8,000	8,000	8,000	8,000	8,000
4,620	4,620	4,620	4,620	4,620	4,620	4,620	4,620	4,620	4,620	4,620	4,620	4,620	4,620	4,620	4,620	4,620	4,620	4,620	4,620
30.42%	30.42%	30.42%	30.42%	30.42%	30.42%	30.42%	30.42%	30.42%	30.42%	30.42%	30.42%	30.42%	30.42%	30.42%	30.42%	30.42%	30.42%	30.42%	30.42%
969	969	969	969	969	969	969	969	969	969	969	969	969	969	969	969	969	969	969	969
546	535	524	513	502	492	481	470	459	448	438	427	416	405	394	384	373	362	351	340
33	22	11	0	-11	-21	-32	-43	-54	-65	-75	-86	-97	-108	-119	-129	373	362	351	340
4,653	4,642	4,631	4,620	4,609	4,599	4,588	4,577	4,566	4,555	4,545	4,534	4,523	4,512	4,501	4,491	4,993	4,982	4,971	4,960
30.42%	30.42%	30.42%	30.42%	30.42%	30.42%	30.42%	30.42%	30.42%	30.42%	30.42%	30.42%	30.42%	30.42%	30.42%	30.42%	30.42%	30.42%	30.42%	30.42%
436	436	436	436	436	436	436	436	436	436	436	436	436	436	436	436	436	436	436	436
979	976	972	969	966	962	959	956	953	949	946	943	939	936	933	930	1,082	1,079	1,076	1,072
10	7	3	0	-3	-7	-10	-13	-16	-20	-23	-26	-30	-33	-36	-39	113	110	107	104
536	528	521	513	506	498	491	483	476	468	460	453	445	438	430	423	259	252	244	[K] 237
8,335	8,863	9,384	9,897	10,403	10,901	11,391	11,874	12,350	12,818	13,278	13,731	14,177	14,615	15,045	15,468	15,727	15,979	16,232	[L] 16,460
17,340	17,340	17,340	17,340	17,340	17,340	17,340	17,340	17,340	17,340	17,340	17,340	17,340	17,340	17,340	17,340	17,340	17,340	17,340	17,340
4,821	5,334	5,847	6,360	6,873	7,386	7,899	8,412	8,925	9,438	9,951	10,464	10,977	11,490	12,003	12,159	12,159	12,159	12,159	12,159
20.32%	20.32%	20.32%	20.32%	20.32%	20.32%	20.32%	20.32%	20.32%	20.32%	20.32%	20.32%	20.32%	20.32%	20.32%	20.32%	20.32%	20.32%	20.32%	20.32%
979	1,084	1,188	1,292	1,396	1,501	1,605	1,709	1,813	1,917	2,022	2,126	2,230	2,334	2,438	2,470	2,470	2,470	2,470	2,470
[M] 16,361	16,256	16,152	16,048	15,944	15,839	15,735	15,631	15,527	15,423	15,318	15,214	15,110	15,006	14,902	14,870	14,870	14,870	14,870	14,870
24,696	25,120	25,536	25,945	26,346	26,740	27,126	27,505	27,877	28,240	28,597	28,945	29,287	29,620	29,947	30,338	30,597	30,849	31,093	31,330

▼5-3.「借入あり（金額：大、期間：長、金利：高）」の全体画面 ①-④

9.収益計算シミュレーションの試算結果シート

①物件名称

中川ハイツ101号室

②購入条件

必要購入資金	21,616,000 円
物件価格	20,000,000 円
取得時支出(取得価額)	726,000 円
取得時支出・費用(初年度計上)	890,000 円
購入資金	45,000,000 円
投下可能自己資金	25,000,000 円
借入予定金額	20,000,000 円
購入後の自己資金余力	23,384,000 円

《参考情報》

表面利回り	5.4%
実質利回り	4.2%

③CF計算シミュレーション（購入・賃貸）

投資年数	(年目)	1	2	3	4	5	6	7	8	9	10	11	12	13	14	15
築年数	(年目)	20	21	22	23	24	25	26	27	28	29	30	31	32	33	34
本人年齢	(歳)	45	46	47	48	49	50	51	52	53	54	55	56	57	58	59
配偶者年齢	(歳)	43	44	45	46	47	48	49	50	51	52	53	54	55	56	57
子供年齢(1人目)	(歳)	18	19	20	21	22	23	24	25	26	27	28	29	30	31	32
子供年齢(2人目)	(歳)															
収入	(年額/千円)	1,069	1,058	1,048	1,037	1,026	1,015	1,004	994	983	972	961	950	940	929	918
満室時家賃	(年額/千円)	1,080	1,080	1,080	1,080	1,080	1,080	1,080	1,080	1,080	1,080	1,080	1,080	1,080	1,080	1,080
礼金・更新料	(年額/千円)	51	51	51	51	51	51	51	51	51	51	51	51	51	51	51
(空室期間相当額)	(年額/千円)	-51	-51	-51	-51	-51	-51	-51	-51	-51	-51	-51	-51	-51	-51	-51
(家賃下落相当額)	(年額/千円)	-11	-22	-32	-43	-54	-65	-76	-86	-97	-108	-119	-130	-140	-151	-162
支出	(年額/千円)	3,040	1,424	1,424	1,424	1,424	1,424	1,424	1,424	1,424	1,424	1,424	1,424	1,424	1,424	1,424
固定運営費(税金・保険料)	(年額/千円)	55	55	55	55	55	55	55	55	55	55	55	55	55	55	55
固定運営費(税金・保険料以外)	(年額/千円)	240	240	240	240	240	240	240	240	240	240	240	240	240	240	240
入居者変更時諸経費・修繕費	(年額/千円)	67	67	67	67	67	67	67	67	67	67	67	67	67	67	67
借入返済	(年額/千円)	1,063	1,063	1,063	1,063	1,063	1,063	1,063	1,063	1,063	1,063	1,063	1,063	1,063	1,063	1,063
元本返済分	(年額/千円)	268	278	290	302	314	327	340	354	368	383	399	415	432	450	468
利金返済分	(年額/千円)	795	784	773	761	749	736	723	709	694	679	664	648	631	613	595
初年度支出	(年額/千円)	1,616	0	0	0	0	0	0	0	0	0	0	0	0	0	0
想定CF(単年)	(千円)	-1,971	-366	-377	-388	-398	-409	-420	-431	-442	-452	-463	-474	-485	-496	-506
想定CF(累計)	(千円)	-1,971	-2,337	-2,714	-3,101	-3,500	-3,909	-4,329	-4,759	-5,201	-5,653	-6,116	-6,590	-7,075	-7,571	-8,077
＜参考＞借入金残高(年度末時点)		19,732	19,454	19,164	18,863	18,549	18,222	17,882	17,528	17,160	16,777	16,378	15,963	15,531	15,081	14,614

④損益計算シミュレーション（購入・賃貸）

投資年数	(年目)	1	2	3	4	5	6	7	8	9	10	11	12	13	14	15
築年数	(年目)	20	21	22	23	24	25	26	27	28	29	30	31	32	33	34
本人年齢	(歳)	45	46	47	48	49	50	51	52	53	54	55	56	57	58	59
配偶者年齢	(歳)	43	44	45	46	47	48	49	50	51	52	53	54	55	56	57
子供年齢(1人目)	(歳)	18	19	20	21	22	23	24	25	26	27	28	29	30	31	32
子供年齢(2人目)	(歳)															
売上		1,069	1,058	1,048	1,037	1,026	1,015	1,004	994	983	972	961	950	940	929	918
満室時家賃	(年額/千円)	1,080	1,080	1,080	1,080	1,080	1,080	1,080	1,080	1,080	1,080	1,080	1,080	1,080	1,080	1,080
礼金・更新料	(年額/千円)	51	51	51	51	51	51	51	51	51	51	51	51	51	51	51
(空室期間相当額)	(年額/千円)	-51	-51	-51	-51	-51	-51	-51	-51	-51	-51	-51	-51	-51	-51	-51
(家賃下落相当額)	(年額/千円)	-11	-22	-32	-43	-54	-65	-76	-86	-97	-108	-119	-130	-140	-151	-162
費用		2,560	1,659	1,648	1,636	1,623	1,611	1,597	1,583	1,569	1,554	1,538	1,522	1,505	1,488	1,469
固定運営費(税金・保険料)	(年額/千円)	55	55	55	55	55	55	55	55	55	55	55	55	55	55	55
固定運営費(税金・保険料以外)	(年額/千円)	240	240	240	240	240	240	240	240	240	240	240	240	240	240	240
入居者変更時諸経費・修繕費	(年額/千円)	67	67	67	67	67	67	67	67	67	67	67	67	67	67	67
借入金利子	(年額/千円)	795	784	773	761	749	736	723	709	694	679	664	648	631	613	595
減価償却費	(年額/千円)	513	513	513	513	513	513	513	513	513	513	513	513	513	513	513
初年度費用	(年額/千円)	890	0	0	0	0	0	0	0	0	0	0	0	0	0	0
想定損益(単年)	(千円)	-1,491	-600	-600	-599	-597	-595	-593	-590	-586	-582	-577	-572	-566	-559	-551
想定損益(累計)	(千円)	-1,491	-2,091	-2,691	-3,290	-3,887	-4,483	-5,076	-5,666	-6,252	-6,834	-7,411	-7,983	-8,549	-9,108	-9,659
＜参考＞簿価(建物等の分/年度末時点)	(千円)	15,032	14,519	14,006	13,493	12,980	12,467	11,954	11,441	10,928	10,415	9,902	9,389	8,876	8,363	7,850
＜参考＞簿価(土地の分/年度末時点)	(千円)	5,182	5,182	5,182	5,182	5,182	5,182	5,182	5,182	5,182	5,182	5,182	5,182	5,182	5,182	5,182

16	17	18	19	20	21	22	23	24	25	26	27	28	29	30	31	32	33	34	35	合計
35	36	37	38	39	40	41	42	43	44	45	46	47	48	49	50	51	52	53	54	
60	61	62	63	64	65	66	67	68	69	70	71	72	73	74	75	76	77	78	79	
58	59	60	61	62	63	64	65	66	67	68	69	70	71	72	73	74	75	76	77	
33	34	35	36	37	38	39	40	41	42	43	44	45	46	47	48	49	50	51	52	
907	**896**	**886**	**875**	**864**	**853**	**842**	**832**	**821**	**810**	**799**	**788**	**778**	**767**	**756**	**745**	**734**	**724**	**713**	**702**	**30,996**
1,080	1,080	1,080	1,080	1,080	1,080	1,080	1,080	1,080	1,080	1,080	1,080	1,080	1,080	1,080	1,080	1,080	1,080	1,080	1,080	37,800
51	51	51	51	51	51	51	51	51	51	51	51	51	51	51	51	51	51	51	51	1,800
-51	-51	-51	-51	-51	-51	-51	-51	-51	-51	-51	-51	-51	-51	-51	-51	-51	-51	-51	-51	-1,800
-173	-184	-194	-205	-216	-227	-238	-248	-259	-270	-281	-292	-302	-313	-324	-335	-346	-356	-367	-378	-6,804
1,424	**1,424**	**1,424**	**1,424**	**1,424**	**1,424**	**1,424**	**1,424**	**1,424**	**1,424**	**1,424**	**1,424**	**1,424**	**1,424**	**1,424**	**1,424**	**1,424**	**1,424**	**1,424**	**1,424**	**51,467**
55	55	55	55	55	55	55	55	55	55	55	55	55	55	55	55	55	55	55	55	1,925
240	240	240	240	240	240	240	240	240	240	240	240	240	240	240	240	240	240	240	240	8,400
67	67	67	67	67	67	67	67	67	67	67	67	67	67	67	67	67	67	67	67	2,333
1,063	1,063	1,063	1,063	1,063	1,063	1,063	1,063	1,063	1,063	1,063	1,063	1,063	1,063	1,063	1,063	1,063	1,063	1,063	1,063	37,193
487	507	527	549	571	595	619	644	670	698	726	756	786	818	852	886	923	960	999	1,040	20,000
576	556	535	514	491	468	444	419	392	365	337	307	276	244	211	176	140	103	63	23	17,193
0	0	0	0	0	0	0	0	0	0	0	0	0	0	0	0	0	0	0	0	0
-517	**-528**	**-539**	**-550**	**-560**	**-571**	**-582**	**-593**	**-604**	**-614**	**-625**	**-636**	**-647**	**-658**	**-668**	**-679**	**-690**	**-701**	**-712**	**-722**	**-20,471**
-8,594	-9,122	-9,661	-10,210	-10,771	-11,342	-11,924	-12,516	-13,120	-13,734	-14,359	-14,995	-15,642	-16,299	-16,968	-17,647	-18,337	-19,038	-19,749	-20,471	-
14,127	13,620	13,092	12,543	11,972	11,377	10,758	10,114	9,444	8,747	8,021	7,265	6,479	5,660	4,808	3,922	2,999	2,039	1,040	0	

16	17	18	19	20	21	22	23	24	25	26	27	28	29	30	31	32	33	34	35	合計
35	36	37	38	39	40	41	42	43	44	45	46	47	48	49	50	51	52	53	54	
60	61	62	63	64	65	66	67	68	69	70	71	72	73	74	75	76	77	78	79	
58	59	60	61	62	63	64	65	66	67	68	69	70	71	72	73	74	75	76	77	
33	34	35	36	37	38	39	40	41	42	43	44	45	46	47	48	49	50	51	52	
907	**896**	**886**	**875**	**864**	**853**	**842**	**832**	**821**	**810**	**799**	**788**	**778**	**767**	**756**	**745**	**734**	**724**	**713**	**702**	**30,996**
1,080	1,080	1,080	1,080	1,080	1,080	1,080	1,080	1,080	1,080	1,080	1,080	1,080	1,080	1,080	1,080	1,080	1,080	1,080	1,080	37,800
51	51	51	51	51	51	51	51	51	51	51	51	51	51	51	51	51	51	51	51	1,800
-51	-51	-51	-51	-51	-51	-51	-51	-51	-51	-51	-51	-51	-51	-51	-51	-51	-51	-51	-51	-1,800
-173	-184	-194	-205	-216	-227	-238	-248	-259	-270	-281	-292	-302	-313	-324	-335	-346	-356	-367	-378	-6,804
1,450	**1,430**	**1,410**	**1,388**	**1,366**	**1,343**	**1,318**	**1,293**	**1,267**	**1,240**	**1,211**	**1,182**	**1,151**	**1,119**	**1,086**	**1,051**	**502**	**464**	**425**	**384**	**46,643**
55	55	55	55	55	55	55	55	55	55	55	55	55	55	55	55	55	55	55	55	1,925
240	240	240	240	240	240	240	240	240	240	240	240	240	240	240	240	240	240	240	240	8,400
67	67	67	67	67	67	67	67	67	67	67	67	67	67	67	67	67	67	67	67	2,333
576	556	535	514	491	468	444	419	392	365	337	307	276	244	211	176	140	103	63	23	17,193
513	513	513	513	513	513	513	513	513	513	513	513	513	513	513	513	0	0	0	0	15,902
0	0	0	0	0	0	0	0	0	0	0	0	0	0	0	0	0	0	0	0	1,616
-543	**-534**	**-524**	**-514**	**-502**	**-489**	**-476**	**-462**	**-446**	**-430**	**-412**	**-393**	**-373**	**-352**	**-330**	**-306**	**233**	**259**	**288**	**318**	**-15,647**
-10,202	-10,736	-11,260	-11,774	-12,276	-12,765	-13,241	-13,703	-14,149	-14,579	-14,991	-15,384	-15,758	-16,110	-16,439	-16,745	-16,512	-16,253	-15,965	-15,647	-
7,337	6,824	6,311	5,798	5,285	4,772	4,259	3,746	3,233	2,720	2,207	1,694	1,181	668	155						
5,182	5,182	5,182	5,182	5,182	5,182	5,182	5,182	5,182	5,182	5,182	5,182	5,182	5,182	5,182	5,182	5,182	5,182	5,182	5,182	

巻末資料　315

▼5-3.「借入あり（金額：大、期間：長、金利：高）」の全体画面 ⑤-⑦

⑤CF計算シミュレーション（売却）

		1	2	3	4	5	6	7	8	9	10	11	12	13	14	15
投資年数	(年目)	1	2	3	4	5	6	7	8	9	10	11	12	13	14	15
築年数	(年目)	20	21	22	23	24	25	26	27	28	29	30	31	32	33	34
本人年齢	(歳)	45	46	47	48	49	50	51	52	53	54	55	56	57	58	59
配偶者年齢	(歳)	43	44	45	46	47	48	49	50	51	52	53	54	55	56	57
子供年齢(1人目)	(歳)	18	19	20	21	22	23	24	25	26	27	28	29	30	31	32
子供年齢(2人目)	(歳)															
収入	(千円)	18,000	18,000	18,000	18,000	18,000	18,000	18,000	18,000	18,000	18,000	18,000	18,000	18,000	18,000	18,000
売却価額	(千円)	18,000	18,000	18,000	18,000	18,000	18,000	18,000	18,000	18,000	18,000	18,000	18,000	18,000	18,000	18,000
支出	(千円)	20,392	20,114	19,824	19,523	19,229	18,882	18,542	18,188	17,820	17,437	17,038	16,623	16,191	15,741	15,274
売却時支出	(千円)	660	660	660	660	660	660	660	660	660	660	660	660	660	660	660
購入資金(借入金残債)	(千円)	19,732	19,454	19,164	18,863	18,549	18,222	17,882	17,528	17,160	16,777	16,378	15,963	15,531	15,081	14,614
想定CF(売却時点)	(千円)	-2,392	-2,114	-1,824	-1,523	-1,209	-882	-542	-188	180	563	962	1,377	1,809	2,259	2,726

⑥損益計算シミュレーション（売却）

		1	2	3	4	5	6	7	8	9	10	11	12	13	14	15
投資年数	(年目)	1	2	3	4	5	6	7	8	9	10	11	12	13	14	15
築年数	(年目)	20	21	22	23	24	25	26	27	28	29	30	31	32	33	34
本人年齢	(歳)	45	46	47	48	49	50	51	52	53	54	55	56	57	58	59
配偶者年齢	(歳)	43	44	45	46	47	48	49	50	51	52	53	54	55	56	57
子供年齢(1人目)	(歳)	18	19	20	21	22	23	24	25	26	27	28	29	30	31	32
子供年齢(2人目)	(歳)															
売上	(千円)	18,000	18,000	18,000	18,000	18,000	18,000	18,000	18,000	18,000	18,000	18,000	18,000	18,000	18,000	18,000
売却価額	(千円)	18,000	18,000	18,000	18,000	18,000	18,000	18,000	18,000	18,000	18,000	18,000	18,000	18,000	18,000	18,000
費用	(千円)	20,873	20,360	19,847	19,334	18,821	18,308	17,795	17,282	16,769	16,256	15,743	15,230	14,717	14,204	13,691
取得費(売却時簿価)	(千円)	20,213	19,700	19,187	18,674	18,161	17,648	17,135	16,622	16,109	15,596	15,083	14,570	14,057	13,544	13,031
譲渡費用	(千円)	660	660	660	660	660	660	660	660	660	660	660	660	660	660	660
想定損益(売却時点)	(千円)	-2,873	-2,360	-1,847	-1,334	-821	-308	205	718	1,231	1,744	2,257	2,770	3,283	3,796	4,309

⑦不動産投資の「本当の儲け」

		1	2	3	4	5	6	7	8	9	10	11	12	13	14	15
投資年数	(年目)	1	2	3	4	5	6	7	8	9	10	11	12	13	14	15
築年数	(年目)	20	21	22	23	24	25	26	27	28	29	30	31	32	33	34
本人年齢	(歳)	45	46	47	48	49	50	51	52	53	54	55	56	57	58	59
配偶者年齢	(歳)	43	44	45	46	47	48	49	50	51	52	53	54	55	56	57
子供年齢(1人目)	(歳)	18	19	20	21	22	23	24	25	26	27	28	29	30	31	32
子供年齢(2人目)	(歳)															
購入・賃貸時																
給与収入	(千円)	8,000	8,000	8,000	8,000	8,000	8,000	8,000	8,000	8,000	8,000	8,000	8,000	8,000	8,000	8,000
課税所得金額(給与のみ)	(千円)	4,620	4,620	4,620	4,620	4,620	4,620	4,620	4,620	4,620	4,620	4,620	4,620	4,620	4,620	4,620
所得税・住民税率(給与のみ)	(千円)	30.42%	30.42%	30.42%	30.42%	30.42%	30.42%	30.42%	30.42%	30.42%	30.42%	30.42%	30.42%	30.42%	30.42%	30.42%
所得税・住民税額(給与のみ)	(千円)	969	969	969	969	969	969	969	969	969	969	969	969	969	969	969
不動産投資の想定CF(単年)	(千円)	-1,971	-366	-377	-388	-398	-409	-420	-431	-442	-452	-463	-474	-485	-496	-506
不動産投資の想定損益(単年)	(千円)	-1,491	-600	-600	-599	-597	-595	-593	-590	-586	-582	-577	-572	-566	-559	-551
課税総所得金額	(千円)	3,129	4,020	4,020	4,021	4,023	4,025	4,027	4,030	4,034	4,038	4,043	4,048	4,054	4,061	4,069
所得税・住民税合算税率	(千円)	20.21%	30.42%	30.42%	30.42%	30.42%	30.42%	30.42%	30.42%	30.42%	30.42%	30.42%	30.42%	30.42%	30.42%	30.42%
所得税・住民税合算控除額	(千円)	100	436	436	436	436	436	436	436	436	436	436	436	436	436	436
所得税・住民税合算税率	(千円)	533	786	786	787	787	788	789	789	791	792	793	795	797	799	801
所得税・住民税合算税額(不動産投資のみ)	(千円)	-436	-183	-182	-182	-182	-181	-180	-179	-178	-177	-176	-174	-172	-170	-168
不動産投資の「本当の儲け」(単年)	(千円)	-1,535	-183	-194	-205	-217	-228	-240	-251	-263	-275	-288	-300	-313	-326	-339
不動産投資の「本当の儲け」(累積)	(千円)	-1,535	-1,718	-1,913	-2,118	-2,335	-2,563	-2,802	-3,053	-3,317	-3,592	-3,879	-4,179	-4,492	-4,817	-5,156
売却時	(千円)															
不動産投資の想定CF	(千円)	-2,392	-2,114	-1,824	-1,523	-1,209	-882	-542	-188	180	563	962	1,377	1,809	2,259	2,726
不動産投資の想定損益	(千円)	-2,873	-2,360	-1,847	-1,334	-821	-308	205	718	1,231	1,744	2,257	2,770	3,283	3,796	4,309
所得税・住民税合算税率	(千円)	39.63%	39.63%	39.63%	39.63%	39.63%	20.32%	20.32%	20.32%	20.32%	20.32%	20.32%	20.32%	20.32%	20.32%	20.32%
所得税・住民税合算税額	(千円)	0	0	0	0	0	0	42	146	250	354	458	563	667	771	875
不動産投資の「本当の儲け」	(千円)	-2,392	-2,114	-1,824	-1,523	-1,209	-882	-584	-334	-70	209	503	814	1,142	1,488	1,851
不動産投資の「本当の儲け」(TOTAL)	(千円)	-3,928	-3,832	-3,737	-3,641	-3,543	-3,445	-3,386	-3,388	-3,387	-3,383	-3,376	-3,365	-3,350	-3,330	-3,305

16	17	18	19	20	21	22	23	24	25	26	27	28	29	30	31	32	33	34	35
35	36	37	38	39	40	41	42	43	44	45	46	47	48	49	50	51	52	53	54
60	61	62	63	64	65	66	67	68	69	70	71	72	73	74	75	76	77	78	79
58	59	60	61	62	63	64	65	66	67	68	69	70	71	72	73	74	75	76	77
33	34	35	36	37	38	39	40	41	42	43	44	45	46	47	48	49	50	51	52
18,000	18,000	18,000	18,000	18,000	18,000	18,000	18,000	18,000	18,000	18,000	18,000	18,000	18,000	18,000	18,000	18,000	18,000	18,000	18,000
18,000	18,000	18,000	18,000	18,000	18,000	18,000	18,000	18,000	18,000	18,000	18,000	18,000	18,000	18,000	18,000	18,000	18,000	18,000	18,000
14,787	14,280	13,752	13,203	12,632	12,037	11,418	10,774	10,104	9,407	8,681	7,925	7,139	6,320	5,468	4,582	3,659	2,699	1,700	660
660	660	660	660	660	660	660	660	660	660	660	660	660	660	660	660	660	660	660	660
14,127	13,620	13,092	12,543	11,972	11,377	10,758	10,114	9,444	8,747	8,021	7,265	6,479	5,660	4,808	3,922	2,999	2,039	1,040	0
3,213	3,720	4,248	4,797	5,368	5,963	6,582	7,226	7,896	8,593	9,319	10,075	10,861	11,680	12,532	13,418	14,341	15,301	16,300	17,340

16	17	18	19	20	21	22	23	24	25	26	27	28	29	30	31	32	33	34	35
35	36	37	38	39	40	41	42	43	44	45	46	47	48	49	50	51	52	53	54
60	61	62	63	64	65	66	67	68	69	70	71	72	73	74	75	76	77	78	79
58	59	60	61	62	63	64	65	66	67	68	69	70	71	72	73	74	75	76	77
33	34	35	36	37	38	39	40	41	42	43	44	45	46	47	48	49	50	51	52
18,000	18,000	18,000	18,000	18,000	18,000	18,000	18,000	18,000	18,000	18,000	18,000	18,000	18,000	18,000	18,000	18,000	18,000	18,000	18,000
18,000	18,000	18,000	18,000	18,000	18,000	18,000	18,000	18,000	18,000	18,000	18,000	18,000	18,000	18,000	18,000	18,000	18,000	18,000	18,000
13,179	12,666	12,153	11,640	11,127	10,614	10,101	9,588	9,075	8,562	8,049	7,536	7,023	6,510	5,997	5,842	5,842	5,842	5,842	5,842
12,519	12,006	11,493	10,980	10,467	9,954	9,441	8,928	8,415	7,902	7,389	6,876	6,363	5,850	5,337	5,182	5,182	5,182	5,182	5,182
660	660	660	660	660	660	660	660	660	660	660	660	660	660	660	660	660	660	660	660
4,821	5,334	5,847	6,360	6,873	7,386	7,899	8,412	8,925	9,438	9,951	10,464	10,977	11,490	12,003	12,159	12,159	12,159	12,159	12,159

16	17	18	19	20	21	22	23	24	25	26	27	28	29	30	31	32	33	34	35
35	36	37	38	39	40	41	42	43	44	45	46	47	48	49	50	51	52	53	54
60	61	62	63	64	65	66	67	68	69	70	71	72	73	74	75	76	77	78	79
58	59	60	61	62	63	64	65	66	67	68	69	70	71	72	73	74	75	76	77
33	34	35	36	37	38	39	40	41	42	43	44	45	46	47	48	49	50	51	52
8,000	8,000	8,000	8,000	8,000	8,000	8,000	8,000	8,000	8,000	8,000	8,000	8,000	8,000	8,000	8,000	8,000	8,000	8,000	8,000
4,620	4,620	4,620	4,620	4,620	4,620	4,620	4,620	4,620	4,620	4,620	4,620	4,620	4,620	4,620	4,620	4,620	4,620	4,620	4,620
30.42%	30.42%	30.42%	30.42%	30.42%	30.42%	30.42%	30.42%	30.42%	30.42%	30.42%	30.42%	30.42%	30.42%	30.42%	30.42%	30.42%	30.42%	30.42%	30.42%
969	969	969	969	969	969	969	969	969	969	969	969	969	969	969	969	969	969	969	969
−517	−528	−539	−550	−560	−571	−582	−593	−604	−614	−625	−636	−647	−658	−668	−679	−690	−701	−712	−722
−543	−524	−514	−502	−489	−476	−462	−446	−430	−412	−393	−373	−352	−330	−306		233	259	288	318
4,077	4,086	4,096	4,106	4,118	4,131	4,144	4,158	4,174	4,190	4,208	4,227	4,247	4,268	4,290	4,314	4,853	4,879	4,908	4,938
30.42%	30.42%	30.42%	30.42%	30.42%	30.42%	30.42%	30.42%	30.42%	30.42%	30.42%	30.42%	30.42%	30.42%	30.42%	30.42%	30.42%	30.42%	30.42%	30.42%
436	436	436	436	436	436	436	436	436	436	436	436	436	436	436	436	436	436	436	436
804	806	809	813	816	820	824	828	833	838	844	849	855	862	869	876	1,040	1,048	1,056	1,066
−165	−162	−159	−156	−153	−149	−145	−140	−136	−131	−125	−120	−114	−107	−100	−93	71	79	88	97
−352	−365	−379	−393	−408	−422	−437	−452	−468	−484	−500	−516	−533	−550	−568	−586	−761	−780	−7..	−819
−5,508	−5,873	−6,253	−6,646	−7,054	−7,476	−7,913	−8,365	−8,833	−9,317	−9,816	−10,333	−10,866	−11,416	−11,984	−12,571	−13,331	−14,111	−14,910	−15,729
3,213	3,720	4,248	4,797	5,368	5,963	6,582	7,226	7,896	8,593	9,319	10,075	10,861	11,680	12,532	13,418	14,341	15,301		17,340
4,821	5,334	5,847	6,360	6,873	7,386	7,899	8,412	8,925	9,438	9,951	10,464	10,977	11,490	12,003	12,159	12,159	12,159	12,159	12,159
20.32%	20.32%	20.32%	20.32%	20.32%	20.32%	20.32%	20.32%	20.32%	20.32%	20.32%	20.32%	20.32%	20.32%	20.32%	20.32%	20.32%	20.32%	20.32%	20.32%
979	1,084	1,188	1,292	1,396	1,501	1,605	1,709	1,813	1,917	2,022	2,126	2,230	2,334	2,438	2,470	2,470	2,470	2,470	2,470
2,234	2,637	3,060	3,505	3,972	4,462	4,977	5,517	6,083	6,676	7,298	7,949	8,631	9,346	10,093	10,948	11,871	12,831	13,8..	14,870
−3,274	−3,237	−3,193	−3,141	−3,082	−3,014	−2,936	−2,849	−2,750	−2,641	−2,519	−2,383	−2,234	−2,071	−1,891	−1,623	−1,461	−1,280	−1,080	−859

▼5-4.「借入あり（金額：小、期間：短、金利：低）」の全体画面 ①-④

9.収益計算シミュレーションの試算結果シート

①物件名称
中川ハイツ101号室

②購入条件

必要購入資金	21,566,000	円
物件価格	20,000,000	円
取得時支出（取得価額）	726,000	円
取得時支出・費用（初年度計上）	840,000	円
購入資金	35,000,000	円
投下可能自己資金	25,000,000	円
借入予定金額	10,000,000	円
購入後の自己資金余力	13,434,000	円

<<参考情報>>

表面利回り	5.4%
実質利回り	4.2%

③CF計算シミュレーション（購入・賃貸）

投資年数	（年目）	1	2	3	4	5	6	7	8	9	10	11	12	13	14	15
築年数	（年目）	20	21	22	23	24	25	26	27	28	29	30	31	32	33	34
本人年齢	（歳）	45	46	47	48	49	50	51	52	53	54	55	56	57	58	59
配偶者年齢	（歳）	43	44	45	46	47	48	49	50	51	52	53	54	55	56	57
子供年齢(1人目)	（歳）	18	19	20	21	22	23	24	25	26	27	28	29	30	31	32
子供年齢(2人目)	（歳）															
収入		1,069	1,058	1,048	1,037	1,026	1,015	1,004	994	983	972	961	950	940	929	918
満室時家賃	（年額/千円）	1,080	1,080	1,080	1,080	1,080	1,080	1,080	1,080	1,080	1,080	1,080	1,080	1,080	1,080	1,080
礼金・更新料	（年額/千円）	51	51	51	51	51	51	51	51	51	51	51	51	51	51	51
(空室期間相当額)	（年額/千円）	-51	-51	-51	-51	-51	-51	-51	-51	-51	-51	-51	-51	-51	-51	-51
(家賃下落相当額)	（年額/千円）	-11	-22	-32	-43	-54	-65	-76	-86	-97	-108	-119	-130	-140	-151	-162
支出		2,480	914	914	914	914	914	914	914	914	914	914	914	914	914	914
固定運営費（税金・保険料）	（年額/千円）	55	55	55	55	55	55	55	55	55	55	55	55	55	55	55
固定運営費（税金・保険料以外）	（年額/千円）	240	240	240	240	240	240	240	240	240	240	240	240	240	240	240
入居者変更時諸経費・修繕費	（年額/千円）	67	67	67	67	67	67	67	67	67	67	67	67	67	67	67
借入返済	（年額/千円）	552	552	552	552	552	552	552	552	552	552	552	552	552	552	552
元本返済分	（年額/千円）	454	459	463	468	472	477	482	487	492	497	502	507	512	517	522
金利返済分	（年額/千円）	98	93	89	84	79	75	70	65	60	55	50	45	40	35	30
初年度支出	（年額/千円）	1,566	0	0	0	0	0	0	0	0	0	0	0	0	0	0
想定CF（単年）	（千円）	-1,410	145	134	123	112	102	91	80	69	58	48	37	26	15	4
想定CF（累計）	（千円）	-1,410	-1,265	-1,131	-1,008	-896	-794	-703	-623	-554	-495	-448	-411	-385	-370	-365
<参考>借入金残債/年度末時点	（千円）	9,546	9,088	8,624	8,157	7,684	7,207	6,725	6,238	5,746	5,250	4,748	4,241	3,730	3,213	2,690

④損益計算シミュレーション（購入・賃貸）

投資年数	（年目）	1	2	3	4	5	6	7	8	9	10	11	12	13	14	15
築年数	（年目）	20	21	22	23	24	25	26	27	28	29	30	31	32	33	34
本人年齢	（歳）	45	46	47	48	49	50	51	52	53	54	55	56	57	58	59
配偶者年齢	（歳）	43	44	45	46	47	48	49	50	51	52	53	54	55	56	57
子供年齢(1人目)	（歳）	18	19	20	21	22	23	24	25	26	27	28	29	30	31	32
子供年齢(2人目)	（歳）															
売上		1,069	1,058	1,048	1,037	1,026	1,015	1,004	994	983	972	961	950	940	929	918
満室時家賃	（年額/千円）	1,080	1,080	1,080	1,080	1,080	1,080	1,080	1,080	1,080	1,080	1,080	1,080	1,080	1,080	1,080
礼金・更新料	（年額/千円）	51	51	51	51	51	51	51	51	51	51	51	51	51	51	51
(空室期間相当額)	（年額/千円）	-51	-51	-51	-51	-51	-51	-51	-51	-51	-51	-51	-51	-51	-51	-51
(家賃下落相当額)	（年額/千円）	-11	-22	-32	-43	-54	-65	-76	-86	-97	-108	-119	-130	-140	-151	-162
費用		1,813	968	963	959	954	949	944	940	935	930	925	920	915	910	904
固定運営費（税金・保険料）	（年額/千円）	55	55	55	55	55	55	55	55	55	55	55	55	55	55	55
固定運営費（税金・保険料以外）	（年額/千円）	240	240	240	240	240	240	240	240	240	240	240	240	240	240	240
入居者変更時諸経費・修繕費	（年額/千円）	67	67	67	67	67	67	67	67	67	67	67	67	67	67	67
借入金利子	（年額/千円）	98	93	89	84	79	75	70	65	60	55	50	45	40	35	30
減価償却費	（年額/千円）	513	513	513	513	513	513	513	513	513	513	513	513	513	513	513
初年度費用	（年額/千円）	840	0	0	0	0	0	0	0	0	0	0	0	0	0	0
想定損益（単年）	（千円）	-743	90	84	78	72	66	60	54	48	42	36	31	25	19	14
想定損益（累積）	（千円）	-743	-653	-569	-491	-419	-353	-293	-239	-191	-149	-112	-82	-57	-38	-24
<参考>簿価（建物等の分/年度末時点）	（千円）	15,032	14,519	14,006	13,495	12,980	12,467	11,954	11,441	10,928	10,415	9,902	9,389	8,876	8,363	7,850
<参考>簿価（土地の分/年度末時点）	（千円）	5,182	5,182	5,182	5,182	5,182	5,182	5,182	5,182	5,182	5,182	5,182	5,182	5,182	5,182	5,182

16	17	18	19	20	21	22	23	24	25	26	27	28	29	30	31	32	33	34	35	合計
35	36	37	38	39	40	41	42	43	44	45	46	47	48	49	50	51	52	53	54	
60	61	62	63	64	65	66	67	68	69	70	71	72	73	74	75	76	77	78	79	
33	34	35	36	37	38	39	40	41	42	43	44	45	46	47	48	49	50	51	52	
907	896	886	875	864	853	842	832	821	810	799	788	778	767	756	745	734	724	713	702	30,996
1,080	1,080	1,080	1,080	1,080	1,080	1,080	1,080	1,080	1,080	1,080	1,080	1,080	1,080	1,080	1,080	1,080	1,080	1,080	1,080	37,800
51	51	51	51	51	51	51	51	51	51	51	51	51	51	51	51	51	51	51	51	1,800
-51	-51	-51	-51	-51	-51	-51	-51	-51	-51	-51	-51	-51	-51	-51	-51	-51	-51	-51	-51	-1,800
-173	-184	-194	-205	-216	-227	-238	-248	-259	-270	-281	-292	-302	-313	-324	-335	-346	-356	-367	-378	-6,804
914	914	914	914	914	362	362	362	362	362	362	362	362	362	362	362	362	362	362	362	25,262
55	55	55	55	55	55	55	55	55	55	55	55	55	55	55	55	55	55	55	55	1,925
240	240	240	240	240	240	240	240	240	240	240	240	240	240	240	240	240	240	240	240	8,400
67	67	67	67	67	67	67	67	67	67	67	67	67	67	67	67	67	67	67	67	2,333
552	552	552	552	552	0	0	0	0	0	0	0	0	0	0	0	0	0	0	0	11,037
527	533	538	543	549	0	0	0	0	0	0	0	0	0	0	0	0	0	0	0	10,000
24	19	14	8	3	0	0	0	0	0	0	0	0	0	0	0	0	0	0	0	1,037
0	0	0	0	0	0	0	0	0	0	0	0	0	0	0	0	0	0	0	0	1,566
-6	-17	-28	-39	-50	492	481	470	459	448	438	427	416	405	394	384	373	362	351	340	5,734
-371	-389	-417	-455	-505	-13	467	937	1,397	1,845	2,282	2,709	3,125	3,530	3,925	4,308	4,681	5,043	5,394	5,734	-
2,163	1,630	1,092	549	0	0	0	0	0	0	0	0	0	0	0	0	0	0	0	0	-

16	17	18	19	20	21	22	23	24	25	26	27	28	29	30	31	32	33	34	35	合計
35	36	37	38	39	40	41	42	43	44	45	46	47	48	49	50	51	52	53	54	
60	61	62	63	64	65	66	67	68	69	70	71	72	73	74	75	76	77	78	79	
33	34	35	36	37	38	39	40	41	42	43	44	45	46	47	48	49	50	51	52	
907	896	886	875	864	853	842	832	821	810	799	788	778	767	756	745	734	724	713	702	30,996
1,080	1,080	1,080	1,080	1,080	1,080	1,080	1,080	1,080	1,080	1,080	1,080	1,080	1,080	1,080	1,080	1,080	1,080	1,080	1,080	37,800
51	51	51	51	51	51	51	51	51	51	51	51	51	51	51	51	51	51	51	51	1,800
-51	-51	-51	-51	-51	-51	-51	-51	-51	-51	-51	-51	-51	-51	-51	-51	-51	-51	-51	-51	-1,800
-173	-184	-194	-205	-216	-227	-238	-248	-259	-270	-281	-292	-302	-313	-324	-335	-346	-356	-367	-378	-6,804
899	894	888	883	878	875	875	875	875	875	875	875	875	875	875	875	362	362	362	362	30,438
55	55	55	55	55	55	55	55	55	55	55	55	55	55	55	55	55	55	55	55	1,925
240	240	240	240	240	240	240	240	240	240	240	240	240	240	240	240	240	240	240	240	8,400
67	67	67	67	67	67	67	67	67	67	67	67	67	67	67	67	67	67	67	67	2,333
24	19	14	8	3	0	0	0	0	0	0	0	0	0	0	0	0	0	0	0	1,037
513	513	513	513	513	513	513	513	513	513	513	513	513	513	513	0	0	0	0	0	15,902
0	0	0	0	0	0	0	0	0	0	0	0	0	0	0	0	0	0	0	0	1,566
8	3	-3	-8	-14	-21	-32	-43	-54	-65	-75	-86	-97	-108	-119	-129	373	362	351	340	558
-16	-13	-16	-25	-38	-60	-92	-135	-189	-253	-329	-415	-512	-620	-739	-868	-495	-133	218	558	-
7,337	6,824	6,311	5,798	5,285	4,772	4,259	3,746	3,233	2,720	2,207	1,694	1,181	668	155	0	0	0	0		-
5,182	5,182	5,182	5,182	5,182	5,182	5,182	5,182	5,182	5,182	5,182	5,182	5,182	5,182	5,182	5,182	5,182	5,182	5,182		-

▼5-4.「借入あり（金額：小、期間：短、金利：低）」の全体画面 ⑤-⑦

⑤CF計算シミュレーション（売却）

		1	2	3	4	5	6	7	8	9	10	11	12	13	14	15
投資年数	(年目)	1	2	3	4	5	6	7	8	9	10	11	12	13	14	15
築年数	(年目)	20	21	22	23	24	25	26	27	28	29	30	31	32	33	34
本人年齢	(歳)	45	46	47	48	49	50	51	52	53	54	55	56	57	58	59
配偶者年齢	(歳)	43	44	45	46	47	48	49	50	51	52	53	54	55	56	57
子供年齢(1人目)	(歳)	18	19	20	21	22	23	24	25	26	27	28	29	30	31	32
子供年齢(2人目)	(歳)															
収入	(千円)	18,000	18,000	18,000	18,000	18,000	18,000	18,000	18,000	18,000	18,000	18,000	18,000	18,000	18,000	18,000
売却価額	(千円)	18,000	18,000	18,000	18,000	18,000	18,000	18,000	18,000	18,000	18,000	18,000	18,000	18,000	18,000	18,000
支出	(千円)	10,206	9,748	9,284	8,817	8,344	7,867	7,385	6,898	6,406	5,910	5,408	4,901	4,390	3,873	3,350
売却時支出	(千円)	660	660	660	660	660	660	660	660	660	660	660	660	660	660	660
購入資金(借入金残債)	(千円)	9,546	9,088	8,624	8,157	7,684	7,207	6,725	6,238	5,746	5,250	4,748	4,241	3,730	3,213	2,690
想定CF(売却時点)	(千円)	7,794	8,252	8,716	9,183	9,656	10,133	10,615	11,102	11,594	12,090	12,592	13,099	13,610	14,127	14,650

⑥損益計算シミュレーション（売却）

		1	2	3	4	5	6	7	8	9	10	11	12	13	14	15
投資年数	(年目)	1	2	3	4	5	6	7	8	9	10	11	12	13	14	15
築年数	(年目)	20	21	22	23	24	25	26	27	28	29	30	31	32	33	34
本人年齢	(歳)	45	46	47	48	49	50	51	52	53	54	55	56	57	58	59
配偶者年齢	(歳)	43	44	45	46	47	48	49	50	51	52	53	54	55	56	57
子供年齢(1人目)	(歳)	18	19	20	21	22	23	24	25	26	27	28	29	30	31	32
子供年齢(2人目)	(歳)															
売上	(千円)	18,000	18,000	18,000	18,000	18,000	18,000	18,000	18,000	18,000	18,000	18,000	18,000	18,000	18,000	18,000
売却価額	(千円)	18,000	18,000	18,000	18,000	18,000	18,000	18,000	18,000	18,000	18,000	18,000	18,000	18,000	18,000	18,000
費用	(千円)	20,873	20,360	19,847	19,334	18,821	18,308	17,795	17,282	16,769	16,256	15,743	15,230	14,717	14,204	13,691
取得費(売却時簿価)	(千円)	20,213	19,700	19,187	18,674	18,161	17,648	17,135	16,622	16,109	15,596	15,083	14,570	14,057	13,544	13,031
譲渡費用	(千円)	660	660	660	660	660	660	660	660	660	660	660	660	660	660	660
想定損益(売却時点)	(千円)	-2,873	-2,360	-1,847	-1,334	-821	-308	205	718	1,231	1,744	2,257	2,770	3,283	3,796	4,309

⑦不動産投資の「本当の儲け」

		1	2	3	4	5	6	7	8	9	10	11	12	13	14	15
投資年数	(年目)	1	2	3	4	5	6	7	8	9	10	11	12	13	14	15
築年数	(年目)	20	21	22	23	24	25	26	27	28	29	30	31	32	33	34
本人年齢	(歳)	45	46	47	48	49	50	51	52	53	54	55	56	57	58	59
配偶者年齢	(歳)	43	44	45	46	47	48	49	50	51	52	53	54	55	56	57
子供年齢(1人目)	(歳)	18	19	20	21	22	23	24	25	26	27	28	29	30	31	32
子供年齢(2人目)	(歳)															
購入・賃貸時																
給与収入	(千円)	8,000	8,000	8,000	8,000	8,000	8,000	8,000	8,000	8,000	8,000	8,000	8,000	8,000	8,000	8,000
課税所得金額(給与のみ)	(千円)	4,620	4,620	4,620	4,620	4,620	4,620	4,620	4,620	4,620	4,620	4,620	4,620	4,620	4,620	4,620
所得税・住民税合算税率(給与のみ)		30.42%	30.42%	30.42%	30.42%	30.42%	30.42%	30.42%	30.42%	30.42%	30.42%	30.42%	30.42%	30.42%	30.42%	30.42%
所得税・住民税合算税額(給与のみ)	(千円)	969	969	969	969	969	969	969	969	969	969	969	969	969	969	969
不動産投資の想定CF(単年)	(千円)	-1,410	145	134	123	112	102	91	80	69	58	48	37	26	15	4
不動産投資の想定損益(単年)	(千円)	-743	90	84	78	72	66	60	54	48	42	36	31	25	19	14
課税総所得金額	(千円)	3,877	4,710	4,704	4,698	4,692	4,686	4,680	4,674	4,668	4,662	4,656	4,651	4,645	4,639	4,634
所得税・住民税合算税率		30.42%	30.42%	30.42%	30.42%	30.42%	30.42%	30.42%	30.42%	30.42%	30.42%	30.42%	30.42%	30.42%	30.42%	30.42%
所得税・住民税合算控除額	(千円)	436	436	436	436	436	436	436	436	436	436	436	436	436	436	436
所得税・住民税合算税額	(千円)	743	996	995	993	991	989	987	985	984	982	980	978	976	975	973
所得税・住民税合算税額(不動産投資のみ)	(千円)	-226	28	26	24	22	20	18	16	15	13	11	9	8	6	4
不動産投資の「本当の儲け」(単年)	(千円)	-1,184	117	108	100	91	82	73	64	55	46	37	28	18	9	0
不動産投資の「本当の儲け」(累積)	(千円)	-1,184	-1,067	-958	-859	-768	-687	-614	-550	-496	-450	-414	-386	-368	-358	-358
売却時																
不動産投資の想定CF	(千円)	7,794	8,252	8,716	9,183	9,656	10,133	10,615	11,102	11,594	12,090	12,592	13,099	13,610	14,127	14,650
不動産投資の想定損益	(千円)	-2,873	-2,360	-1,847	-1,334	-821	-308	205	718	1,231	1,744	2,257	2,770	3,283	3,796	4,309
所得税・住民税合算税率		39.63%	39.63%	39.63%	39.63%	39.63%	20.32%	20.32%	20.32%	20.32%	20.32%	20.32%	20.32%	20.32%	20.32%	20.32%
所得税・住民税合算金額	(千円)	0	0	0	0	0	0	42	146	250	354	458	563	667	771	875
不動産投資の「本当の儲け」	(千円)	7,794	8,252	8,716	9,183	9,656	10,133	10,573	10,956	11,344	11,736	12,134	12,536	12,944	13,356	13,774
不動産投資の「本当の儲け」(TOTAL)	(千円)	6,610	7,186	7,757	8,324	8,887	9,446	9,959	10,406	10,848	11,286	11,720	12,150	12,576	12,998	13,417

16	17	18	19	20	21	22	23	24	25	26	27	28	29	30	31	32	33	34	35
35	36	37	38	39	40	41	42	43	44	45	46	47	48	49	50	51	52	53	54
60	61	62	63	64	65	66	67	68	69	70	71	72	73	74	75	76	77	78	79
58	59	60	61	62	63	64	65	66	67	68	69	70	71	72	73	74	75	76	77
33	34	35	36	37	38	39	40	41	42	43	44	45	46	47	48	49	50	51	52
18,000	18,000	18,000	18,000	18,000	18,000	18,000	18,000	18,000	18,000	18,000	18,000	18,000	18,000	18,000	18,000	18,000	18,000	18,000	18,000
18,000	18,000	18,000	18,000	18,000	18,000	18,000	18,000	18,000	18,000	18,000	18,000	18,000	18,000	18,000	18,000	18,000	18,000	18,000	18,000
2,823	2,290	1,752	1,209	660	660	660	660	660	660	660	660	660	660	660	660	660	660	660	660
660	660	660	660	660	660	660	660	660	660	660	660	660	660	660	660	660	660	660	660
2,163	1,630	1,092	549	0	0	0	0	0	0	0	0	0	0	0	0	0	0	0	0
15,177	15,710	16,248	16,791	17,340	17,340	17,340	17,340	17,340	17,340	17,340	17,340	17,340	17,340	17,340	17,340	17,340	17,340	17,340	17,340

16	17	18	19	20	21	22	23	24	25	26	27	28	29	30	31	32	33	34	35
35	36	37	38	39	40	41	42	43	44	45	46	47	48	49	50	51	52	53	54
60	61	62	63	64	65	66	67	68	69	70	71	72	73	74	75	76	77	78	79
58	59	60	61	62	63	64	65	66	67	68	69	70	71	72	73	74	75	76	77
33	34	35	36	37	38	39	40	41	42	43	44	45	46	47	48	49	50	51	52
18,000	18,000	18,000	18,000	18,000	18,000	18,000	18,000	18,000	18,000	18,000	18,000	18,000	18,000	18,000	18,000	18,000	18,000	18,000	18,000
18,000	18,000	18,000	18,000	18,000	18,000	18,000	18,000	18,000	18,000	18,000	18,000	18,000	18,000	18,000					
13,179	12,666	12,153	11,640	11,127	10,614	10,101	9,588	9,075	8,562	8,049	7,536	7,023	6,510	5,997	5,842	5,842	5,842	5,842	5,842
12,519	12,006	11,493	10,980	10,467	9,954	9,441	8,928	8,415	7,902	7,389	6,876	6,363	5,850	5,337	5,182	5,182	5,182	5,182	5,182
660	660	660	660	660	660	660	660	660	660	660	660	660	660	660					
4,821	5,334	5,847	6,360	6,873	7,386	7,899	8,412	8,925	9,438	9,951	10,464	10,977	11,490	12,003	12,159	12,159	12,159	12,159	12,159

16	17	18	19	20	21	22	23	24	25	26	27	28	29	30	31	32	33	34	35
35	36	37	38	39	40	41	42	43	44	45	46	47	48	49	50	51	52	53	54
60	61	62	63	64	65	66	67	68	69	70	71	72	73	74	75	76	77	78	79
58	59	60	61	62	63	64	65	66	67	68	69	70	71	72	73	74	75	76	77
33	34	35	36	37	38	39	40	41	42	43	44	45	46	47	48	49	50	51	52
8,000	8,000	8,000	8,000	8,000	8,000	8,000	8,000	8,000	8,000	8,000	8,000	8,000	8,000	8,000	8,000	8,000	8,000	8,000	8,000
4,620	4,620	4,620	4,620	4,620	4,620	4,620	4,620	4,620	4,620	4,620	4,620	4,620	4,620	4,620	4,620	4,620	4,620	4,620	4,620
30.42%	30.42%	30.42%	30.42%	30.42%	30.42%	30.42%	30.42%	30.42%	30.42%	30.42%	30.42%	30.42%	30.42%	30.42%	30.42%	30.42%	30.42%	30.42%	30.42%
969	969	969	969	969	969	969	969	969	969	969	969	969	969	969	969	969	969	969	969
−6	−17	−28	−39	−50	492	481	470	459	448	438	427	416	405	394	384	373	362	351	340
8	3	−3	−8	−14	−21	−32	−43	−54	−65	−75	−86	−97	−108	−119	−129	373	362	351	340
4,628	4,623	4,617	4,612	4,606	4,599	4,588	4,577	4,566	4,555	4,545	4,534	4,523	4,512	4,501	4,491	4,993	4,982	4,971	4,960
30.42%	30.42%	30.42%	30.42%	30.42%	30.42%	30.42%	30.42%	30.42%	30.42%	30.42%	30.42%	30.42%	30.42%	30.42%	30.42%	30.42%	30.42%	30.42%	30.42%
436	436	436	436	436	436	436	436	436	436	436	436	436	436	436	436	436	436	436	436
971	970	968	966	965	962	959	956	953	949	946	943	939	936	933	930	1,082	1,079	1,076	1,072
2	1	−1	−3	−4	−7	−10	−13	−16	−20	−23	−26	−30	−33	−36	−39	113	110	107	104
−9	−18	−27	−36	−45	498	491	483	476	468	460	453	445	438	430	423	259	252	244	237
−367	−384	−412	−448	−493	5	495	978	1,454	1,922	2,382	2,835	3,281	3,719	4,149	4,572	4,831	5,083	5,328	5,564
																			X	
15,177	15,710	16,248	16,791	17,340	17,340	17,340	17,340	17,340	17,340	17,340	17,340	17,340	17,340	17,340	17,340	17,340	17,340	17,340	17,340
4,821	5,334	5,847	6,360	6,873	7,386	7,899	8,412	8,925	9,438	9,951	10,464	10,977	11,490	12,003	12,159	12,159	12,159	12,159	12,159
20.32%	20.32%	20.32%	20.32%	20.32%	20.32%	20.32%	20.32%	20.32%	20.32%	20.32%	20.32%	20.32%	20.32%	20.32%	20.32%	20.32%	20.32%	20.32%	20.32%
979	1,084	1,188	1,292	1,396	1,501	1,605	1,709	1,813	1,917	2,022	2,126	2,230	2,334	2,438	2,470	2,470	2,470	2,470	2,470
14,197	14,626	15,060	15,499	15,944	15,839	15,735	15,631	15,527	15,423	15,318	15,214	15,110	15,006	14,902	14,870	14,870	14,870	14,870	14,870
13,831	14,241	14,648	15,051	15,450	15,844	16,231	16,609	16,981	17,345	17,701	18,050	18,391	18,725	19,051	19,442	19,701	19,953	20,198	20,434

▼6-2.「償却金額：大、償却期間：長、償却率：低」の全体画面　①-④

9.収益計算シミュレーションの試算結果シート

①物件名称
中川ハウス

②購入条件

必要購入資金	32,426,000 円
物件価格	30,000,000 円
取得時支出(取得価額)	1,056,000 円
取得時支出・費用(初年度計上)	1,370,000 円
購入資金	35,000,000 円
投下可能自己資金	15,000,000 円
借入予定金額	20,000,000 円
購入後の自己資金余力	2,574,000 円

《参考情報》

表面利回り	8.0%
実質利回り	7.4%

③CF計算シミュレーション（購入・賃貸）

		1	2	3	4	5	6	7	8	9	10	11	12	13	14	15
投資年数	(年目)	1	2	3	4	5	6	7	8	9	10	11	12	13	14	15
築年数	(年目)	5	6	7	8	9	10	11	12	13	14	15	16	17	18	19
本人年齢	(歳)	45	46	47	48	49	50	51	52	53	54	55	56	57	58	59
配偶者年齢	(歳)	43	44	45	46	47	48	49	50	51	52	53	54	55	56	57
子供年齢(1人目)	(歳)	18	19	20	21	22	23	24	25	26	27	28	29	30	31	32
子供年齢(2人目)	(歳)															
収入	(年額/千円)	2,376	2,352	2,328	2,304	2,280	2,256	2,232	2,208	2,184	2,160	2,136	2,112	2,088	2,064	2,040
満室時家賃	(年額/千円)	2,400	2,400	2,400	2,400	2,400	2,400	2,400	2,400	2,400	2,400	2,400	2,400	2,400	2,400	2,400
礼金・更新料	(年額/千円)	114	114	114	114	114	114	114	114	114	114	114	114	114	114	114
(空室期間相当額)	(年額/千円)	-114	-114	-114	-114	-114	-114	-114	-114	-114	-114	-114	-114	-114	-114	-114
(家賃下落相当額)	(年額/千円)	-24	-48	-72	-96	-120	-144	-168	-192	-216	-240	-264	-288	-312	-336	-360
支出	(年額/千円)	4,385	1,959	1,959	1,959	1,959	1,959	1,959	1,959	1,959	1,959	1,959	1,959	1,959	1,959	1,959
固定運営費(税金・保険料)	(年額/千円)	110	110	110	110	110	110	110	110	110	110	110	110	110	110	110
固定運営費(税金・保険料以外)	(年額/千円)	180	180	180	180	180	180	180	180	180	180	180	180	180	180	180
入居者変更時諸経費・修繕費	(年額/千円)	125	125	125	125	125	125	125	125	125	125	125	125	125	125	125
借入返済	(年額/千円)	1,544	1,544	1,544	1,544	1,544	1,544	1,544	1,544	1,544	1,544	1,544	1,544	1,544	1,544	1,544
元本返済分	(年額/千円)	1,155	1,178	1,202	1,226	1,251	1,276	1,302	1,328	1,355	1,383	1,410	1,439	1,468	1,498	1,528
金利返済分	(年額/千円)	389	366	342	318	293	268	242	216	189	162	134	106	76	47	17
初年度支出 [A]	(年額/千円)	2,426	0	0	0	0	0	0	0	0	0	0	0	0	0	0
想定CF(単年)	(千円)	-2,009	393	369	345	321	297	273	249	225	201	177	153	129	105	81
想定CF(累積)	(千円)	-2,009	-1,617	-1,248	-903	-583	-286	-14	235	460	660	837	990	1,118	1,223	1,303
借入金残債(年度末時点)	(千円)	18,845	17,667	16,465	15,238	13,987	12,711	11,409	10,080	8,725	7,343	5,932	4,493	3,025	1,528	0

④損益計算シミュレーション（購入・賃貸）

		1	2	3	4	5	6	7	8	9	10	11	12	13	14	15
投資年数	(年目)	1	2	3	4	5	6	7	8	9	10	11	12	13	14	15
築年数	(年目)	5	6	7	8	9	10	11	12	13	14	15	16	17	18	19
本人年齢	(歳)	45	46	47	48	49	50	51	52	53	54	55	56	57	58	59
配偶者年齢	(歳)	43	44	45	46	47	48	49	50	51	52	53	54	55	56	57
子供年齢(1人目)	(歳)	18	19	20	21	22	23	24	25	26	27	28	29	30	31	32
子供年齢(2人目)	(歳)															
売上	(年額/千円)	2,376	2,352	2,328	2,304	2,280	2,256	2,232	2,208	2,184	2,160	2,136	2,112	2,088	2,064	2,040
満室時家賃	(年額/千円)	2,400	2,400	2,400	2,400	2,400	2,400	2,400	2,400	2,400	2,400	2,400	2,400	2,400	2,400	2,400
礼金・更新料	(年額/千円)	114	114	114	114	114	114	114	114	114	114	114	114	114	114	114
(空室期間相当額)	(年額/千円)	-114	-114	-114	-114	-114	-114	-114	-114	-114	-114	-114	-114	-114	-114	-114
(家賃下落相当額)	(年額/千円)	-24	-48	-72	-96	-120	-144	-168	-192	-216	-240	-264	-288	-312	-336	-360
費用	(年額/千円)	3,334	1,941	1,917	1,892	1,868	1,842	1,817	1,790	1,764	1,736	1,708	1,680	1,651	1,621	1,591
固定運営費(税金・保険料)	(年額/千円)	110	110	110	110	110	110	110	110	110	110	110	110	110	110	110
固定運営費(税金・保険料以外)	(年額/千円)	180	180	180	180	180	180	180	180	180	180	180	180	180	180	180
入居者変更時諸経費・修繕費	(年額/千円)	125	125	125	125	125	125	125	125	125	125	125	125	125	125	125
借入金利子	(年額/千円)	389	366	342	318	293	268	242	216	189	162	134	106	76	47	17
減価償却費	(年額/千円)	1,159	1,159	1,159	1,159	1,159	1,159	1,159	1,159	1,159	1,159	1,159	1,159	1,159	1,159	1,159
初年度費用 [B]	(千円)	1,370	0	0	0	0	0	0	0	0	0	0	0	0	0	0
想定損益(単年)	(千円)	-958	411	411	412	412	414	415	418	420	424	428	432	437	443	449
想定損益(累積)	(千円)	-958	-546	-135	276	689	1,102	1,518	1,935	2,356	2,779	3,207	3,639	4,076	4,519	4,968
＜参考＞簿価(建物等の分/年度末時点)	(千円)	19,545	18,385	17,226	16,066	14,907	13,747	12,588	11,429	10,269	9,110	7,950	6,791	5,631	4,472	3,313
＜参考＞簿価(土地の分/年度末時点)	(千円)	10,352	10,352	10,352	10,352	10,352	10,352	10,352	10,352	10,352	10,352	10,352	10,352	10,352	10,352	10,352

16	17	18	19	20	21	22	23	24	25	26	27	28	29	30	31	32	33	34	35	合計
20	21	22	23	24	25	26	27	28	29	30	31	32	33	34	35	36	37	38	39	
60	61	62	63	64	65	66	67	68	69	70	71	72	73	74	75	76	77	78	79	
58	59	60	61	62	63	64	65	66	67	68	69	70	71	72	73	74	75	76	77	
33	34	35	36	37	38	39	40	41	42	43	44	45	46	47	48	49	50	51	52	
2,016	1,992	1,968	1,944	1,920	1,896	1,872	1,848	1,824	1,800	1,776	1,752	1,728	1,704	1,680	1,656	1,632	1,608	1,584	1,560	68,880
2,400	2,400	2,400	2,400	2,400	2,400	2,400	2,400	2,400	2,400	2,400	2,400	2,400	2,400	2,400	2,400	2,400	2,400	2,400	2,400	84,000
114	114	114	114	114	114	114	114	114	114	114	114	114	114	114	114	114	114	114	114	4,000
-114	-114	-114	-114	-114	-114	-114	-114	-114	-114	-114	-114	-114	-114	-114	-114	-114	-114	-114	-114	-4,000
-384	-408	-432	-456	-480	-504	-528	-552	-576	-600	-624	-648	-672	-696	-720	-744	-768	-792	-816	-840	-15,120
415	415	415	415	415	415	415	415	415	415	415	415	415	415	415	415	415	415	415	415	40,116
110	110	110	110	110	110	110	110	110	110	110	110	110	110	110	110	110	110	110	110	3,850
180	180	180	180	180	180	180	180	180	180	180	180	180	180	180	180	180	180	180	180	6,300
125	125	125	125	125	125	125	125	125	125	125	125	125	125	125	125	125	125	125	125	4,373
0	0	0	0	0	0	0	0	0	0	0	0	0	0	0	0	0	0	0	0	23,166
0	0	0	0	0	0	0	0	0	0	0	0	0	0	0	0	0	0	0	0	20,000
0	0	0	0	0	0	0	0	0	0	0	0	0	0	0	0	0	0	0	0	3,166
0	0	0	0	0	0	0	0	0	0	0	0	0	0	0	0	0	0	0	0	2,426
1,601	1,577	1,553	1,529	1,505	1,481	1,457	1,433	1,409	1,385	1,361	1,337	1,313	1,289	1,265	1,241	1,217	1,193	1,169	1,145	28,764
2,904	4,481	6,035	7,564	9,069	10,550	12,007	13,440	14,849	16,234	17,595	18,932	20,245	21,534	22,799	24,040	25,257	26,450	27,619	28,764	-
0	0	0	0	0	0	0	0	0	0	0	0	0	0	0	0	0	0	0	0	-

16	17	18	19	20	21	22	23	24	25	26	27	28	29	30	31	32	33	34	35	合計
20	21	22	23	24	25	26	27	28	29	30	31	32	33	34	35	36	37	38	39	
60	61	62	63	64	65	66	67	68	69	70	71	72	73	74	75	76	77	78	79	
58	59	60	61	62	63	64	65	66	67	68	69	70	71	72	73	74	75	76	77	
33	34	35	36	37	38	39	40	41	42	43	44	45	46	47	48	49	50	51	52	
2,016	1,992	1,968	1,944	1,920	1,896	1,872	1,848	1,824	1,800	1,776	1,752	1,728	1,704	1,680	1,656	1,632	1,608	1,584	1,560	68,880
2,400	2,400	2,400	2,400	2,400	2,400	2,400	2,400	2,400	2,400	2,400	2,400	2,400	2,400	2,400	2,400	2,400	2,400	2,400	2,400	84,000
114	114	114	114	114	114	114	114	114	114	114	114	114	114	114	114	114	114	114	114	4,000
-114	-114	-114	-114	-114	-114	-114	-114	-114	-114	-114	-114	-114	-114	-114	-114	-114	-114	-114	-114	-4,000
-384	-408	-432	-456	-480	-504	-528	-552	-576	-600	-624	-648	-672	-696	-720	-744	-768	-792	-816	-840	-15,120
1,574	1,574	1,574	415	415	415	415	415	415	415	415	415	415	415	415	415	415	415	415	415	39,929
110	110	110	110	110	110	110	110	110	110	110	110	110	110	110	110	110	110	110	110	3,850
180	180	180	180	180	180	180	180	180	180	180	180	180	180	180	180	180	180	180	180	6,300
125	125	125	125	125	125	125	125	125	125	125	125	125	125	125	125	125	125	125	125	4,373
0	0	0	0	0	0	0	0	0	0	0	0	0	0	0	0	0	0	0	0	3,166
1,159	1,159	1,159	0	0	0	0	0	0	0	0	0	0	0	0	0	0	0	0	0	20,870
442	418	394	1,529	1,505	1,481	1,457	1,433	1,409	1,385	1,361	1,337	1,313	1,289	1,265	1,241	1,217	1,193	1,169	1,145	28,951
5,410	5,827	6,221	7,750	9,255	10,736	12,193	13,626	15,035	16,420	17,781	19,118	20,431	21,720	22,985	24,227	25,444	26,637	27,806	28,951	-
2,153	994	0	0	0	0	0	0	0	0	0	0	0	0	0	0	0	0	0	0	-
10,352	10,352	10,352	10,352	10,352	10,352	10,352	10,352	10,352	10,352	10,352	10,352	10,352	10,352	10,352	10,352	10,352	10,352	10,352	10,352	-

▼6-2.「償却金額：大、償却期間：長、償却率：低」の全体画面 ⑤-⑦

⑤CF計算シミュレーション（売却）

		1	2	3	4	5	6	7	8	9	10	11	12	13	14	15
投資年数	(年目)	1	2	3	4	5	6	7	8	9	10	11	12	13	14	15
築年数	(年目)	5	6	7	8	9	10	11	12	13	14	15	16	17	18	19
本人年齢	(歳)	45	46	47	48	49	50	51	52	53	54	55	56	57	58	59
配偶者年齢	(歳)	43	44	45	46	47	48	49	50	51	52	53	54	55	56	57
子供年齢(1人目)	(歳)	18	19	20	21	22	23	24	25	26	27	28	29	30	31	32
子供年齢(2人目)	(歳)															
収入	(千円)	25,000	25,000	25,000	25,000	25,000	25,000	25,000	25,000	25,000	25,000	25,000	25,000	25,000	25,000	25,000
売却価額	(千円)	25,000	25,000	25,000	25,000	25,000	25,000	25,000	25,000	25,000	25,000	25,000	25,000	25,000	25,000	25,000
支出	(千円)	19,736	18,558	17,356	16,129	14,878	13,602	12,300	10,971	9,616	8,234	6,823	5,384	3,916	2,419	891
売却時支出	(千円)	891	891	891	891	891	891	891	891	891	891	891	891	891	891	891
購入資金(借入金残償) C	(千円)	18,845	17,667	16,465	15,238	13,987	12,711	11,409	10,080	8,725	7,343	5,932	4,493	3,025	1,528	0
想定CF(売却時点)	(千円)	5,264	6,442	7,644	8,871	10,122	11,398	12,700	14,029	15,384	16,766	18,177	19,616	21,084	22,581	24,109

⑥損益計算シミュレーション（売却）

		1	2	3	4	5	6	7	8	9	10	11	12	13	14	15
投資年数	(年目)	1	2	3	4	5	6	7	8	9	10	11	12	13	14	15
築年数	(年目)	5	6	7	8	9	10	11	12	13	14	15	16	17	18	19
本人年齢	(歳)	45	46	47	48	49	50	51	52	53	54	55	56	57	58	59
配偶者年齢	(歳)	43	44	45	46	47	48	49	50	51	52	53	54	55	56	57
子供年齢(1人目)	(歳)	18	19	20	21	22	23	24	25	26	27	28	29	30	31	32
子供年齢(2人目)	(歳)															
売上	(千円)	25,000	25,000	25,000	25,000	25,000	25,000	25,000	25,000	25,000	25,000	25,000	25,000	25,000	25,000	25,000
売却価額	(千円)	25,000	25,000	25,000	25,000	25,000	25,000	25,000	25,000	25,000	25,000	25,000	25,000	25,000	25,000	25,000
費用	(千円)	30,788	29,628	28,469	27,309	26,150	24,990	23,831	22,672	21,512	20,353	19,193	18,034	16,874	15,715	14,556
取得費(売却時簿価)	(千円)	29,897	28,737	27,578	26,418	25,259	24,099	22,940	21,781	20,621	19,462	18,302	17,143	15,983	14,824	13,665
譲渡費用 D	(千円)	891	891	891	891	891	891	891	891	891	891	891	891	891	891	891
想定損益(売却時点)	(千円)	-5,788	-4,628	-3,469	-2,309	-1,150	10	1,169	2,328	3,488	4,647	5,807	6,966	8,126	9,285	10,444

⑦不動産投資の「本当の儲け」

		1	2	3	4	5	6	7	8	9	10	11	12	13	14	15
投資年数	(年目)	1	2	3	4	5	6	7	8	9	10	11	12	13	14	15
築年数	(年目)	5	6	7	8	9	10	11	12	13	14	15	16	17	18	19
本人年齢	(歳)	45	46	47	48	49	50	51	52	53	54	55	56	57	58	59
配偶者年齢	(歳)	43	44	45	46	47	48	49	50	51	52	53	54	55	56	57
子供年齢(1人目)	(歳)	18	19	20	21	22	23	24	25	26	27	28	29	30	31	32
子供年齢(2人目)	(歳)															
購入・賃貸時																
給与収入	(千円)	8,000	8,000	8,000	8,000	8,000	8,000	8,000	8,000	8,000	8,000	8,000	8,000	8,000	8,000	8,000
課税所得金額(給与のみ)	(千円)	4,620	4,620	4,620	4,620	4,620	4,620	4,620	4,620	4,620	4,620	4,620	4,620	4,620	4,620	4,620
所得税・住民税合算税率(給与のみ)		30.42%	30.42%	30.42%	30.42%	30.42%	30.42%	30.42%	30.42%	30.42%	30.42%	30.42%	30.42%	30.42%	30.42%	30.42%
所得税・住民税合算税額(給与のみ)	(千円)	969	969	969	969	969	969	969	969	969	969	969	969	969	969	969
不動産投資の想定CF(単年)	(千円)	-2,009	393	369	345	321	297	273	249	225	201	177	153	129	105	81
不動産投資の想定損益(単年)	(千円)	-958	411	412	412	412	414	415	418	420	424	428	432	437	443	449
課税総所得金額	(千円)	3,662	5,031	5,031	5,032	5,032	5,034	5,035	5,038	5,040	5,044	5,048	5,052	5,057	5,063	5,069
所得税・住民税合算税率		30.42%	30.42%	30.42%	30.42%	30.42%	30.42%	30.42%	30.42%	30.42%	30.42%	30.42%	30.42%	30.42%	30.42%	30.42%
所得税・住民税合算税額控除額	(千円)	436	436	436	436	436	436	436	436	436	436	436	436	436	436	436
所得税・住民税合算税額(不動産投資のみ) E	(千円)	-291	125	125	125	125	126	126	127	128	129	130	131	133	135	137
不動産投資の「本当の儲け」(単年)	(千円)	-1,718	267	244	219	195	171	146	122	97	72	47	21	-4	-30	-56
不動産投資の「本当の儲け」(累積)	(千円)	-1,718	-1,451	-1,207	-988	-792	-622	-475	-354	-257	-185	-139	-117	-122	-152	-208
売却時	(千円)															
不動産投資の想定CF	(千円)	5,264	6,442	7,644	8,871	10,122	11,398	12,700	14,029	15,384	16,766	18,177	19,616	21,084	22,581	24,109
不動産投資の想定損益	(千円)	-5,788	-4,628	-3,469	-2,309	-1,150	10	1,169	2,328	3,488	4,647	5,807	6,966	8,126	9,285	10,444
所得税・住民税合算税率	(千円)	39.63%	39.63%	39.63%	39.63%	39.63%	20.32%	20.32%	20.32%	20.32%	20.32%	20.32%	20.32%	20.32%	20.32%	20.32%
所得税・住民税合算税金額	(千円)	0	0	0	0	0	2	237	473	709	944	1,180	1,415	1,651	1,886	2,122
不動産投資の「本当の儲け」 F	(千円)	5,264	6,442	7,644	8,871	10,122	11,396	12,463	13,556	14,675	15,822	16,997	18,200	19,433	20,695	21,987
不動産投資の「本当の儲け」(TOTAL)	(千円)	3,546	4,992	6,437	7,883	9,329	10,775	11,987	13,202	14,418	15,637	16,858	18,083	19,311	20,543	21,779

16	17	18	19	20	21	22	23	24	25	26	27	28	29	30	31	32	33	34	35
20	21	22	23	24	25	26	27	28	29	30	31	32	33	34	35	36	37	38	39
60	61	62	63	64	65	66	67	68	69	70	71	72	73	74	75	76	77	78	79
58	59	60	61	62	63	64	65	66	67	68	69	70	71	72	73	74	75	76	77
33	34	35	36	37	38	39	40	41	42	43	44	45	46	47	48	49	50	51	52
25,000	25,000	25,000	25,000	25,000	25,000	25,000	25,000	25,000	25,000	25,000	25,000	25,000	25,000	25,000	25,000	25,000	25,000	25,000	25,000
25,000	25,000	25,000	25,000	25,000	25,000	25,000	25,000	25,000	25,000	25,000	25,000	25,000	25,000	25,000	25,000	25,000	25,000	25,000	25,000
891	891	891	891	891	891	891	891	891	891	891	891	891	891	891	891	891	891	891	891
891	891	891	891	891	891	891	891	891	891	891	891	891	891	891	891	891	891	891	891
0	0	0	0	0	0	0	0	0	0	0	0	0	0	0	0	0	0	0	0
24,109	24,109	24,109	24,109	24,109	24,109	24,109	24,109	24,109	24,109	24,109	24,109	24,109	24,109	24,109	24,109	24,109	24,109	24,109	24,109

16	17	18	19	20	21	22	23	24	25	26	27	28	29	30	31	32	33	34	35
20	21	22	23	24	25	26	27	28	29	30	31	32	33	34	35	36	37	38	39
60	61	62	63	64	65	66	67	68	69	70	71	72	73	74	75	76	77	78	79
58	59	60	61	62	63	64	65	66	67	68	69	70	71	72	73	74	75	76	77
33	34	35	36	37	38	39	40	41	42	43	44	45	46	47	48	49	50	51	52
25,000	25,000	25,000	25,000	25,000	25,000	25,000	25,000	25,000	25,000	25,000	25,000	25,000	25,000	25,000	25,000	25,000	25,000	25,000	25,000
25,000	25,000	25,000	25,000	25,000	25,000	25,000	25,000	25,000	25,000	25,000	25,000	25,000	25,000	25,000	25,000	25,000	25,000	25,000	25,000
13,396	12,237	11,243	11,243	11,243	11,243	11,243	11,243	11,243	11,243	11,243	11,243	11,243	11,243	11,243	11,243	11,243	11,243	11,243	11,243
12,505	11,346	10,352	10,352	10,352	10,352	10,352	10,352	10,352	10,352	10,352	10,352	10,352	10,352	10,352	10,352	10,352	10,352	10,352	10,352
891	891	891	891	891	891	891	891	891	891	891	891	891	891	891	891	891	891	891	891
11,604	12,763	13,757	13,757	13,757	13,757	13,757	13,757	13,757	13,757	13,757	13,757	13,757	13,757	13,757	13,757	13,757	13,757	13,757	13,757

16	17	18	19	20	21	22	23	24	25	26	27	28	29	30	31	32	33	34	35
20	21	22	23	24	25	26	27	28	29	30	31	32	33	34	35	36	37	38	39
60	61	62	63	64	65	66	67	68	69	70	71	72	73	74	75	76	77	78	79
58	59	60	61	62	63	64	65	66	67	68	69	70	71	72	73	74	75	76	77
33	34	35	36	37	38	39	40	41	42	43	44	45	46	47	48	49	50	51	52
8,000	8,000	8,000	8,000	8,000	8,000	8,000	8,000	8,000	8,000	8,000	8,000	8,000	8,000	8,000	8,000	8,000	8,000		
4,620	4,620	4,620	4,620	4,620	4,620	4,620	4,620	4,620	4,620	4,620	4,620	4,620	4,620	4,620	4,620	4,620	4,620		
30.42%	30.42%	30.42%	30.42%	30.42%	30.42%	30.42%	30.42%	30.42%	30.42%	30.42%	30.42%	30.42%	30.42%	30.42%	30.42%	30.42%	30.42%		
969	969	969	969	969	969	969	969	969	969	969	969	969	969	969	969	969	969		
1,601	1,577	1,553	1,529	1,505	1,481	1,457	1,433	1,409	1,385	1,361	1,337	1,313	1,289	1,265	1,241	1,217	1,193	1,169	1,145
442	418	394	1,529	1,505	1,481	1,457	1,433	1,409	1,385	1,361	1,337	1,313	1,289	1,265	1,241	1,217	1,193	1,169	1,145
5,062	5,038	5,014	6,149	6,125	6,101	6,077	6,053	6,029	6,005	5,981	5,957	5,933	5,909	5,885	5,861	5,837	5,813	5,789	5,765
30.42%	30.42%	30.42%	30.42%	30.42%	30.42%	30.42%	30.42%	30.42%	30.42%	30.42%	30.42%	30.42%	30.42%	30.42%	30.42%	30.42%	30.42%	30.42%	30.42%
436	436	436	436	436	436	436	436	436	436	436	436	436	436	436	436	436	436	436	436
1,103	1,096	1,089	1,434	1,427	1,419	1,412	1,405	1,398	1,390	1,383	1,376	1,368	1,361	1,354	1,346	1,339	1,332	1,325	1,317
134	127	120	465	458	451	443	436	429	421	414	407	399	392	385	378	370	363	356	348
1,467	1,450	1,433	1,064	1,047	1,031	1,014	997	980	964	947	930	914	897	880	864	847	830	813	797
1,259	2,709	4,142	5,206	6,253	7,284	8,298	9,295	10,275	11,239	12,186	13,116	14,030	14,927	15,807	16,670	17,517	18,347	19,161	19,958
24,109	24,109	24,109	24,109	24,109	24,109	24,109	24,109	24,109	24,109	24,109	24,109	24,109	24,109	24,109	24,109	24,109	24,109	24,109	24,109
11,604	12,763	13,757	13,757	13,757	13,757	13,757	13,757	13,757	13,757	13,757	13,757	13,757	13,757	13,757	13,757	13,757	13,757	13,757	13,757
20.32%	20.32%	20.32%	20.32%	20.32%	20.32%	20.32%	20.32%	20.32%	20.32%	20.32%	20.32%	20.32%	20.32%	20.32%	20.32%	20.32%	20.32%	20.32%	20.32%
2,357	2,593	2,795	2,795	2,795	2,795	2,795	2,795	2,795	2,795	2,795	2,795	2,795	2,795	2,795	2,795	2,795	2,795	2,795	2,795
21,752	21,516	21,314	21,314	21,314	21,314	21,314	21,314	21,314	21,314	21,314	21,314	21,314	21,314	21,314	21,314	21,314	21,314	21,314	21,314
23,011	24,225	25,456	26,520	27,568	28,598	29,612	30,609	31,589	32,553	33,500	34,430	35,344	36,241	37,121	37,985	38,832	39,662	40,475	41,272

▼6-3.「償却金額：大、償却期間：短、償却率：高」の全体画面 ①-④

9.収益計算シミュレーションの試算結果シート

①物件名称
中川ホーム

②購入条件

必要購入資金	32,426,000 円
物件価格	30,000,000 円
取得時支出（取得価額）	1,056,000 円
取得時支出・費用（初年度計上）	1,370,000 円
購入資金	35,000,000 円
投下可能自己資金	15,000,000 円
借入予定金額	20,000,000 円
購入後の自己資金余力	2,574,000 円

<参考情報>

表面利回り	8.0%
実質利回り	7.4%

③CF計算シミュレーション（購入・賃貸）

		1	2	3	4	5	6	7	8	9	10	11	12	13	14	15
投資年数	(年目)	1	2	3	4	5	6	7	8	9	10	11	12	13	14	15
築年数	(年目)	20	21	22	23	24	25	26	27	28	29	30	31	32	33	34
本人年齢	(歳)	45	46	47	48	49	50	51	52	53	54	55	56	57	58	59
配偶者年齢	(歳)	43	44	45	46	47	48	49	50	51	52	53	54	55	56	57
子供年齢(1人目)	(歳)	18	19	20	21	22	23	24	25	26	27	28	29	30	31	32
子供年齢(2人目)	(歳)															
収入		2,376	2,352	2,328	2,304	2,280	2,256	2,232	2,208	2,184	2,160	2,136	2,112	2,088	2,064	2,040
満室時家賃	(年額/千円)	2,400	2,400	2,400	2,400	2,400	2,400	2,400	2,400	2,400	2,400	2,400	2,400	2,400	2,400	2,400
礼金・更新料	(年額/千円)	114	114	114	114	114	114	114	114	114	114	114	114	114	114	114
(空室期間相当額)	(年額/千円)	-114	-114	-114	-114	-114	-114	-114	-114	-114	-114	-114	-114	-114	-114	-114
(家賃下落相当額)	(年額/千円)	-24	-48	-72	-96	-120	-144	-168	-192	-216	-240	-264	-288	-312	-336	-360
支出		4,385	1,959	1,959	1,959	1,959	1,959	1,959	1,959	1,959	1,959	1,959	1,959	1,959	1,959	1,959
固定運営費(税金・保険料)	(年額/千円)	110	110	110	110	110	110	110	110	110	110	110	110	110	110	110
固定運営費(税金・保険料以外)	(年額/千円)	180	180	180	180	180	180	180	180	180	180	180	180	180	180	180
入居者変更時諸経費・修繕費	(年額/千円)	125	125	125	125	125	125	125	125	125	125	125	125	125	125	125
借入返済	(年額/千円)	1,544	1,544	1,544	1,544	1,544	1,544	1,544	1,544	1,544	1,544	1,544	1,544	1,544	1,544	1,544
元本返済分	(年額/千円)	1,155	1,178	1,202	1,226	1,251	1,276	1,302	1,328	1,355	1,383	1,410	1,439	1,468	1,498	1,528
金利返済分	(年額/千円)	389	366	342	318	293	268	242	216	189	162	134	106	76	47	17
初年度支出	(年額/千円)	2,426	0	0	0	0	0	0	0	0	0	0	0	0	0	0
想定CF（単年） **G**	(千円)	-2,009	393	369	345	321	297	273	249	225	201	177	153	129	105	81
想定CF（累積）	(千円)	-2,009	-1,617	-1,248	-903	-583	-286	-14	235	460	660	837	990	1,118	1,223	1,303
<参考>借入金残債(年度末時点)		18,845	17,667	16,465	15,238	13,987	12,711	11,409	10,080	8,725	7,343	5,932	4,493	3,025	1,528	0

④損益計算シミュレーション（購入・賃貸）

		1	2	3	4	5	6	7	8	9	10	11	12	13	14	15
投資年数	(年目)	1	2	3	4	5	6	7	8	9	10	11	12	13	14	15
築年数	(年目)	20	21	22	23	24	25	26	27	28	29	30	31	32	33	34
本人年齢	(歳)	45	46	47	48	49	50	51	52	53	54	55	56	57	58	59
配偶者年齢	(歳)	43	44	45	46	47	48	49	50	51	52	53	54	55	56	57
子供年齢(1人目)	(歳)	18	19	20	21	22	23	24	25	26	27	28	29	30	31	32
子供年齢(2人目)	(歳)															
売上		2,376	2,352	2,328	2,304	2,280	2,256	2,232	2,208	2,184	2,160	2,136	2,112	2,088	2,064	2,040
満室時家賃	(年額/千円)	2,400	2,400	2,400	2,400	2,400	2,400	2,400	2,400	2,400	2,400	2,400	2,400	2,400	2,400	2,400
礼金・更新料	(年額/千円)	114	114	114	114	114	114	114	114	114	114	114	114	114	114	114
(空室期間相当額)	(年額/千円)	-114	-114	-114	-114	-114	-114	-114	-114	-114	-114	-114	-114	-114	-114	-114
(家賃下落相当額)	(年額/千円)	-24	-48	-72	-96	-120	-144	-168	-192	-216	-240	-264	-288	-312	-336	-360
費用		5,632	4,239	4,215	4,191	4,166	4,141	657	631	604	577	549	520	491	462	432
固定運営費(税金・保険料)	(年額/千円)	110	110	110	110	110	110	110	110	110	110	110	110	110	110	110
固定運営費(税金・保険料以外)	(年額/千円)	180	180	180	180	180	180	180	180	180	180	180	180	180	180	180
入居者変更時諸経費・修繕費	(年額/千円)	125	125	125	125	125	125	125	125	125	125	125	125	125	125	125
借入金利子 **I**	(年額/千円)	389	366	342	318	293	268	242	216	189	162	134	106	76	47	17
減価償却費	(年額/千円)	3,458	3,458	3,458	3,458	3,458	3,458	0	0	0	0	0	0	0	0	0
初年度費用 **H**	(年額/千円)	1,370	0	0	0	0	0	0	0	0	0	0	0	0	0	0
想定損益（単年）	(千円)	-3,256	-1,887	-1,887	-1,887	-1,886	-1,885	1,575	1,577	1,580	1,583	1,587	1,592	1,597	1,602	1,608
想定損益（累積）	(千円)	-3,256	-5,143	-7,030	-8,916	-10,802	-12,687	-11,112	-9,535	-7,955	-6,372	-4,785	-3,193	-1,597	6	1,614
<参考>簿価(建物の分/年度末時点)	(千円)	17,246	13,789	10,331	6,874	3,416										
<参考>簿価(土地の分/年度末時点)	(千円)	10,352	10,352	10,352	10,352	10,352	10,352	10,352	10,352	10,352	10,352	10,352	10,352	10,352	10,352	10,352

16	17	18	19	20	21	22	23	24	25	26	27	28	29	30	31	32	33	34	35	合計
35	36	37	38	39	40	41	42	43	44	45	46	47	48	49	50	51	52	53	54	
60	61	62	63	64	65	66	67	68	69	70	71	72	73	74	75	76	77	78	79	
58	59	60	61	62	63	64	65	66	67	68	69	70	71	72	73	74	75	76	77	
33	34	35	36	37	38	39	40	41	42	43	44	45	46	47	48	49	50	51	52	
2,016	1,992	1,968	1,944	1,920	1,896	1,872	1,848	1,824	1,800	1,776	1,752	1,728	1,704	1,680	1,656	1,632	1,608	1,584	1,560	68,880
2,400	2,400	2,400	2,400	2,400	2,400	2,400	2,400	2,400	2,400	2,400	2,400	2,400	2,400	2,400	2,400	2,400	2,400	2,400	2,400	84,000
114	114	114	114	114	114	114	114	114	114	114	114	114	114	114	114	114	114	114	114	4,000
-114	-114	-114	-114	-114	-114	-114	-114	-114	-114	-114	-114	-114	-114	-114	-114	-114	-114	-114	-114	-4,000
-384	-408	-432	-456	-480	-504	-528	-552	-576	-600	-624	-648	-672	-696	-720	-744	-768	-792	-816	-840	-15,120
415	415	415	415	415	415	415	415	415	415	415	415	415	415	415	415	415	415	415	415	40,116
110	110	110	110	110	110	110	110	110	110	110	110	110	110	110	110	110	110	110	110	3,850
180	180	180	180	180	180	180	180	180	180	180	180	180	180	180	180	180	180	180	180	6,300
125	125	125	125	125	125	125	125	125	125	125	125	125	125	125	125	125	125	125	125	4,373
0	0	0	0	0	0	0	0	0	0	0	0	0	0	0	0	0	0	0	0	23,166
0	0	0	0	0	0	0	0	0	0	0	0	0	0	0	0	0	0	0	0	20,000
0	0	0	0	0	0	0	0	0	0	0	0	0	0	0	0	0	0	0	0	3,166
0	0	0	0	0	0	0	0	0	0	0	0	0	0	0	0	0	0	0	0	2,426
1,601	1,577	1,553	1,529	1,505	1,481	1,457	1,433	1,409	1,385	1,361	1,337	1,313	1,289	1,265	1,241	1,217	1,193	1,169	1,145	28,764
2,904	4,481	6,035	7,564	9,069	10,550	12,007	13,440	14,849	16,234	17,595	18,932	20,245	21,534	22,799	24,040	25,257	26,450	27,619	28,764	—
0	0	0	0	0	0	0	0	0	0	0	0	0	0	0	0	0	0	0	0	

16	17	18	19	20	21	22	23	24	25	26	27	28	29	30	31	32	33	34	35	合計
35	36	37	38	39	40	41	42	43	44	45	46	47	48	49	50	51	52	53	54	
60	61	62	63	64	65	66	67	68	69	70	71	72	73	74	75	76	77	78	79	
58	59	60	61	62	63	64	65	66	67	68	69	70	71	72	73	74	75	76	77	
33	34	35	36	37	38	39	40	41	42	43	44	45	46	47	48	49	50	51	52	
2,016	1,992	1,968	1,944	1,920	1,896	1,872	1,848	1,824	1,800	1,776	1,752	1,728	1,704	1,680	1,656	1,632	1,608	1,584	1,560	68,880
2,400	2,400	2,400	2,400	2,400	2,400	2,400	2,400	2,400	2,400	2,400	2,400	2,400	2,400	2,400	2,400	2,400	2,400	2,400	2,400	84,000
114	114	114	114	114	114	114	114	114	114	114	114	114	114	114	114	114	114	114	114	4,000
-114	-114	-114	-114	-114	-114	-114	-114	-114	-114	-114	-114	-114	-114	-114	-114	-114	-114	-114	-114	-4,000
-384	-408	-432	-456	-480	-504	-528	-552	-576	-600	-624	-648	-672	-696	-720	-744	-768	-792	-816	-840	-15,120
415	415	415	415	415	415	415	415	415	415	415	415	415	415	415	415	415	415	415	415	39,805
110	110	110	110	110	110	110	110	110	110	110	110	110	110	110	110	110	110	110	110	3,850
180	180	180	180	180	180	180	180	180	180	180	180	180	180	180	180	180	180	180	180	6,300
125	125	125	125	125	125	125	125	125	125	125	125	125	125	125	125	125	125	125	125	4,373
0	0	0	0	0	0	0	0	0	0	0	0	0	0	0	0	0	0	0	0	3,166
0	0	0	0	0	0	0	0	0	0	0	0	0	0	0	0	0	0	0	0	20,745
0	0	0	0	0	0	0	0	0	0	0	0	0	0	0	0	0	0	0	0	2,426
1,601	1,577	1,553	1,529	1,505	1,481	1,457	1,433	1,409	1,385	1,361	1,337	1,313	1,289	1,265	1,241	1,217	1,193	1,169	1,145	29,075
3,215	4,792	6,345	7,874	9,379	10,860	12,317	13,750	15,159	16,544	17,906	19,243	20,556	21,845	23,110	24,351	25,568	26,761	27,930	29,075	—
0	0	0	0	0	0	0	0	0	0	0	0	0	0	0	0	0	0	0	0	
10,352	10,352	10,352	10,352	10,352	10,352	10,352	10,352	10,352	10,352	10,352	10,352	10,352	10,352	10,352	10,352	10,352	10,352	10,352	10,352	—

▼6-3.「償却金額：大、償却期間：短、償却率：高」の全体画面 ⑤-⑦

⑤CF計算シミュレーション（売却）

		1	2	3	4	5	6	7	8	9	10	11	12	13	14	15
投資年数	(年目)	1	2	3	4	5	6	7	8	9	10	11	12	13	14	15
築年数	(年目)	20	21	22	23	24	25	26	27	28	29	30	31	32	33	34
本人年齢	(歳)	45	46	47	48	49	50	51	52	53	54	55	56	57	58	59
配偶者年齢	(歳)	43	44	45	46	47	48	49	50	51	52	53	54	55	56	57
子供年齢(1人目)	(歳)	18	19	20	21	22	23	24	25	26	27	28	29	30	31	32
子供年齢(2人目)	(歳)															
収入	(千円)	25,000	25,000	25,000	25,000	25,000	25,000	25,000	25,000	25,000	25,000	25,000	25,000	25,000	25,000	25,000
売却価額	(千円)	25,000	25,000	25,000	25,000	25,000	25,000	25,000	25,000	25,000	25,000	25,000	25,000	25,000	25,000	25,000
支出	(千円)	19,736	18,558	17,356	16,129	14,878	13,602	12,300	10,971	9,616	8,234	6,823	5,384	3,916	2,419	891
売却時支出	(千円)	891	891	891	891	891	891	891	891	891	891	891	891	891	891	891
購入資金(借入金残債)	(千円) J	18,845	17,667	16,465	15,238	13,987	12,711	11,409	10,080	8,725	7,343	5,932	4,493	3,025	1,528	0
想定CF(売却時点)	(千円)	5,264	6,442	7,644	8,871	10,122	11,398	12,700	14,029	15,384	16,766	18,177	19,616	21,084	22,581	24,109

⑥損益計算シミュレーション（売却）

		1	2	3	4	5	6	7	8	9	10	11	12	13	14	15
投資年数	(年目)	1	2	3	4	5	6	7	8	9	10	11	12	13	14	15
築年数	(年目)	20	21	22	23	24	25	26	27	28	29	30	31	32	33	34
本人年齢	(歳)	45	46	47	48	49	50	51	52	53	54	55	56	57	58	59
配偶者年齢	(歳)	43	44	45	46	47	48	49	50	51	52	53	54	55	56	57
子供年齢(1人目)	(歳)	18	19	20	21	22	23	24	25	26	27	28	29	30	31	32
子供年齢(2人目)	(歳)															
売上	(千円)	25,000	25,000	25,000	25,000	25,000	25,000	25,000	25,000	25,000	25,000	25,000	25,000	25,000	25,000	25,000
売却価額	(千円)	25,000	25,000	25,000	25,000	25,000	25,000	25,000	25,000	25,000	25,000	25,000	25,000	25,000	25,000	25,000
費用	(千円)	28,489	25,032	21,574	18,117	14,659	11,243	11,243	11,243	11,243	11,243	11,243	11,243	11,243	11,243	11,243
取得費(売却時簿価)	(千円)	27,598	24,141	20,683	17,226	13,768	10,352	10,352	10,352	10,352	10,352	10,352	10,352	10,352	10,352	10,352
譲渡費用	(千円) K	891	891	891	891	891	891	891	891	891	891	891	891	891	891	891
想定損益(売却時点)	(千円)	-3,489	-32	3,426	6,883	10,341	13,757	13,757	13,757	13,757	13,757	13,757	13,757	13,757	13,757	13,757

⑦不動産投資の「本当の儲け」

		1	2	3	4	5	6	7	8	9	10	11	12	13	14	15
投資年数	(年目)	1	2	3	4	5	6	7	8	9	10	11	12	13	14	15
築年数	(年目)	20	21	22	23	24	25	26	27	28	29	30	31	32	33	34
本人年齢	(歳)	45	46	47	48	49	50	51	52	53	54	55	56	57	58	59
配偶者年齢	(歳)	43	44	45	46	47	48	49	50	51	52	53	54	55	56	57
子供年齢(1人目)	(歳)	18	19	20	21	22	23	24	25	26	27	28	29	30	31	32
子供年齢(2人目)	(歳)															
購入・賃貸時																
給与収入	(千円)	8,000	8,000	8,000	8,000	8,000	8,000	8,000	8,000	8,000	8,000	8,000	8,000	8,000	8,000	8,000
課税所得金額(給与のみ)	(千円)	4,620	4,620	4,620	4,620	4,620	4,620	4,620	4,620	4,620	4,620	4,620	4,620	4,620	4,620	4,620
所得税・住民税率(給与のみ)		30.42%	30.42%	30.42%	30.42%	30.42%	30.42%	30.42%	30.42%	30.42%	30.42%	30.42%	30.42%	30.42%	30.42%	30.42%
所得税・住民税額(給与のみ)	(千円) L	969	969	969	969	969	969	969	969	969	969	969	969	969	969	969
不動産投資の想定CF(単年)	(千円)	-2,009	393	369	345	321	297	273	249	225	201	177	153	129	105	81
不動産投資の想定損益(単年)	(千円)	-3,256	-1,887	-1,887	-1,887	-1,886	-1,885	1,575	1,577	1,580	1,583	1,587	1,592	1,597	1,602	1,608
課税総所得金額	(千円)	1,364	2,733	2,733	2,733	2,734	2,735	6,195	6,197	6,200	6,203	6,207	6,212	6,217	6,222	6,228
所得税・住民税合算税率		15.11%	20.21%	20.21%	20.21%	20.21%	20.21%	30.42%	30.42%	30.42%	30.42%	30.42%	30.42%	30.42%	30.42%	30.42%
所得税・住民税合算控除額	(千円)	0	100	100	100	100	100	436	436	436	436	436	436	436	436	436
所得税・住民税合算税額	(千円)	206	453	453	453	453	453	1,448	1,449	1,451	1,452	1,453	1,455	1,456	1,458	
不動産投資の「本当の儲け」(単年)	(千円)	-763	-516	-516	-516	-516	-516	479	480	481	482	483	484	486	487	489
不動産投資の「本当の儲け」(単年)	(千円)	-1,246	909	885	861	837	812	-206	-231	-256	-281	-306	-332	-357	-383	-409
不動産投資の「本当の儲け」(累積)	(千円)	-1,246	-338	547	1,408	2,244	3,056	2,850	2,619	2,363	2,082	1,776	1,444	1,087	705	296
売却時																
不動産投資の想定CF	(千円)	5,264	6,442	7,644	8,871	10,122	11,398	12,700	14,029	15,384	16,766	18,177	19,616	21,084	22,581	24,109
不動産投資の想定損益	(千円)	-3,489	-32	3,426	6,883	10,341	13,757	13,757	13,757	13,757	13,757	13,757	13,757	13,757	13,757	13,757
所得税・住民税合算税率		39.63%	39.63%	39.63%	39.63%	39.63%	20.32%	20.32%	20.32%	20.32%	20.32%	20.32%	20.32%	20.32%	20.32%	20.32%
所得税・住民税合算税額	(千円)	0	0	1,358	2,728	4,098	2,795	2,795	2,795	2,795	2,795	2,795	2,795	2,795	2,795	2,795
不動産投資の「本当の儲け」	(千円)	5,264	6,442	6,287	6,143	6,024	8,603	9,905	11,234	12,589	13,972	15,382	16,821	18,289	19,786	21,314
不動産投資の「本当の儲け」(TOTAL)	(千円)	4,017	6,104	6,834	7,550	8,268	11,660	12,755	13,853	14,952	16,054	17,158	18,265	19,376	20,491	21,610

16	17	18	19	20	21	22	23	24	25	26	27	28	29	30	31	32	33	34	35
35	36	37	38	39	40	41	42	43	44	45	46	47	48	49	50	51	52	53	54
60	61	62	63	64	65	66	67	68	69	70	71	72	73	74	75	76	77	78	79
58	59	60	61	62	63	64	65	66	67	68	69	70	71	72	73	74	75	76	77
33	34	35	36	37	38	39	40	41	42	43	44	45	46	47	48	49	50	51	52
25,000	25,000	25,000	25,000	25,000	25,000	25,000	25,000	25,000	25,000	25,000	25,000	25,000	25,000	25,000	25,000	25,000	25,000	25,000	25,000
25,000	25,000	25,000	25,000	25,000	25,000	25,000	25,000	25,000	25,000	25,000	25,000	25,000	25,000	25,000	25,000	25,000	25,000	25,000	25,000
891	891	891	891	891	891	891	891	891	891	891	891	891	891	891	891	891	891	891	891
891	891	891	891	891	891	891	891	891	891	891	891	891	891	891	891	891	891	891	891
0	0	0	0	0	0	0	0	0	0	0	0	0	0	0	0	0	0	0	0
24,109	24,109	24,109	24,109	24,109	24,109	24,109	24,109	24,109	24,109	24,109	24,109	24,109	24,109	24,109	24,109	24,109	24,109	24,109	24,109

16	17	18	19	20	21	22	23	24	25	26	27	28	29	30	31	32	33	34	35
35	36	37	38	39	40	41	42	43	44	45	46	47	48	49	50	51	52	53	54
60	61	62	63	64	65	66	67	68	69	70	71	72	73	74	75	76	77	78	79
58	59	60	61	62	63	64	65	66	67	68	69	70	71	72	73	74	75	76	77
33	34	35	36	37	38	39	40	41	42	43	44	45	46	47	48	49	50	51	52
25,000	25,000	25,000	25,000	25,000	25,000	25,000	25,000	25,000	25,000	25,000	25,000	25,000	25,000	25,000	25,000	25,000	25,000	25,000	25,000
25,000	25,000	25,000	25,000	25,000	25,000	25,000	25,000	25,000	25,000	25,000	25,000	25,000	25,000	25,000	25,000	25,000	25,000	25,000	25,000
11,243	11,243	11,243	11,243	11,243	11,243	11,243	11,243	11,243	11,243	11,243	11,243	11,243	11,243	11,243	11,243	11,243	11,243	11,243	11,243
10,352	10,352	10,352	10,352	10,352	10,352	10,352	10,352	10,352	10,352	10,352	10,352	10,352	10,352	10,352	10,352	10,352	10,352	10,352	10,352
891	891	891	891	891	891	891	891	891	891	891	891	891	891	891	891	891	891	891	891
13,757	13,757	13,757	13,757	13,757	13,757	13,757	13,757	13,757	13,757	13,757	13,757	13,757	13,757	13,757	13,757	13,757	13,757	13,757	13,757

16	17	18	19	20	21	22	23	24	25	26	27	28	29	30	31	32	33	34	35
35	36	37	38	39	40	41	42	43	44	45	46	47	48	49	50	51	52	53	54
60	61	62	63	64	65	66	67	68	69	70	71	72	73	74	75	76	77	78	79
58	59	60	61	62	63	64	65	66	67	68	69	70	71	72	73	74	75	76	77
33	34	35	36	37	38	39	40	41	42	43	44	45	46	47	48	49	50	51	52
8,000	8,000	8,000	8,000	8,000	8,000	8,000	8,000	8,000	8,000	8,000	8,000	8,000	8,000	8,000	8,000	8,000	8,000	8,000	8,000
4,620	4,620	4,620	4,620	4,620	4,620	4,620	4,620	4,620	4,620	4,620	4,620	4,620	4,620	4,620	4,620	4,620	4,620	4,620	4,620
30.42%	30.42%	30.42%	30.42%	30.42%	30.42%	30.42%	30.42%	30.42%	30.42%	30.42%	30.42%	30.42%	30.42%	30.42%	30.42%	30.42%	30.42%	30.42%	30.42%
969	969	969	969	969	969	969	969	969	969	969	969	969	969	969	969	969	969	969	969
1,601	1,577	1,553	1,529	1,505	1,481	1,457	1,433	1,409	1,385	1,361	1,337	1,313	1,289	1,265	1,241	1,217	1,193	1,169	1,145
1,601	1,577	1,553	1,529	1,505	1,481	1,457	1,433	1,409	1,385	1,361	1,337	1,313	1,289	1,265	1,241	1,217	1,193	1,169	1,145
6,221	6,197	6,173	6,149	6,125	6,101	6,077	6,053	6,029	6,005	5,981	5,957	5,933	5,909	5,885	5,861	5,837	5,813	5,789	5,765
30.42%	30.42%	30.42%	30.42%	30.42%	30.42%	30.42%	30.42%	30.42%	30.42%	30.42%	30.42%	30.42%	30.42%	30.42%	30.42%	30.42%	30.42%	30.42%	30.42%
436	436	436	436	436	436	436	436	436	436	436	436	436	436	436	436	436	436	436	436
1,456	1,449	1,441	1,434	1,427	1,419	1,412	1,405	1,398	1,390	1,383	1,376	1,368	1,361	1,354	1,346	1,339	1,332	1,325	1,317
487	480	472	465	458	451	443	436	429	421	414	407	399	392	385	378	370	363	356	348
1,114	1,097	1,081	1,064	1,047	1,031	1,014	997	980	964	947	930	914	897	880	864	847	830	813	797
1,410	2,507	3,588	4,652	5,699	6,729	7,743	8,740	9,721	10,684	11,631	12,562	13,475	14,372	15,253	16,116	16,963	17,793	18,606	19,403
24,109	24,109	24,109	24,109	24,109	24,109	24,109	24,109	24,109	24,109	24,109	24,109	24,109	24,109	24,109	24,109	24,109	24,109	24,109	24,109
13,757	13,757	13,757	13,757	13,757	13,757	13,757	13,757	13,757	13,757	13,757	13,757	13,757	13,757	13,757	13,757	13,757	13,757	13,757	13,757
20.32%	20.32%	20.32%	20.32%	20.32%	20.32%	20.32%	20.32%	20.32%	20.32%	20.32%	20.32%	20.32%	20.32%	20.32%	20.32%	20.32%	20.32%	20.32%	20.32%
2,795	2,795	2,795	2,795	2,795	2,795	2,795	2,795	2,795	2,795	2,795	2,795	2,795	2,795	2,795	2,795	2,795	2,795	2,795	2,795
21,314	21,314	21,314	21,314	21,314	21,314	21,314	21,314	21,314	21,314	21,314	21,314	21,314	21,314	21,314	21,314	21,314	21,314	21,314	21,314
21,314	21,314	21,314	21,314	21,314	21,314	21,314	21,314	21,314	21,314	21,314	21,314	21,314	21,314	21,314	21,314	21,314	21,314	21,314	21,314
22,724	23,821	24,902	25,966	27,013	28,044	29,057	30,055	31,035	31,999	32,946	33,876	34,790	35,687	36,567	37,430	38,277	39,107	39,921	40,717

巻末資料　329

▼7-2.簡易版書式の全体画面 ①-④

2.収益計算シミュレーションの試算結果シート

①物件名称
ルーム中川

②購入条件

必要購入資金	13,062,000	円
物件価格	12,000,000	円
取得時支出(取得価額)	462,000	円
取得時支出・費用(初年度計上)	600,000	円
購入資金	14,000,000	円
投下可能自己資金	6,000,000	円
借入予定金額	8,000,000	円
購入後の自己資金余力	938,000	円

<<参考情報>>

表面利回り	8.0%
実質利回り	6.4%

③CF計算シミュレーション（購入・賃貸）

投資年数	(年目)	1	2	3	4	5	6	7	8	9	10	11	12	13	14	15
築年数	(年目)	25	26	27	28	29	30	31	32	33	34	35	36	37	38	39
収入		922	912	902	893	883	874	864	854	845	835	826	816	806	797	787
満室時家賃	(年額/千円)	960	960	960	960	960	960	960	960	960	960	960	960	960	960	960
(空室期間相当額)	(年額/千円)	-29	-29	-29	-29	-29	-29	-29	-29	-29	-29	-29	-29	-29	-29	-29
(家賃下落相当額)	(年額/千円)	-10	-19	-29	-38	-48	-58	-67	-77	-86	-96	-106	-115	-125	-134	-144
支出		1,609	547	547	547	547	547	547	547	547	547	547	547	547	547	547
年間維持費	(年額/千円)	192	192	192	192	192	192	192	192	192	192	192	192	192	192	192
借入返済	(年額/千円)	355	355	355	355	355	355	355	355	355	355	355	355	355	355	355
元本返済分	(年額/千円)	197	201	205	209	213	217	222	226	231	235	240	245	250	255	260
金利返済分	(年額/千円)	158	154	150	146	142	138	133	129	124	119	115	110	105	100	95
初年度支出	(年額/千円)	1,062	0	0	0	0	0	0	0	0	0	0	0	0	0	0
想定CF(単年)	(千円)	-687	365	356	346	336	327	317	308	298	288	279	269	260	250	240
想定CF(累積)	(千円)	-687	-322	33	379	716	1,043	1,360	1,667	1,965	2,254	2,532	2,802	3,061	3,311	3,551
<参考>借入金残債(年度末時点)	(千円)	7,803	7,603	7,398	7,189	6,976	6,759	6,537	6,311	6,081	5,845	5,605	5,360	5,110	4,855	4,595

④損益計算シミュレーション（購入・賃貸）

投資年数	(年目)	1	2	3	4	5	6	7	8	9	10	11	12	13	14	15
築年数	(年目)	25	26	27	28	29	30	31	32	33	34	35	36	37	38	39
売上		922	912	902	893	883	874	864	854	845	835	826	816	806	797	787
満室時家賃	(年額/千円)	960	960	960	960	960	960	960	960	960	960	960	960	960	960	960
(空室期間相当額)	(年額/千円)	-29	-29	-29	-29	-29	-29	-29	-29	-29	-29	-29	-29	-29	-29	-29
(家賃下落相当額)	(年額/千円)	-10	-19	-29	-38	-48	-58	-67	-77	-86	-96	-106	-115	-125	-134	-144
費用		1,187	583	579	575	571	566	562	557	553	548	543	539	534	529	524
年間維持費	(年額/千円)	192	192	192	192	192	192	192	192	192	192	192	192	192	192	192
借入金利子	(年額/千円)	158	154	150	146	142	138	133	129	124	119	115	110	105	100	95
減価償却費	(年額/千円)	237	237	237	237	237	237	237	237	237	237	237	237	237	237	237
初年度費用	(年額/千円)	600	0	0	0	0	0	0	0	0	0	0	0	0	0	0
想定損益(単年)	(千円)	-265	329	323	318	313	307	302	297	292	287	282	277	273	268	264
想定損益(累積)	(千円)	-265	64	387	705	1,018	1,325	1,627	1,924	2,216	2,503	2,785	3,062	3,335	3,603	3,867
<参考>簿価(建物等の分/年度末時点)	(千円)	5,994	5,757	5,521	5,284	5,047	4,810	4,574	4,337	4,100	3,863	3,626	3,390	3,153	2,916	2,679
<参考>簿価(土地の分/年度末時点)	(千円)	6,231	6,231	6,231	6,231	6,231	6,231	6,231	6,231	6,231	6,231	6,231	6,231	6,231	6,231	6,231

16	17	18	19	20	21	22	23	24	25	26	27	28	29	30	31	32	33	34	35	合計
40	41	42	43	44	45	46	47	48	49	50	51	52	53	54	55	56	57	58	59	
778	768	758	749	739	730	720	710	701	691	682	672	662	653	643	634	624	614	605	595	26,544
960	960	960	960	960	960	960	960	960	960	960	960	960	960	960	960	960	960	960	960	33,600
-29	-29	-29	-29	-29	-29	-29	-29	-29	-29	-29	-29	-29	-29	-29	-29	-29	-29	-29	-29	-1,008
-154	-163	-173	-182	-192	-202	-211	-221	-230	-240	-250	-259	-269	-278	-288	-298	-307	-317	-326	-336	-6,048
547	547	547	547	547	547	547	547	547	547	547	547	547	547	547	192	192	192	192	192	18,427
192	192	192	192	192	192	192	192	192	192	192	192	192	192	192	192	192	192	192	192	6,720
355	355	355	355	355	355	355	355	355	355	355	355	355	355	355	0	0	0	0	0	10,645
265	271	276	282	287	293	299	305	311	318	324	331	337	344	351	0	0	0	0	0	8,000
89	84	79	73	67	62	56	50	43	37	31	24	18	11	4	0	0	0	0	0	2,645
0	0	0	0	0	0	0	0	0	0	0	0	0	0	0	0	0	0	0	0	1,062
231	221	212	202	192	183	173	164	154	144	135	125	116	106	96	442	432	422	413	403	8,117
3,782	4,003	4,215	4,417	4,609	4,792	4,965	5,129	5,283	5,427	5,562	5,687	5,803	5,909	6,005	6,447	6,879	7,301	7,714	8,117	—
4,330	4,059	3,783	3,501	3,214	2,920	2,621	2,316	2,005	1,687	1,363	1,032	695	351	0	0	0	0	0	0	—

16	17	18	19	20	21	22	23	24	25	26	27	28	29	30	31	32	33	34	35	合計
40	41	42	43	44	45	46	47	48	49	50	51	52	53	54	55	56	57	58	59	
778	768	758	749	739	730	720	710	701	691	682	672	662	653	643	634	624	614	605	595	26,544
960	960	960	960	960	960	960	960	960	960	960	960	960	960	960	960	960	960	960	960	33,600
-29	-29	-29	-29	-29	-29	-29	-29	-29	-29	-29	-29	-29	-29	-29	-29	-29	-29	-29	-29	-1,008
-154	-163	-173	-182	-192	-202	-211	-221	-230	-240	-250	-259	-269	-278	-288	-298	-307	-317	-326	-336	-6,048
518	513	507	502	496	490	484	478	472	466	460	453	210	203	196	192	192	192	192	192	16,358
192	192	192	192	192	192	192	192	192	192	192	192	192	192	192	192	192	192	192	192	6,720
89	84	79	73	67	62	56	50	43	37	31	24	18	11	4	0	0	0	0	0	2,645
237	237	237	237	237	237	237	237	237	237	237	237	0	0	0	0	0	0	0	0	6,393
0	0	0	0	0	0	0	0	0	0	0	0	0	0	0	0	0	0	0	0	1,062
259	255	251	247	243	239	236	232	229	225	222	219	453	450	447	442	432	422	413	403	10,186
4,126	4,381	4,632	4,879	5,122	5,361	5,597	5,829	6,057	6,283	6,505	6,724	7,177	7,627	8,074	8,516	8,948	9,370	9,783	10,186	—
2,443	2,206	1,969	1,732	1,495	1,259	1,022	785	548	312	75	0	0	0	0	0	0	0	0	0	—
6,231	6,231	6,231	6,231	6,231	6,231	6,231	6,231	6,231	6,231	6,231	6,231	6,231	6,231	6,231	6,231	6,231	6,231	6,231	6,231	—

▼7-2.簡易版書式の全体画面 ⑤-⑦

⑤CF計算シミュレーション（売却）

		1	2	3	4	5	6	7	8	9	10	11	12	13	14	15
投資年数	（年目）	1	2	3	4	5	6	7	8	9	10	11	12	13	14	15
築年数	（年目）	25	26	27	28	29	30	31	32	33	34	35	36	37	38	39
収入	（千円）	9,000	9,000	9,000	9,000	9,000	9,000	9,000	9,000	9,000	9,000	9,000	9,000	9,000	9,000	9,000
売却価額	（千円）	9,000	9,000	9,000	9,000	9,000	9,000	9,000	9,000	9,000	9,000	9,000	9,000	9,000	9,000	9,000
支出	（千円）	7,803	7,603	7,398	7,189	6,976	6,759	6,537	6,311	6,081	5,845	5,605	5,360	5,110	4,855	4,595
購入資金（借入金残債）	（千円）	7,803	7,603	7,398	7,189	6,976	6,759	6,537	6,311	6,081	5,845	5,605	5,360	5,110	4,855	4,595
想定CF（売却時点）	（千円）	1,197	1,397	1,602	1,811	2,024	2,241	2,463	2,689	2,919	3,155	3,395	3,640	3,890	4,145	4,405

⑥損益計算シミュレーション（売却）

		1	2	3	4	5	6	7	8	9	10	11	12	13	14	15
投資年数	（年目）	1	2	3	4	5	6	7	8	9	10	11	12	13	14	15
築年数	（年目）	25	26	27	28	29	30	31	32	33	34	35	36	37	38	39
売上	（千円）	9,000	9,000	9,000	9,000	9,000	9,000	9,000	9,000	9,000	9,000	9,000	9,000	9,000	9,000	9,000
売却価額	（千円）	9,000	9,000	9,000	9,000	9,000	9,000	9,000	9,000	9,000	9,000	9,000	9,000	9,000	9,000	9,000
費用	（千円）	12,225	11,988	11,752	11,515	11,278	11,041	10,805	10,568	10,331	10,094	9,857	9,621	9,384	9,147	8,910
取得費（売却時簿価）	（千円）	12,225	11,988	11,752	11,515	11,278	11,041	10,805	10,568	10,331	10,094	9,857	9,621	9,384	9,147	8,910
想定損益（売却時点）	（千円）	-3,225	-2,988	-2,752	-2,515	-2,278	-2,041	-1,805	-1,568	-1,331	-1,094	-857	-621	-384	-147	90

⑦不動産投資の「本当の儲け」

		1	2	3	4	5	6	7	8	9	10	11	12	13	14	15
投資年数	（年目）	1	2	3	4	5	6	7	8	9	10	11	12	13	14	15
築年数	（年目）	25	26	27	28	29	30	31	32	33	34	35	36	37	38	39
購入・賃貸時																
給与収入	（千円）	8,000	8,000	8,000	8,000	8,000	8,000	8,000	8,000	8,000	8,000	8,000	8,000	8,000	8,000	8,000
課税所得金額（給与のみ）	（千円）	4,900	4,900	4,900	4,900	4,900	4,900	4,900	4,900	4,900	4,900	4,900	4,900	4,900	4,900	4,900
所得税・住民税税率（給与のみ）	（千円）	30.42%	30.42%	30.42%	30.42%	30.42%	30.42%	30.42%	30.42%	30.42%	30.42%	30.42%	30.42%	30.42%	30.42%	30.42%
所得税・住民税合算額（給与のみ）	（千円）	1,054	1,054	1,054	1,054	1,054	1,054	1,054	1,054	1,054	1,054	1,054	1,054	1,054	1,054	1,054
不動産投資の想定CF（単年）	（千円）	-687	365	356	346	336	327	317	308	298	288	279	269	260	250	240
課税総所得金額	（千円）	-265	329	323	318	313	307	302	297	292	287	282	277	273	268	264
所得税・住民税合算税率	（千円）	4,635	5,229	5,223	5,218	5,213	5,207	5,202	5,197	5,192	5,187	5,182	5,177	5,173	5,168	5,164
所得税・住民税合算控除額		30.42%	30.42%	30.42%	30.42%	30.42%	30.42%	30.42%	30.42%	30.42%	30.42%	30.42%	30.42%	30.42%	30.42%	30.42%
所得税・住民税合算額（不動産投資のみ）		436	436	436	436	436	436	436	436	436	436	436	436	436	436	436
		973	1,154	1,152	1,151	1,149	1,148	1,146	1,144	1,143	1,141	1,140	1,138	1,137	1,136	1,134
		-81	100	98	97	95	93	92	90	89	87	86	84	83	82	80
不動産投資の「本当の儲け」（単年）	（千円）	-607	265	257	249	241	233	225	217	209	201	193	185	177	168	160
不動産投資の「本当の儲け」（累積）		-607	-341	-84	165	406	640	865	1,082	1,291	1,492	1,685	1,870	2,047	2,215	2,375
売却時	（千円）															
不動産投資の想定CF	（千円）	1,197	1,397	1,602	1,811	2,024	2,241	2,463	2,689	2,919	3,155	3,395	3,640	3,890	4,145	4,405
不動産投資の想定損益	（千円）	-3,225	-2,988	-2,752	-2,515	-2,278	-2,041	-1,805	-1,568	-1,331	-1,094	-857	-621	-384	-147	90
所得税・住民税税率	（千円）	39.63%	39.63%	39.63%	39.63%	39.63%	20.32%	20.32%	20.32%	20.32%	20.32%	20.32%	20.32%	20.32%	20.32%	20.32%
所得税・住民税合算税額（不動産投資のみ）	（千円）	0	0	0	0	0	0	0	0	0	0	0	0	0	0	18
不動産投資の「本当の儲け」	（千円）	1,197	1,397	1,602	1,811	2,024	2,241	2,463	2,689	2,919	3,155	3,395	3,640	3,890	4,145	4,387
不動産投資の「本当の儲け」（TOTAL）	（千円）	590	1,056	1,518	1,976	2,430	2,881	3,327	3,771	4,211	4,647	5,080	5,510	5,937	6,360	6,762

16	17	18	19	20	21	22	23	24	25	26	27	28	29	30	31	32	33	34	35
40	41	42	43	44	45	46	47	48	49	50	51	52	53	54	55	56	57	58	59
9,000	9,000	9,000	9,000	9,000	9,000	9,000	9,000	9,000	9,000	9,000	9,000	9,000	9,000	9,000	9,000	9,000	9,000	9,000	9,000
9,000	9,000	9,000	9,000	9,000	9,000	9,000	9,000	9,000	9,000	9,000	9,000	9,000	9,000	9,000	9,000	9,000	9,000	9,000	9,000
4,330	4,059	3,783	3,501	3,214	2,920	2,621	2,316	2,005	1,687	1,363	1,032	695	351	0	0	0	0	0	0
4,330	4,059	3,783	3,501	3,214	2,920	2,621	2,316	2,005	1,687	1,363	1,032	695	351	0	0	0	0	0	0
4,670	4,941	5,217	5,499	5,786	6,080	6,379	6,684	6,995	7,313	7,637	7,968	8,305	8,649	9,000	9,000	9,000	9,000	9,000	9,000

16	17	18	19	20	21	22	23	24	25	26	27	28	29	30	31	32	33	34	35
40	41	42	43	44	45	46	47	48	49	50	51	52	53	54	55	56	57	58	59
9,000	9,000	9,000	9,000	9,000	9,000	9,000	9,000	9,000	9,000	9,000	9,000	9,000	9,000	9,000	9,000	9,000	9,000	9,000	9,000
9,000	9,000	9,000	9,000	9,000	9,000	9,000	9,000	9,000	9,000	9,000	9,000	9,000	9,000	9,000	9,000	9,000	9,000	9,000	9,000
8,674	8,437	8,200	7,963	7,726	7,490	7,253	7,016	6,779	6,543	6,306	6,231	6,231	6,231	6,231	6,231	6,231	6,231	6,231	6,231
8,674	8,437	8,200	7,963	7,726	7,490	7,253	7,016	6,779	6,543	6,306	6,231	6,231	6,231	6,231	6,231	6,231	6,231	6,231	6,231
326	563	800	1,037	1,274	1,510	1,747	1,984	2,221	2,457	2,694	2,769	2,769	2,769	2,769	2,769	2,769	2,769	2,769	2,769

16	17	18	19	20	21	22	23	24	25	26	27	28	29	30	31	32	33	34	35
40	41	42	43	44	45	46	47	48	49	50	51	52	53	54	55	56	57	58	59
8,000	8,000	8,000	8,000	8,000	8,000	8,000	8,000	8,000	8,000	8,000	8,000	8,000	8,000	8,000	8,000	8,000	8,000	8,000	8,000
4,900	4,900	4,900	4,900	4,900	4,900	4,900	4,900	4,900	4,900	4,900	4,900	4,900	4,900	4,900	4,900	4,900	4,900	4,900	4,900
30.42%	30.42%	30.42%	30.42%	30.42%	30.42%	30.42%	30.42%	30.42%	30.42%	30.42%	30.42%	30.42%	30.42%	30.42%	30.42%	30.42%	30.42%	30.42%	30.42%
1,054	1,054	1,054	1,054	1,054	1,054	1,054	1,054	1,054	1,054	1,054	1,054	1,054	1,054	1,054	1,054	1,054	1,054	1,054	1,054
231	221	212	202	192	183	173	164	154	144	135	125	116	106	96	442	432	422	413	403
259	255	251	247	243	239	236	232	229	225	222	219	453	450	447	442	432	422	413	403
5,159	5,155	5,151	5,147	5,143	5,139	5,136	5,132	5,129	5,125	5,122	5,119	5,353	5,350	5,347	5,342	5,332	5,322	5,313	5,303
30.42%	30.42%	30.42%	30.42%	30.42%	30.42%	30.42%	30.42%	30.42%	30.42%	30.42%	30.42%	30.42%	30.42%	30.42%	30.42%	30.42%	30.42%	30.42%	30.42%
436	436	436	436	436	436	436	436	436	436	436	436	436	436	436	436	436	436	436	436
1,133	1,132	1,130	1,129	1,128	1,127	1,126	1,125	1,124	1,123	1,122	1,121	1,192	1,191	1,190	1,188	1,186	1,183	1,180	1,177
79	78	76	75	74	73	72	71	70	69	68	67	138	137	136	134	131	128	126	123
152	144	135	127	118	110	102	93	84	76	67	59	-22	-31	-40	307	301	294	287	281
2,527	2,671	2,806	2,933	3,051	3,161	3,263	3,356	3,440	3,516	3,583	3,642	3,620	3,589	3,549	3,856	4,157	4,451	4,738	5,018
4,670	4,941	5,217	5,499	5,786	6,080	6,379	6,684	6,995	7,313	7,637	7,968	8,305	8,649	9,000	9,000	9,000	9,000	9,000	9,000
326	563	800	1,037	1,274	1,510	1,747	1,984	2,221	2,457	2,694	2,769	2,769	2,769	2,769	2,769	2,769	2,769	2,769	2,769
20.32%	20.32%	20.32%	20.32%	20.32%	20.32%	20.32%	20.32%	20.32%	20.32%	20.32%	20.32%	20.32%	20.32%	20.32%	20.32%	20.32%	20.32%	20.32%	20.32%
66	114	163	211	259	307	355	403	451	499	547	563	563	563	563	563	563	563	563	563
4,604	4,827	5,055	5,288	5,528	5,773	6,024	6,281	6,544	6,814	7,090	7,405	7,742	8,086	8,437	8,437	8,437	8,437	8,437	8,437
7,131	7,497	7,861	8,221	8,579	8,934	9,287	9,637	9,984	10,330	10,673	11,047	11,362	11,675	11,986	12,294	12,594	12,888	13,175	13,456

▼8-2.法人税版書式の全体画面　①-④

9.収益計算シミュレーションの試算結果シート

①物件名称
マンション中川

②購入条件

必要購入資金		11,296,000 円
	物件価格	10,000,000 円
	取得時支出(取得価額)	496,000 円
	取得時支出・費用(初年度計上)	800,000 円
購入資金		15,000,000 円
	投下可能自己資金	5,000,000 円
	借入予定金額	10,000,000 円
購入後の自己資金余力		3,704,000 円

《参考情報》

表面利回り	9.6%
実質利回り	7.7%

③CF計算シミュレーション(購入・賃貸)

投資年数	(年目)	1	2	3	4	5	6	7	8	9	10	11	12	13	14	15
築年数	(年目)	12	13	14	15	16	17	18	19	20	21	22	23	24	25	26
本人年齢	(歳)	40	41	42	43	44	45	46	47	48	49	50	51	52	53	54
配偶者年齢	(歳)	35	36	37	38	39	40	41	42	43	44	45	46	47	48	49
子供年齢(1人目)	(歳)	10	11	12	13	14	15	16	17	18	19	20	21	22	23	24
子供年齢(2人目)	(歳)															
収入		950	941	931	922	912	902	893	883	874	864	854	845	835	826	816
満室時家賃	(年額/千円)	960	960	960	960	960	960	960	960	960	960	960	960	960	960	960
礼金・更新料	(年額/千円)	46	46	46	46	46	46	46	46	46	46	46	46	46	46	46
(空室期間相当額)	(年額/千円)	-46	-46	-46	-46	-46	-46	-46	-46	-46	-46	-46	-46	-46	-46	-46
(家賃下落相当額)	(年額/千円)	-10	-19	-29	-38	-48	-58	-67	-77	-86	-96	-106	-115	-125	-134	-144
支出		2,295	999	999	999	999	999	999	999	999	999	999	999	999	999	999
固定運営費(税金・保険料)	(年額/千円)	60	60	60	60	60	60	60	60	60	60	60	60	60	60	60
固定運営費(税金・保険料以外)	(年額/千円)	192	192	192	192	192	192	192	192	192	192	192	192	192	192	192
入居者変更時諸経費・修繕費	(年額/千円)	111	111	111	111	111	111	111	111	111	111	111	111	111	111	111
借入返済	(年額/千円)	636	636	636	636	636	636	636	636	636	636	636	636	636	636	636
元本返済分	(年額/千円)	390	400	410	421	431	442	453	465	477	489	501	514	527	540	554
金利返済分	(年額/千円)	246	236	226	215	205	194	182	171	159	147	135	122	109	96	82
初年度支出	(年額/千円)	1,296	0	0	0	0	0	0	0	0	0	0	0	0	0	0
想定CF(単年)	(千円)	-1,345	-58	-68	-77	-87	-97	-106	-116	-125	-135	-145	-154	-164	-173	-183
<参考>想定CF(累積)	(千円)	-1,345	-1,403	-1,471	-1,548	-1,635	-1,732	-1,838	-1,954	-2,080	-2,215	-2,359	-2,514	-2,678	-2,851	-3,034
<参考>借入金残債(年度末時点)	(千円)	9,610	9,209	8,799	8,378	7,947	7,505	7,051	6,586	6,110	5,621	5,120	4,606	4,080	3,540	2,986

④損益計算シミュレーション(購入・賃貸)

	(年目)	1	2	3	4	5	6	7	8	9	10	11	12	13	14	15
投資年数	(年目)	1	2	3	4	5	6	7	8	9	10	11	12	13	14	15
築年数	(年目)	12	13	14	15	16	17	18	19	20	21	22	23	24	25	26
本人年齢	(歳)	40	41	42	43	44	45	46	47	48	49	50	51	52	53	54
配偶者年齢	(歳)	35	36	37	38	39	40	41	42	43	44	45	46	47	48	49
子供年齢(1人目)	(歳)	10	11	12	13	14	15	16	17	18	19	20	21	22	23	24
子供年齢(2人目)	(歳)															
売上		950	941	931	922	912	902	893	883	874	864	854	845	835	826	816
満室時家賃	(年額/千円)	960	960	960	960	960	960	960	960	960	960	960	960	960	960	960
礼金・更新料	(年額/千円)	46	46	46	46	46	46	46	46	46	46	46	46	46	46	46
(空室期間相当額)	(年額/千円)	-46	-46	-46	-46	-46	-46	-46	-46	-46	-46	-46	-46	-46	-46	-46
(家賃下落相当額)	(年額/千円)	-10	-19	-29	-38	-48	-58	-67	-77	-86	-96	-106	-115	-125	-134	-144
費用		1,585	775	765	755	744	733	722	711	699	687	674	662	649	635	622
固定運営費(税金・保険料)	(年額/千円)	60	60	60	60	60	60	60	60	60	60	60	60	60	60	60
固定運営費(税金・保険料以外)	(年額/千円)	192	192	192	192	192	192	192	192	192	192	192	192	192	192	192
入居者変更時諸経費・修繕費	(年額/千円)	111	111	111	111	111	111	111	111	111	111	111	111	111	111	111
借入金利子	(年額/千円)	246	236	226	215	205	194	182	171	159	147	135	122	109	96	82
減価償却費	(年額/千円)	176	176	176	176	176	176	176	176	176	176	176	176	176	176	176
初年度費用	(年額/千円)	800	0	0	0	0	0	0	0	0	0	0	0	0	0	0
想定損益(単年)	(千円)	-635	166	166	167	168	169	171	173	175	177	180	183	187	190	194
想定損益(累積)	(千円)	-635	-469	-303	-136	32	201	372	545	720	897	1,077	1,260	1,447	1,637	1,831
<参考>簿価(建物等の分/年度末時点)	(千円)	6,121	5,945	5,769	5,592	5,416	5,240	5,063	4,887	4,711	4,534	4,358	4,182	4,005	3,829	3,653
<参考>簿価(土地の分/年度末時点)	(千円)	4,198	4,198	4,198	4,198	4,198	4,198	4,198	4,198	4,198	4,198	4,198	4,198	4,198	4,198	4,198

334

16	17	18	19	20	21	22	23	24	25	26	27	28	29	30	31	32	33	34	35	合計
27	28	29	30	31	32	33	34	35	36	37	38	39	40	41	42	43	44	45	46	
55	56	57	58	59	60	61	62	63	64	65	66	67	68	69	70	71	72	73	74	
50	51	52	53	54	55	56	57	58	59	60	61	62	63	64	65	66	67	68	69	
25	26	27	28	29	30	31	32	33	34	35	36	37	38	39	40	41	42	43	44	
806	797	787	778	768	758	749	739	730	720	710	701	691	682	672	662	653	643	634	624	27,552
960	960	960	960	960	960	960	960	960	960	960	960	960	960	960	960	960	960	960	960	33,600
46	46	46	46	46	46	46	46	46	46	46	46	46	46	46	46	46	46	46	46	1,600
-46	-46	-46	-46	-46	-46	-46	-46	-46	-46	-46	-46	-46	-46	-46	-46	-46	-46	-46	-46	-1,600
-154	-163	-173	-182	-192	-202	-211	-221	-230	-240	-250	-259	-269	-278	-288	-298	-307	-317	-326	-336	-6,048
999	999	999	999	999	363	363	363	363	363	363	363	363	363	363	363	363	363	363	363	26,725
60	60	60	60	60	60	60	60	60	60	60	60	60	60	60	60	60	60	60	60	2,100
192	192	192	192	192	192	192	192	192	192	192	192	192	192	192	192	192	192	192	192	6,720
111	111	111	111	111	111	111	111	111	111	111	111	111	111	111	111	111	111	111	111	3,892
636	636	636	636	636	0	0	0	0	0	0	0	0	0	0	0	0	0	0	0	12,718
568	582	597	612	627	0	0	0	0	0	0	0	0	0	0	0	0	0	0	0	10,000
68	54	39	24	9	0	0	0	0	0	0	0	0	0	0	0	0	0	0	0	2,718
0	0	0	0	0	0	0	0	0	0	0	0	0	0	0	0	0	0	0	0	1,296
-193	-202	-212	-221	-231	395	386	376	366	357	347	338	328	318	309	299	290	280	270	261	827
-3,227	-3,429	-3,641	-3,862	-4,093	-3,698	-3,313	-2,937	-2,570	-2,213	-1,866	-1,529	-1,201	-882	-573	-274	15	295	566	827	—
2,418	1,836	1,239	627																	—

16	17	18	19	20	21	22	23	24	25	26	27	28	29	30	31	32	33	34	35	合計
27	28	29	30	31	32	33	34	35	36	37	38	39	40	41	42	43	44	45	46	
55	56	57	58	59	60	61	62	63	64	65	66	67	68	69	70	71	72	73	74	
50	51	52	53	54	55	56	57	58	59	60	61	62	63	64	65	66	67	68	69	
25	26	27	28	29	30	31	32	33	34	35	36	37	38	39	40	41	42	43	44	
806	797	787	778	768	758	749	739	730	720	710	701	691	682	672	662	653	643	634	624	27,552
960	960	960	960	960	960	960	960	960	960	960	960	960	960	960	960	960	960	960	960	33,600
46	46	46	46	46	46	46	46	46	46	46	46	46	46	46	46	46	46	46	46	1,600
-46	-46	-46	-46	-46	-46	-46	-46	-46	-46	-46	-46	-46	-46	-46	-46	-46	-46	-46	-46	-1,600
-154	-163	-173	-182	-192	-202	-211	-221	-230	-240	-250	-259	-269	-278	-288	-298	-307	-317	-326	-336	-6,048
608	593	579	564	548	540	540	540	540	540	540	540	540	540	540	540	540	540	540	540	22,401
60	60	60	60	60	60	60	60	60	60	60	60	60	60	60	60	60	60	60	60	2,100
192	192	192	192	192	192	192	192	192	192	192	192	192	192	192	192	192	192	192	192	6,720
111	111	111	111	111	111	111	111	111	111	111	111	111	111	111	111	111	111	111	111	3,892
176	176	176	176	176	176	176	176	176	176	176	176	176	176	176	176	176	176	176	176	2,718
0	0	0	0	0	0	0	0	0	0	0	0	0	0	0	0	0	0	0	0	1,296
199	203	209	214	220	219	209	200	190	180	171	161	152	142	132	123	113	104	94	84	5,151
2,030	2,233	2,442	2,656	2,876	3,095	3,304	3,504	3,694	3,874	4,045	4,206	4,358	4,500	4,633	4,756	4,869	4,972	5,067	5,151	—
3,476	3,300	3,124	2,947	2,771	2,595	2,418	2,242	2,066	1,889	1,713	1,537	1,360	1,184	1,008	831	655	479	302	126	
4,198	4,198	4,198	4,198	4,198	4,198	4,198	4,198	4,198	4,198	4,198	4,198	4,198	4,198	4,198	4,198	4,198	4,198	4,198		

巻末資料　335

▼8-2.法人税版書式の全体画面 ⑤-⑦

⑤CF計算シミュレーション（売却）

投資年数	(年目)	1	2	3	4	5	6	7	8	9	10	11	12	13	14	15
築年数	(年目)	12	13	14	15	16	17	18	19	20	21	22	23	24	25	26
本人年齢	(歳)	40	41	42	43	44	45	46	47	48	49	50	51	52	53	54
配偶者年齢	(歳)	35	36	37	38	39	40	41	42	43	44	45	46	47	48	49
子供年齢(1人目)	(歳)	10	11	12	13	14	15	16	17	18	19	20	21	22	23	24
子供年齢(2人目)	(歳)															
収入	(千円)	9,000	9,000	9,000	9,000	9,000	9,000	9,000	9,000	9,000	9,000	9,000	9,000	9,000	9,000	9,000
売却価額	(千円)	9,000	9,000	9,000	9,000	9,000	9,000	9,000	9,000	9,000	9,000	9,000	9,000	9,000	9,000	9,000
支出	(千円)	9,973	9,572	9,162	8,741	8,310	7,868	7,414	6,949	6,473	5,984	5,483	4,969	4,443	3,903	3,349
売却時支出	(千円)	363	363	363	363	363	363	363	363	363	363	363	363	363	363	363
購入資金(借入金残債)	(千円)	9,610	9,209	8,799	8,378	7,947	7,505	7,051	6,586	6,110	5,621	5,120	4,606	4,080	3,540	2,986
想定CF(売却時点)	(千円)	-973	-572	-162	259	690	1,132	1,586	2,051	2,527	3,016	3,517	4,031	4,557	5,097	5,651

⑥損益計算シミュレーション（売却）

投資年数	(年目)	1	2	3	4	5	6	7	8	9	10	11	12	13	14	15
築年数	(年目)	12	13	14	15	16	17	18	19	20	21	22	23	24	25	26
本人年齢	(歳)	40	41	42	43	44	45	46	47	48	49	50	51	52	53	54
配偶者年齢	(歳)	35	36	37	38	39	40	41	42	43	44	45	46	47	48	49
子供年齢(1人目)	(歳)	10	11	12	13	14	15	16	17	18	19	20	21	22	23	24
子供年齢(2人目)	(歳)															
売上	(千円)	9,000	9,000	9,000	9,000	9,000	9,000	9,000	9,000	9,000	9,000	9,000	9,000	9,000	9,000	9,000
売却価額	(千円)	9,000	9,000	9,000	9,000	9,000	9,000	9,000	9,000	9,000	9,000	9,000	9,000	9,000	9,000	9,000
費用	(千円)	10,683	10,506	10,330	10,154	9,977	9,801	9,625	9,448	9,272	9,096	8,919	8,743	8,567	8,390	8,214
取得費(売却時簿価)	(千円)	10,320	10,143	9,967	9,791	9,614	9,438	9,262	9,085	8,909	8,733	8,556	8,380	8,204	8,027	7,851
譲渡費用	(千円)	363	363	363	363	363	363	363	363	363	363	363	363	363	363	363
想定損益(売却時点)	(千円)	-1,683	-1,506	-1,330	-1,154	-977	-801	-625	-448	-272	-96	81	257	433	610	786

⑦不動産投資の「本当の儲け」

投資年数	(年目)	1	2	3	4	5	6	7	8	9	10	11	12	13	14	15
築年数	(年目)	12	13	14	15	16	17	18	19	20	21	22	23	24	25	26
本人年齢	(歳)	40	41	42	43	44	45	46	47	48	49	50	51	52	53	54
配偶者年齢	(歳)	35	36	37	38	39	40	41	42	43	44	45	46	47	48	49
子供年齢(1人目)	(歳)	10	11	12	13	14	15	16	17	18	19	20	21	22	23	24
子供年齢(2人目)	(歳)															
購入・賃貸時																
不動産投資の想定CF(単年)	(千円)	-1,345	-58	-68	-77	-87	-97	-106	-116	-125	-135	-145	-154	-164	-173	-183
不動産投資の想定損益(単年)	(千円)	-635	166	166	167	168	169	171	173	175	177	180	183	187	190	194
法人税	(千円)	-136	35	36	36	36	36	37	37	37	38	38	39	40	41	42
不動産投資の「本当の儲け」(単年)	(千円)	-1,209	-94	-103	-113	-123	-133	-143	-153 [B]	-163	-173	-183	-193	-204	-214	-225
不動産投資の「本当の儲け」(累積)	(千円)	-1,209	-1,303	-1,406	-1,519	-1,642	-1,775	-1,918	-2,071	-2,233	-2,406	-2,590	-2,783	-2,987	-3,201	-3,425
購入・賃貸・売却時(TOTAL)	(千円)															
不動産投資の想定CF	(千円)	-2,317	-631	-230	181	603	1,035	1,479	1,935	2,402	2,881	3,372	3,876	4,394	4,924	5,468
不動産投資の想定損益	(千円)	-2,317	-1,341	-1,164	-987	-809	-632	-454	-276	-97	82	261	440	620	800	980
法人税	(千円)	-495	-287	-249	-211	-173	-135	-97	-59	-20 [A]	17	56	94	132	171	209
不動産投資の「本当の儲け」(売却年度)	(千円)	-1,822	-344	19	392	776	1,171	1,576	1,994	2,422	2,863	3,317	3,782	4,261	4,753	5,259
不動産投資の「本当の儲け」(累計)	(千円)	-1,822	-1,553	-1,284	-1,014	-743	-472	-199	76	352	630	910	1,193	1,478	1,766	2,058

16	17	18	19	20	21	22	23	24	25	26	27	28	29	30	31	32	33	34	35
27	28	29	30	31	32	33	34	35	36	37	38	39	40	41	42	43	44	45	46
55	56	57	58	59	60	61	62	63	64	65	66	67	68	69	70	71	72	73	74
50	51	52	53	54	55	56	57	58	59	60	61	62	63	64	65	66	67	68	69
25	26	27	28	29	30	31	32	33	34	35	36	37	38	39	40	41	42	43	44
9,000	9,000	9,000	9,000	9,000	9,000	9,000	9,000	9,000	9,000	9,000	9,000	9,000	9,000	9,000	9,000	9,000	9,000	9,000	9,000
9,000	9,000	9,000	9,000	9,000	9,000	9,000	9,000	9,000	9,000	9,000	9,000	9,000	9,000	9,000	9,000	9,000	9,000	9,000	9,000
2,781	2,199	1,602	990	363	363	363	363	363	363	363	363	363	363	363	363	363	363	363	363
363	363	363	363	363	363	363	363	363	363	363	363	363	363	363	363	363	363	363	363
2,418	1,836	1,239	627	0	0	0	0	0	0	0	0	0	0	0	0	0	0	0	0
6,219	6,801	7,398	8,010	8,637	8,637	8,637	8,637	8,637	8,637	8,637	8,637	8,637	8,637	8,637	8,637	8,637	8,637	8,637	8,637

16	17	18	19	20	21	22	23	24	25	26	27	28	29	30	31	32	33	34	35
27	28	29	30	31	32	33	34	35	36	37	38	39	40	41	42	43	44	45	46
55	56	57	58	59	60	61	62	63	64	65	66	67	68	69	70	71	72	73	74
50	51	52	53	54	55	56	57	58	59	60	61	62	63	64	65	66	67	68	69
25	26	27	28	29	30	31	32	33	34	35	36	37	38	39	40	41	42	43	44
9,000	9,000	9,000	9,000	9,000	9,000	9,000	9,000	9,000	9,000	9,000	9,000	9,000	9,000	9,000	9,000	9,000	9,000	9,000	9,000
9,000	9,000	9,000	9,000	9,000	9,000	9,000	9,000	9,000	9,000	9,000	9,000	9,000	9,000	9,000	9,000	9,000	9,000	9,000	9,000
8,038	7,861	7,685	7,509	7,332	7,156	6,980	6,803	6,627	6,451	6,274	6,098	5,922	5,745	5,569	5,393	5,216	5,040	4,864	4,687
7,675	7,498	7,322	7,146	6,969	6,793	6,617	6,440	6,264	6,088	5,911	5,735	5,559	5,382	5,206	5,030	4,853	4,677	4,501	4,324
363	363	363	363	363	363	363	363	363	363	363	363	363	363	363	363	363	363	363	363
962	1,139	1,315	1,491	1,668	1,844	2,020	2,197	2,373	2,549	2,726	2,902	3,078	3,255	3,431	3,607	3,784	3,960	4,136	4,313

16	17	18	19	20	21	22	23	24	25	26	27	28	29	30	31	32	33	34	35
27	28	29	30	31	32	33	34	35	36	37	38	39	40	41	42	43	44	45	46
55	56	57	58	59	60	61	62	63	64	65	66	67	68	69	70	71	72	73	74
50	51	52	53	54	55	56	57	58	59	60	61	62	63	64	65	66	67	68	69
25	26	27	28	29	30	31	32	33	34	35	36	37	38	39	40	41	42	43	44
−193	−202	−212	−221	−231	395	386	376	366	357	347	338	328	318	309	299	290	280	270	261
199	203	209	214	220	219	209	200	190	180	171	161	152	142	132	123	113	104	94	84
42	43	45	46	47	47	45	43	41	39	37	34	32	30	28	26	24	22	20	18
−235	−246	−256	−267	−278	348	341	333	326	318	311	303	296	288	280	273	265	258	250	243
−3,661	−3,906	−4,163	−4,430	−4,708	−4,360	−4,019	−3,685	−3,360	−3,041	−2,731	−2,428	−2,132	−1,844	−1,563	−1,290	−1,025	−767	−517	−274
6,026	6,599	7,186	7,788	8,406	9,032	9,023	9,013	9,003	8,994	8,984	8,975	8,965	8,955	8,946	8,936	8,927	8,917	8,907	8,898
1,161	1,342	1,524	1,705	1,888	2,063	2,230	2,396	2,563	2,730	2,897	3,063	3,230	3,397	3,563	3,730	3,897	4,064	4,230	4,397
248	287	326	364	403	441	476	512	548	583	619	655	690	726	762	797	833	870	908	947
5,778	6,312	6,860	7,424	8,003	8,591	8,546	8,501	8,456	8,410	8,365	8,320	8,275	8,230	8,184	8,139	8,094	8,047	7,999	7,951
2,353	2,651	2,954	3,261	3,573	3,883	4,187	4,482	4,770	5,051	5,324	5,589	5,847	6,098	6,340	6,576	6,803	7,022	7,232	7,434

おわりに

「この物件を買うと、いくら儲かりますか？」

時を遡ること、10余年。当時20代半ばだった中川青年（私のことです）は、自社物件を販売する、ある不動産会社の営業マンに尋ねました。すると、営業マンは、おもむろに鞄からノートパソコンを取り出し、慣れた手つきで数字を打ち込むと、ハンディプリンターから一枚の紙を印刷して見せてくれました。そこには、大きな文字で「5,000円/月」と書かれており、曰く、「毎月5千円のお小遣いをもらいながら、30年後にはマンションが丸々あなたのものになります」と。記憶の範囲では、おそらくこれが、私が初めて目にした不動産投資のシミュレーションです。

金額も然ることながら、私の関心は、その計算根拠にありました。「家賃はどう設定したのか？」「退去都度の経費は？」「税金計算の前提は？」…といった具合で、営業マンを質問攻めにしたのです。しかし、皆さんのご予想どおり、営業マンは素人目にも苦しい説明を繰り返すのが精一杯。「こりゃあ、自分でしっかり計算できるようにならないとダメだ…」と、早々に気付けたのは、ある意味で幸運だったのかもしれません。

本書は、不動産投資で誰もが直面するであろう、こうした問いかけに対して、10余年をかけて導き出した、私なりの答えです。本文中でご説明した3つのシミュレーション書式は、いずれも私自身がブラッシュアップしながら使用しているものをベースに、本書特典用として汎用性を追加したもので、ちょっと大袈裟に言えば、私自身のノウハウを凝縮した集大成です。各書式の計算根拠も、かつて私が営業マンに質問攻めしたような内容は全て解説していますので、是非、本文中の解説をじっくりご理解・ご納得の上、存分に使い倒していただければと思います！

巻頭でも書いたように、不動産投資はブームになって久しく、「枯れた投資」とまで言われるほどですが、なぜかこうした「収益計算」「シミュレーション」「税金」といったテーマを扱う書籍やセミナーは少ないようです。逆に言えば、まだまだ不動産業者の作った営業バイアスのかかったシミュレーションを使ったり、独学・我流でシミュレーションをしている投資家が多いということですから、このテーマに強くなれれば、ライバルに差をつけるチャンスです。税金の話や数字・計算ばかりで、読むのに疲れる本だったとは思いますが、読後には疲れが吹き飛ぶような達成感・爽快感を感じていただいていることを信じて、本書を締めたいと思います。

最後になりますが、監修者の稲垣浩之様、ならびにソシム株式会社の編集部の皆様には大変お世話になりました。この場を借りて深くお礼申し上げます。

【著者・監修者紹介】

◎中川 理 （なかがわ おさむ）

1981年、神奈川県生まれ。不動産投資実務家（合同会社代表）、1級ファイナンシャル・プランニング技能士、宅地建物取引士。「大企業に入って、早く出世すれば幸せになれる」を疑うことなく大学を卒業し、社会人生活をスタート。しかし、連日の長時間残業の日々を過ごすうちに、理想と現実のギャップを痛感。自宅購入時に不動産を勉強したことをきっかけに、2009年より不動産投資を始める。

「石橋を壊れるまで叩く」と周囲に揶揄されるほど慎重な性格で、堅実な投資・再現性の高い投資を好む。人脈の横展開、習得した知識・シミュレーションのアウトプットにと始めた不動産投資初心者向けの個別相談は評判となり、日本経済新聞や各種経済誌・情報誌から多数の取材を受ける。相談者数は延べ100名超の実績。

勤続15年を区切りに、会社員をリタイア。現在は、家族で東京から札幌へ移住し、ほどよいスローライフを満喫する傍ら、不動産関連サイトのコラム執筆やセミナー登壇、ブログやYouTubeによる情報発信にも、力を入れている。

著書に、『不動産投資の収益計算 本格入門』（ソシム）がある。

（ブログ）	夫婦で目指す！不動産投資でセミリタイアへ！！
	https://ameblo.jp/tnks-21/
（ホームページ）	中川理の不動産投資塾！！
	http://tnksfp.web.fc2.com/
（You Tube）	中川理の不動産投資塾！！
	https://www.youtube.com/channel/UCimMI_5Jo9Ln4fJ5GJplUhw?
	view_as=subscriber
	※本書の解説動画もUP予定！

◎稲垣 浩之 （いながき ひろゆき）

1964年、千葉県生まれ。税理士・コンサルタント。

1999年、税理士登録。2002年、稲垣浩之税理士事務所開業。

独立開業以前の大手会計事務所勤務時代は、クライアントである地主の不動産投資家の確定申告、相続税対策を担当。「資産家が、より多くの資産を遺すためのコンサルティング」に従事していたが、独立開業後は、「普通のサラリーマンが資産家になるためのコンサルティング」に特化。不動産投資に係る税務申告を主な業務として、物件購入に伴う借入・法人化・キャッシュフローシミュレーション等のコンサルティングを展開。サラリーマン大家、専業大家も含め現在まで累計2,500人以上の不動産投資家の相談を受ける実績を持つ。

同時に数多くの不動産仲介、売買、管理会社の顧問税理士との立場から不動産投資家との利害関係も熟知しており、その中で数多くの不動産投資家の成功例、失敗例を目の当たりにし、現在は『失敗しないサラリーマン大家』の育成に心血を注いでいる。

著書に『不動産投資専門税理士が明かす 金持ち大家さんの共通点』（双葉社）、『不動産投資専門税理士が明かす 金持ち大家さんが買う物件買わない物件』（双葉社）、『不動産投資の収益計算 本格入門』（ソシム）がある。

| （ホームページ） | 稲垣浩之税理士事務所 |
| | http://www.keiriya.jp |

| カバーデザイン | 坂本 真一郎（クオルデザイン） |
| 本文デザイン・DTP | 有限会社 中央制作社 |

不動産投資専門税理士が太鼓判！
不動産投資の「収益計算」シミュレーション実践編

2020 年 8 月 5 日　初版第 1 刷発行

著者	中川 理
監修	稲垣 浩之
発行人	片柳 秀夫
編集人	三浦 聡
発行	ソシム株式会社
	https://www.socym.co.jp/
	〒 101-0064　東京都千代田区神田猿楽町 1-5-15 猿楽町 SS ビル 3F
	TEL：(03)5217-2400（代表）
	FAX：(03)5217-2420

| 印刷・製本 | 音羽印刷株式会社 |

定価はカバーに表示してあります。
落丁・乱丁本は弊社編集部までお送りください。送料弊社負担にてお取替えいたします。
ISBN 978-4-8026-1264-7　©2020 Osamu Nakagawa,Hiroyuki Inagaki　Printed in Japan